山东师范大学中国语言文学山东省一流学科
资助出版

吕高超 著

语文阅读教学的文化价值研究

中华书局

图书在版编目（CIP）数据

语文阅读教学的文化价值研究/吕高超著. —北京：中华书局,2020.12
ISBN 978-7-101-14932-6

Ⅰ.语… Ⅱ.吕… Ⅲ.阅读课–教学研究–中学
Ⅳ.G633.332

中国版本图书馆 CIP 数据核字（2020）第 232768 号

书　　名　语文阅读教学的文化价值研究
著　　者　吕高超
责任编辑　罗华彤　白爱虎
出版发行　中华书局
　　　　　（北京市丰台区太平桥西里 38 号　100073）
　　　　　http://www.zhbc.com.cn
　　　　　E-mail:zhbc@zhbc.com.cn
印　　刷　北京市白帆印务有限公司
版　　次　2020 年 12 月北京第 1 版
　　　　　2020 年 12 月北京第 1 次印刷
规　　格　开本/920×1250 毫米　1/32
　　　　　印张 8¼　插页 2　字数 190 千字
国际书号　ISBN 978-7-101-14932-6
定　　价　58.00 元

目　录

序

曹明海

大家现在读到的这部书，是以高超的博士学位论文为基础，又丰富了部分内容形成的。作为高超的导师，我对这部书的具体内容以及整个写作过程还是非常熟悉的。当时，论文写成后送交校外专家匿名评阅，参与评阅的数位高校同行均对论文给予很高的评价，并给出最好的成绩。在论文答辩过程中，答辩委员会的专家也都对论文的选题、框架结构、观点阐释、举证论述、语言表达等各个方面赞赏有加。作为指导老师我很高兴，这也是我本人比较满意的一篇论文。

文如其人，高超做人稳重，做事扎实，做论文也求实、求真、求精。特别是一起共事的十多年时间里，因我身体不太好，就把学科很多事情交他来做，这些事情既多又杂，还没报酬，他从来没有抱怨过，一直任劳任怨默默付出，而且把这些事情都做得很好，让人满意放心。作为学科负责人，我一直是很感动的。现在，他的论文出版成书，我为他高兴，也很乐意为此书做序。

高超做学问执着而肯下功夫。他撰写的《语文阅读教学的文化价值研究》，很有创意，也有重量感，颇具鲜活力，是苦费心力对阅读教学的深切思考和感悟，是在阅读教学过程中独到的体验和积累，是在阅读研究中生成的文化思维智慧，有着引人透视阅读教学活动深层意蕴的思想启示性。其中有三个方面的特点,值得读者在阅读此书时留意思考。

本书最大的特点,无疑是作者宽广独到的研究视野,以及宏观视野与微观实践的巧妙结合,这也是多位同行专家一致赞许认可的地方。

本书以语文教育的"文化育人"之痛作为研究起点,但没有拘泥于传统研究思维的束缚,如以往对语文本体认识的研究,对语文教学过程各环节问题的研究,或是对教师教学方法问题的研究等,这些都是针对教育问题而研究教育领域内的问题。而本书把研究的目光投向中国数千年的传统文化以及教育与文化发展的关联关系上,通过回顾中国传统文化在发展历程中各个时期呈现出的不同特点,来考查阅读教学与文化发展的互动机制,即文化的发展如何影响阅读教学的内容和形式,阅读教学如何传承、创新和传播文化以促进文化的发展和演进,以此梳理出各个历史时期阅读教学在文化价值取向上呈现出的特点,继而从文化价值视角出发,对阅读教学在不同文化发展时期的成败得失做出深入分析和探讨,并总结出对当下教学的启示性意义。经过如此厚重的论证和铺垫,作者提出自己的观点:当下语文教育的文化育人问题不是单纯教育领域内的问题,更是宏观的文化体系的问题。中国处于文化重建期,传统的文化内容和形式不适合直接用于当下的阅读教学,而新的文化体系还没有建立起来,无法为阅读教学提供必要的内容支持,这是语文文化育人产生问题的根源所在。语文课教不好的问题,不能再让广大无辜的语文教师来"背锅",因为这是文化转型期的一个社会性、时代性问题,不应质疑和指责语文教师的教学态度和教学能力,因为他们不得不面对"巧妇难为无米之炊"的窘境和无奈。正是基于以上认识,作者继而提出，语文教师不应仅是传统文化的传承者，更应是新时代文化的建设者，应把文化育人与文化建设结合起来，唯有此，才能真正解决当下语文教育的文化育人问题。这一观点的提出受到专家们的高度评价，当时论文评阅专家对此的评语是"见识高卓，意义重大"、"为语文阅读教学研究提供了新的理论依据"。本书这种宽广的研究视野，透露出一种成熟与大气，它不是对前人理论研究的缝缝补补，而是开辟了一个语文教育问题研究的新视角、新思路。

　　如果仅是以宏观的研究视野提出新颖的学术观点而不能解决实际的教学问题，那么本书的理论和实践价值将会大打折扣，"头重脚轻"、"不能落地"也是很多研究者容易出现的问题，这也是我最初对选题所担心的地方，而恰恰相反，作者很好地把宏观视野与微观实践部分紧密结合起来。在解决问题的实践部分，本书所提出的策略和方法不是浮于表面，而是深入教学底层，切中问题要害，精准而务实，这可以从两个层面上看得出来。一是在提出要把文化育人与文化建设结合起来这一观点后，作者把目光投射到当代文化重建期存在的种种文化问题上来，通过深入分析当代社会多元文化挑战、文化价值冲突以及阅读教学在这一时期探索中的得与失，提出新时期阅读教学文化价值取向应关照到四个层次的问题，即新时期阅读教学的文化使命、对当代"文化人"的文化价值观设定、阅读教学的文化课程设计以及对文化经典的时代性解读，四个层面的问题由外而内，环环相扣，逐层深入。这一部分本身就很切中核心问题，同时，它又是一个巧妙的过渡部分，是从前面宏观层面的观点向解决问题的实践部分的过渡，也为后面的论述做了很好的铺垫。二是在解决问题的实践层面，作者对阅读对象、阅读者和阅读方式三个方面都做了深入的剖析和论述。在阅读对象方面,作者从文本最基本的构成单位语言着手,探讨汉语言具象性思维特征,提出这种思维方式影响下的言语构成需要一种与之相契合的阅读方式;从文学作品的语言内向性、情感内指性和意蕴模糊性等特点出发,论述汉语言作品特定的解读方式;从文本构成的结构层次出发,提出阅读活动中分层次解读的要求。在读者方面,作者深入剖析了读者文化心理的浅层结构、中层结构和深层结构,以及各个结构的构成特点和具体表现等。在以上论述的基础上,作者找到了阅读对象与读者之间最适合的阅读方式——体悟阅读,它也是实现阅读教学文化价值最优化的教学形式,并根据文学作品结构层次特点和读者文化心理构成的层次特点,提出体悟阅读的悟形、悟情、悟道、践行四个层面对"文化人"的建构过程,这同时也是阅读教学文化价值的实现途径。在这里,作品、读者、阅读方式三者的论述紧密结合,不仅如此,在论述过程中,作者还引入部分作品的解读案例,使实践策略部分的论述更具有信服力和指导性。

从宏观视野的论点,到中间必不可少的铺垫性过渡,再到深入教学内部精准而务实的实践策略,宏观视野与微观实践结合得恰到好处,整部作品逻辑清晰,结构合理,论述严谨,作者写作时收放自如,显示其在理论架构设计和引据论证方面强大的把控能力。评阅专家对此也不吝赞美之词,"从逻辑条理角度看,体现了完整、清晰、严谨的思维线索"、"全文的框架结构清晰可辨,层层推进的论述思路也显而易见,用语措辞都十分讲究,展示了扎实的功底和认真的态度"。相信读者在阅读此书时,对此也会有相同的感受。

对"阅读文化价值"的深入阐释,是本书的另一个特点。

作者用拳拳热切之情大力倡导"阅读文化价值"的教学理念,

标举"阅读文化价值"的教学本色,把"阅读文化价值"作为教学探索的基本门径。从这部书的整体构成来看,作者用较多的篇幅论述、阐释和案例说明"阅读文化价值"的教学,要"扎根于文化",持守"阅读文化"的语文本体,强调"阅读文化价值"不可"荒己园"。整部书对这种"阅读文化价值"的教学探索,以特有的语言文化视角,诠释了阅读教学的文化性真义。概括来说,这部书探讨的"阅读文化价值"命题,主要思想包括这样的几层含义:一是语文所包含的民族的思想认识、历史文化和民族情感;二是引导学生开掘汉语文的文化价值,注重民族独特的语文感受,学习中华民族的优秀文化;三是尊重和发展个性,让学生体悟和理解民族文化,汲取传统文化的营养,培养学生健全的人格。

如本书中提出的阅读教学"文化育人"之痛、阅读教学的核心价值是其文化价值、阅读活动是"文化人"的生成过程、多元文化并存与民族文化的重建、文化转型期的文化价值冲突及其文化价值取向,以及阅读教学文化价值的实现方式和途径等,其整体结构的营造和对具体问题的论述既切实又新鲜,透出一种"阅读文化价值"的睿智思考,给人以阅读教学的警醒与启示。尤其是"阅读文化价值"的教学取向与新课标强调的"文化传承与理解"的语文核心素养教学具有一脉相承的思想意涵,因而更显示出"阅读文化价值"的教学特质。这无疑是在继承传统文化的基础上,重建了阅读教学的新秩序,拓展了阅读教学的新境域。当大家走进本书探讨"阅读文化价值"新场域的时候,领略到的是阅读教学如何根植文化、接通地气、催生情蕴、照亮阅读心灵的"真问题"。可以说,在读这部书的过程中,会让人倾听到"阅读文化价值"生成的那种"生命拔节的声音",感悟到"阅读文化价值"的教学真义。

对"阅读文化价值"的创新性论述分析,也是本书的一大特点。

　　人与文化是阅读教学的两个维度,在阅读过程中人与文化通过互动实现着双向建构。语文教育的终极追求就在于实现人的发展,因此,阅读过程中人与文化互动的最终指向也是人的发展生成。德国文化教育学家斯普朗格曾经说过:教育的对象是特定文化环境中具有思想道德情感的精神主体,教育的根本任务就在于传递文化、体验文化价值,并培养具有文化创造力的人。作为我们的母语教育,阅读教学的过程在传递文化、建构灵魂与人格、促进学生生命成长方面,毫无疑问担当着尤为重要的责任。正是从这一认识出发,作者在这部书中对"阅读文化价值"的论述分析,具有以下几个特征。

　　一是具有形象体验性特征。汉语文有一个突出特点,那就是以形写意,这与汉民族思维的具象性相关,即善于用具体的事物来表达抽象的理念。凭借表象、想象来反映事物的运动规律,达到对事物本质特征和内在联系的认识,用形象的方式进行概括并用形象材料进行思维的过程,这就是具象思维,也称形象思维。这种思维方式善于运用具体可感的形象来表达思想的内容。因此,作者在本书中提出,阅读活动就需要一种非理性的体验方式,需要人的主体意识的积极参与和主体情感与生命的投注,因为阅读中一切语言形式都注重具象性。一首诗、一句话、一段文,词语的数量并不多,蕴含的意象却非常丰富,容量大,启迪性强。在阅读中从一个侧面看就是不断地"取景为譬,取物为喻"的意象营构过程。所以,作者在本书中强调对阅读的感悟体验,以在身、心方面留下痕迹,使字词语句甚至意绪从读者的口中心中自然流出,从而理解体会语文丰富的内涵和情感,在阅读中再现形象,触动阅读者的心灵。

　　二是具有文本召唤性特征。语言文字构成的文本富有弹性，信息丰富多元。这表现在语文阅读具有以少寓多、小中蓄大的含蓄性，所以很值得回味吟哦。同时，阅读过程还具有多义性和开放性的特征。任何一部作品都具有空白点和未定点，是一个多层面的、未完成的图式化框架。这一开放性的文本结构召唤读者去填补建构，从而实现作品阅读意义的具体化。正是这一召唤结构，使文本阅读的意义是多重的，内涵是丰富的，可以向多方面延伸，这就为阅读和品味创造了更广阔的空间，提供了"仁者见仁，智者见智"多元化理解的可能。同时，本书还从阅读教学的主体加以透视，认为学生对语文材料（即教材）的反应往往也是多元的。这是因为每一位学生都是一个独立的个体，他们的阅读期待视野各有不同，在对文本进行解读时，由于受到自己的经历、动机、情感、气质等的"塑造"，必然会形成个体独特的理解和感悟。所以，本书指出要关注学生的个体差异和不同学习要求，尊重学生阅读的差异性，珍爱学生富于个性的阅读理解和新鲜的阅读感受，以培养学生创造性阅读能力，并利用阅读视野、阅读反思和批判等，拓展思维空间，提高阅读质量。

　　三是具有精神生成性特征。阅读过程的文化渗透，实际上是把语文作为语言文化的构成载体，通过阅读来体悟文化蕴涵。语文是文化构成的基质元素，也是人的生命活动形式。阅读过程的根本，是一种主体精神的文化陶冶教育，即本书中所论述的"文化人"精神成长的教育。阅读在培养学生的文化情操、树立学生的健康人格、完成"立人"使命的过程中，有着其他学科教学不可替代的功能。阅读活动不是过虑僵化的信息符号，它负载着人的文化意识，充满着人的情感思想，是有灵魂、有生命的。阅读应固本立人，真正体现阅读过程文化渗透的魅力和价值。本书这种有见地的论述与语文核心素养的精神内质，显然是同构的。

现代语言文化学研究告诉我们，语文本身不仅仅是一种语用工具，还是人本身，是人的一部分；它不是外在于人的客体，而是主体；不仅是"器用"，还是"道体"。语文阅读过程饱含着主体情感，充满着人生体验，文化蕴涵是语文阅读的基本属性。正如语文名师韩军所言：学语文，绝不是学纯粹的无文化内涵的语言字码本身，本质上是形成人的独立的精神本体，是在阅读过程中潜移默化地树立人的自我精神与人格，这就是陶冶人的情感和情操，建立"文化人"的教育。语文阅读具有天然的文化特性，它责无旁贷应担负起为学生的发展打好"精神底色"的责任。本书的这种论述就是强调，阅读应该加强文化精神生成的教育，给予学生更多的人文关怀，培养他们敏锐的感知力、丰富的情感力、独特的想象力、深刻的理解力，以及高尚的文化审美情趣、健全的文化个性、完善的文化人格。总之，阅读要以文化渗透与同构、实现"文化人"的教育为旨归。

从本书的论述来看，"阅读文化价值"的教学是最重要的陶冶场域。实际上，阅读教学是学生实现语用性生存、文化性生存、智慧性生存、享受性生存的基本途径。本书探讨的"阅读文化价值"教学是一种语用技能教学，是语文核心素养教育，更是一种情感和心灵的陶冶活动，在"阅读文化价值"教学场域中洗练学生的心灵，建构学生的人格，促进生命个体的总体生成，给学生以安身立命之本。这就是说，这部书对"阅读文化价值"教学的探索，拓开了阅读教学的新场域。

近几天，在一种冬暖的沉静中又读高超博士论文编成的这部书稿，从其整体构成和章节的论述中，似更感到其理论分析的严谨，阅读文化价值透视的厚实，其论说的字里行间透着一种骨力和心气。这就是做学问所具有的一种实诚态度和学术精神吧。
是为序。

2020 年 1 月
于济南龙泉山庄

引　言

一、问题呈现：阅读教学中的
"文化育人"之痛

　　(一)语文这门课为何这么难教？"十年的时间，二千七百多课时，用来学本国语文，却是大多数不过关，岂非咄咄怪事！"①这是几十年前吕叔湘对语文教育效率低下所发出的感慨。几十年后的今天，语文教学问题依然存在。语文课到底怎么了？

　　语文教师队伍是一个庞大的团队。在这支队伍中，既包括了从教几十年，具有丰富教学经验的老教师，也包括师范院校中文专业毕业的年轻教师。他们中的绝大多数人有着很强的职业操守，是非常敬业的。也就是说，语文教师队伍是一支有着很好的专业知识和专业能力的团队，他们对语文教学抱有极高的热情和积极的工作态度。但为什么年轻的教师不知道如何教好一堂语文课，年长的教师也越来越不会上语文课了，旧的教学方法不适应现在的要求，而新的教学方法又不知如何落地实施。

　　其他学科的课程有没有此类的问题？同是学校开设的数学、

――――――――

① 吕叔湘：《语文教学中两个迫切问题》，《人民日报》1978年3月16日。

历史、地理、物理、化学等课程，这些科目的老师就没有遇到这类问题。这些科目的教学目标清晰，教学内容明确，教学方法适当，教学结果相对来说当然是理想的。为什么语文课会有这样让人头痛的问题呢？事实上，其他课程都是侧重知识和能力方面的教学，因此，其教学的内容、方法等都较为明确，教师们在教学中知道如何让学生获取知识，提高能力。仅从学习语言这个角度来讲，语文课与这些课程也有相同的地方，教学的内容和方法还是比较明确的。但语文教学从来都不是单纯的语言教学，它同时担负着一个更重要的责任，那就是"文化育人"。正如语文课程标准中所指出的，语文课程的基本特点是"工具性和人文性的统一"。相较于其他课程，语文教学担负着"文化育人"的任务，语文教学问题的实质是"文化育人"问题。

　　（二）"文化育人"中的问题。语文教育是"文"与"道"①的统一，也可以说是"工具性与人文性的统一"。仅从语文的工具性即语言方面的教学来讲，是没有什么问题的，无论是文言文教学、现代文教学，还是语文中各种文体的教学，教师们都积累了大量的教学经验和丰富的教学理论，他们对此不会有什么困惑。而"文化育人"却让人感到迷茫：文化育人的目标当然是培养现代的"文化人"，但现代的"文化人"应该是什么样子，还没有人定义清楚，这就说明了教学培养的目标不清晰；用什么样的文化内容组织教学，这又是一个问题。中国传统文化虽然有丰富的文化营养，但

---

① 不同研究者对语文教育中"道"的理解不同，有人理解为自然规律，有人理解为伦理道德，还有人理解为思想内容等，本书所提到的"道"特指文章中所蕴含的传统文化内容。对"文以载道"较为详细的论述在本书的第三章第一节。

必须要加以筛选。筛选的标准是什么,不明确。中国现代文化体系并没有建立起来,这也就缺少了文化育人的教学内容,即教学的内容不确定;文化育人的教学目标和教学内容不明确,那用什么样的方法组织教学,这个当然也不能确定,因为教学方法要根据教学的内容来确定;没有明确的目标,语文教学的评价当然也就无法确定了。由此可见,"文化育人"的教学目标、教学内容、教学方法、教学评价等各个环节都不能确定,语文教师教学的困惑也就可以理解了。阅读教学作为语文教育最主要的教学形式,担负着"文化育人"的重要使命。语文教学的问题,也正是阅读教学的问题。

二、问题剖析:理论研究中 "价值"视角的缺失

　　语文教育出现了问题,我们首先要将目光投向语文教育理论研究领域,看看语文教育都做了哪些理论研究,这些研究能否为语文教学实践提供一种理论支持。或者,为什么语文教育理论的研究没有为语文教学实践提供应有的理论支持。

　　(一)"语文是什么"的研究。研究语文本体,即研究"语文是什么","所谓语文本体论问题,就是一个'何谓语文'的问题。它包括两个方面,一是语文的本源和实质,一是语文的构成和要素。它牵涉到两个领域,一是语文课程性质,一是语文课程内容"[1]。由于大家普遍认为,课程的性质决定着课程的内容,所以,广大教

①李海林:《评当前语文课程改革的非理性倾向》,《中学语文教学》2006年第
　　2期。

育学者对语文本体的研究,往往是从研究语文课程的性质开始的。对语文性质的研究,也成为语文教育研究者心中无法跨越的魔障。

在关于语文课程性质的争论中,主要的观点有三种。一是课程工具性观点。这种观点认为,语文课是进行语言训练的工具课,语文本身就是一种工具,旨在培养学生运用语言文字的能力。二是课程工具性和思想性观点。这种观点的基本思想是,语文是一种交流思想的工具,同时又是表情达意的工具,语文学科具有鲜明的思想性,语文教育的性质是工具性与思想性的统一。三是课程人文性观点。持此观点的论者对语文课程的工具观和思想观进行了批判,认为语文课程工具观把语文教育形式上的任务当作根本性的任务,而语文课程思想观则把外在于语文的任务当作教育的根本任务,对语文教材中的作品内容作歪曲的解释,使语文成为思想教育课。他们认为,语文教育不仅让学生获取知识,同时还是他们体验人生、陶冶性情、建构情感和精神世界的过程;语文教育不能忽视作为学习主体的人,人是语文教育的出发点和归宿。

由于观点不同,所以对学科性质的争执一直存在。正是因为对语文课程没有一个统一的认识,有些学者干脆认为对课程性质的认识是不可知的,建议悬置对课程性质的研究,转向对教学实践的探索。这一观点也遭到了其他研究者的否定。"离开本质,不能够在纷繁复杂的现象世界中寻找出本质性、规律性的理念,那么,我们就无法认识这个世界,也无法在这个世界上生存……抓住本质,可以帮助我们在纷繁复杂的现象世界里忽略那些不能构成类的特征的细枝末节,迅速找到关键而核心的因素,从而获得一种对现象的总体把握。"①

　　之所以会产生对语文本体的不同认识，并不是因为语文本身复杂多变而无法认识，而是因为研究者所持的研究立场和角度不同，致使他们看到了不同的语文课程的具体形态。各种语文课程本质观之间之所以能展开争论，其前提就是，他们讨论的对象是同一的，即都是指向具有普遍教育意义的语文课程，否则，就没有争论的必要。语文课程的形态是多样的，从不同的本位出发可以设计出不同的语文课程模式。各种性质观只是站在某一特定的角度对语文课程的认识，它反映的只是语文课程个别特征，不具有普遍性意义。各种不同观点之间进行争论，之所以不会产生什么结果，是因为他们所争论的不是同一个对象，这就注定了这是一种无效的争论，因而也就不可能有统一的认识。就如同盲人摸象一样，并不是大象没有自己的特点，而是大家只了解了大象的部分而未触及全貌，怎么还会有全面的认识？而大家所探寻的语文课程不是已存在的课程形式，而是一种理想的课程形态，是语文课程形态的应然存在。

　　除对语文本质方面的研究之外，有关语文教学模式、教学方法等方面的探索也取得了不少的研究成果，可谓全面而深入。这些研究对提高语文教学效率、指导教学实践起到了很好的指导作用，但"文化育人"的问题没有得到根本性的解决。

　　（二）由"本体"研究转向"价值"研究。20 世纪中叶以后，哲学研究领域开始了哲学的价值论转向。所谓"哲学的价值论转向"，指的是价值问题在哲学研究中的凸显，以及由此所引起的哲学研

---

① 余治平：《差异、本质与辩证法的误读——本体论对认识论的抗争》，《宁夏大学学报》（人文社会科学版）2003 年第 2 期。

究视界的转换。"价值问题"是相对于"事实问题"而言的。"事实问题"以存在的客观事实为研究对象,而"价值问题的核心和难题,都是与人所面临的价值冲突和价值选择息息相关的。研究价值问题的目的是为了形成引导未来行为的可接受的,被称为是理性的(reasonable)价值判断"①。哲学的价值论转向对语文教育理论的研究带来了新的启迪,一些学者开始从价值的视角研究语文教学问题。

　　一切教育的研究都应该是以人为出发点和归宿的。对于语文教育中存在的问题,我们也应该从人的角度出发,来反思问题出现的原因。从人的视角来看,人面临的最基本的问题有两个:一是存在问题,是指作为个体的人在有限的时间里所追求的生命价值和尊严等,这也是人生的根本问题;二是生存问题,是指关于人的存在方式、存在手段或存在技能的问题。既然存在着这两个问题,就有针对这两种问题的教育,有关"存在问题"的教育是作为"目的的人"的教育,解决的是人生存的理由、意义、价值等内容;有关"生存问题"的教育是作为"工具的人"的教育,解决的是人生存的意识、能力、方法和手段等内容。"两个层次的问题或教育虽然都十分重要,但'存在的问题'和'存在的教育'更为根本。"②反观我们的语文教育,也存在着"存在问题"和"生存问题"的教育问题,"存在问题"当然也是"更为根本"的,而对于"存在问题"的教育研究,显然属于价值理论的范畴。

　　回顾一下我们的阅读教学研究,大都是关于教学本质属性和规律方面的探索,而对于这方面的认识是科学研究的范畴,其研

①冯平:《哲学的价值论转向》,《哲学动态》2002年第10期。
②丁虎生:《教育:人的文化存在形式》,《当代教育与文化》2009年第2期。

究结果属于科学理论。阅读教学是一种有关人的生存和发展意义的活动,而对人的生存和发展意义的认识属于价值研究的范畴,其研究结果属于价值理论。因此,我们更应该从价值理论的视角来透视阅读教学,而不是仅仅从课程本身的视角来研究教育中出现的问题。价值视角研究教育问题就是把人和教育活动结合起来,一切教育活动对人的发展有什么价值,有哪方面的价值,如何作价值方面的取舍,如何实现这些价值等,这样才能切入文化育人问题的实质。

教育作为被认识对象,它不是一种等待我们去揭示其本质的实然存在,它总是和人们的价值意识联结在一起的。"教育问题有它客观的事实基础,但在质上不是一类客观的问题,而是一类主观生成的问题,具有价值性、时代性、个性特征。"①因此,探讨语文"是什么"的问题,如果不和语文"为什么如此"和"应该怎样"这两者结合起来,也就无法真正认识语文的本体,因为历史上语文所呈现出的课程形态都体现了人们不同的价值诉求,表现出教育本质的主观性特点。已存在的语文教学形态只会反映其自身的特点,并不能真正反映语文教学普遍性的特点。语文教学的本质特点只能在理想的语文教学形态中才会体现出来,而理想的语文教学则是一种理性的追求。因此,我们探寻语文教育的本体,就应该找出语文本质与人的价值追求的关系,以便更好地认识什么是语文,实现文化育人目标。

阅读教学作为实施语文教育的主要方式,当然会成为我们重点反思的对象。阅读教学中的问题实质就是价值问题。从价值的角度来反思阅读教学研究中存在的问题,主要有以下四个方面。

---

① 石中英:《教育学的文化性格》,山西教育出版社 2001 年版,第 185 页。

　　一是阅读教学价值的多样性。阅读教学价值的多样性是由阅读教学主体需求的多层性和教学现象的多样性决定的。首先，从阅读教学的主体看，阅读教学存在着个体主体、社会主体以及教师主体等多主体形式。价值是价值主体的需要与客体属性之间的满足与被满足的关系。阅读教学中的不同主体从不同的视角出发，会有不同的需要，因此，阅读教学作为一种价值实践活动，对不同的主体来说，必然会有不同的价值。阅读主体的需求也不是固定不变的，在不同的时期，同一主体的需求也会有所不同，阅读教学对主体需要的满足当然也是多样的。其次，从阅读教学的客体——阅读教学现象来看，其属性也不是固定的、单一的。单就文本来说，我国自古以来就有作品形式与内容之间的"文道之争"，作品的形式作为语文言语知识教学的重要内容，当然具有教学价值；而作品承载的内容更是阅读教学重点挖掘的对象。作品丰厚的内涵，注定其价值的多样性。对同一作品而言，对其题材、主题、反映的人文现象、民族历史以及作者倾注的情感等方面的考察，都会有不同的解读结果。对解读者来说，其阅读需求的满足当然也是不相同的。

　　二是阅读教学价值取向的片面性。阅读教学的价值如此复杂，对这些价值进行正确的评价和做出合理的选择十分重要，它直接关系到阅读教学目标的实现。然而，考察阅读教学的历史我们会发现，在阅读教学中，对阅读教学价值的选择往往是片面的，这也直接导致了学生的片面发展。首先，注重言语知识价值而忽视人文价值的选择。主要表现在阅读教学中对作品作结构性的肢解，把字词句篇语修逻文作为教学的重点，而忽视作品所蕴含的文化精神内容的教学。其次，注重社会性价值而忽视个体性的价值选择。主要表现在阅读教学中进行伦理道德教育和政治思想教育,而忽视学生的阅读主体性和学生独立人格的形成。再次,注重理想性价值而忽视现实性价值的选择。主要表现在阅读教学中对学生进行"全人"的教育而忽视现实社会中学生个体的成长。最后,注重结果性价值而忽视过程性价值的选择。主要表现在阅读教学的评价方面,以结论性的知识、能力的考评作为阅读教学评价依据,把学生情感、精神、道德方面的考评也变成结论性的形式,造成阅读教学追求一种教学的结果,而忽视学生精神成长的过程。

　　三是哲学认识论模式下的价值研究与阅读教学整合价值取向的困境。面对阅读教学中价值取向的片面性,一些学者进行了个体价值与社会价值、科学价值与人文价值的整合研究,发表了一些有价值的论文,但并没有从根本上解决价值取向中的非此即彼的对立问题,因为他们都没能突破认识论对价值研究的束缚,即他们对价值的认识都是建立在"主体—客体"这一价值认识论基础之上的,所以无法从根本上整合阅读教学中的价值取向问题。

　　四是存在论视角下的价值研究与阅读教学文化价值的呼唤。从存在论视角研究价值问题,超越了"从价值视阈研究人"和"从人的视阈研究价值"两种思维模式的局限,在哲学基础上实现了二者的统一。文化价值正是一种存在论哲学关照下的价值认识,它有效地整合了个体价值与社会价值、科学价值与人文价值取向上的对立,是阅读教学的本体性价值诉求。

三、研究命题:文化价值视角
研究语文阅读教学

　　语文教育是民族的母语教育。作为民族母语的语言,它既是

文化传播与发展的重要手段,同时又是一种文化现象,是民族文化的重要构成部分。因此,语言的学习过程,不仅是学生积累语言知识和培养运用语言能力的过程,同时也是促进学生生命成长、精神建构的过程,是一个人的文化生成的过程。语文教育因其所内含的丰富的文化意蕴,担负着为每一个学生"打下精神的底子"的历史使命。然而,语文教育的理想目标与学生的现实状况之间却存在着巨大的差距。考察当下学生的文化精神现状就会发现,他们身上普遍存在着严重的文化问题,具体表现在主体失落、精神空虚、情感淡漠、本性回归、物欲膨胀、心理失衡等方面。学生的文化异化迫使我们对语文教育进行审视与反思。

阅读教学的重要任务是完成文化育人。从文化的视角研究阅读教学尤为必要,有学者已经在这方面做了较为深入的探索,如有关语文与文化的关系、语文教学的文化过程、文化解读的方法以及人之文化生成等方面的研究。这些研究极大地丰富了阅读教学的理论,同时也有力推动了阅读教学文化育人功能的落地实施。然而,我们也应该看到,文化是一个极其宽泛的概念,包括的内容丰富而庞杂,从文化视角研究阅读教学问题,还需要我们在前人研究成果的基础上作更进一步的探究。基于文化视野,从价值视角研究阅读教学,正是本书研究的出发点。"阅读教学的文化价值研究",这一选题就是这样确定的。

对阅读教学文化价值的研究可以从三个方面展开。一是阅读教学的文化价值是什么。阅读教学是一种价值活动,在这一活动中,包含有很多种价值,我们必须对这些价值进行全面的梳理。长期以来阅读教学的效果不理想,很大部分的原因和对阅读教学的价值认识不清有关。阅读教学中的价值不仅多,而且复杂,认识不清就会带来价值选择的盲目性和混乱性,阅读教学活动也就容易迷失方向,很多教学就会变得没有价值或者是价值低下。语文阅读教学是有核心价值和次要价值的,核心价值就是文化育人的价值,而其他的工具性价值等功利性价值是从属价值,也有一些价值根本就是不应该在语文课堂实现的价值。如果把这些价值搞混乱了,阅读教学也必然是混乱的。阅读教学的文化价值是什么,有什么特点,包括哪些因素等,是我们做好文化育人活动的道路指引,不清楚这些价值,阅读教学文化价值的实现也就无从谈起。

二是对阅读教学文化价值取向的历史回顾与分析。弄清楚阅读教学中的各种价值和文化价值,还是远远不够的,因为面对着这些价值,还存在着一个困难的价值选择问题。选择了什么样的价值,就会有什么样的教学方式,也就会有什么样的教学结果。文化价值的选择非常不容易,特别是在当下,中国处在一个文化的重建期,传统文化处在向现代文化过渡中,同时外来多元文化也对我国民族文化带来了严重的冲击,如何做出正确的价值选择,确实不是一件容易的事情,这就要求我们对我国不同时期阅读教学的价值选择做深入的研究,分析不同时期阅读教学文化价值的内容特点,以及各个时期文化价值传承与创新之间的关系,这些都对我们进行文化价值的选择有很好的借鉴意义。

三是研究文化价值在阅读教学中如何实现。明确了阅读教学的文化价值之后,就会面临着价值的实现问题。阅读教学是一种价值活动,一方面要满足价值活动的要求,同时作为一种教育活动,它又必须满足教育活动的相关内在要求,这就增加了阅读教学文化价值实现的难度,特别是阅读教学存在着教师和学生两个主体,存在着不同的价值要求。从学生角度出发,阅读教学实现的是个体文化的发展;从教师角度出发,实现的则是社会文化的传播和传承。文化价值是有不同层次的，不同的层次其实现方式也有所不同。只有对此进行深入研究，才能把阅读教学中的潜在文化价值转化为真正的价值。

第一章　阅读教学文化价值释义

第一节　文化价值的概念界定

"文化价值"作为本书的核心概念,我们必须对此作明确的辨析,才能在此基础上做进一步的研究。一些学者已经从不同视角对"文化价值"做了概念上的界定,这些研究成果为本书做阅读教学方向的研究做了很好的理论铺垫,具有很好的借鉴意义。但由于研究者的出发点不同,他们对"文化价值"这一概念的定义也不尽相同。如何定义本书中"文化价值"概念,笔者尝试着对"文化价值"这一概念做了拆解。"文化价值"是一个复合概念,既包含"文化"的内容,又有"价值"的内容,而"文化"和"价值"又各有着不同的定义,都包含着丰富的内容。对它们做拆分辨析,更能深入理解"文化价值"这一概念的核心意义。

一、相关的文化价值概念辨析

关于"文化价值"的研究成果有很多,代表性的有许青从教育视角、万光侠从人学视角和孙美堂从文化学视角对文化价值所做的研究。许青在论及教育的价值时,认为人们从价值论的角度来研究教育这么长时间,对教育价值的论述以及对教育文化价值的分析还存在着不足之处,因此他建议要从价值哲学与教育学、文化哲学与教育学的视角来研究教育的价值与教育的文化价值。他对教育的文化价值提出了自己的观点:"教育的文化价值是指教育作为一种培养人的专门活动,它必须通过文化武装人的头脑,提高人对不同层次、不同风格文化的分辨力、鉴赏力和创造力,通过文化进一步挖掘人的知识及技能的潜力,陶冶人的情操,增强人的道德自律性,从而提高人的总体素质,达到人的全面和谐与充分自由的发展,即马克思所言的对人的本质的全面占有或本质的回归。"①

万光侠从人学的视角探讨了文化价值。他认为文化是人的存在方式,文化价值是指文化作为客体对于人的文化本性和需求的意义。"这里使用了'人的文化本性和需求'一语,意在表明,对一定文化的依赖已被确认为是现实的人的一种基本需要,而满足和实现这种需要则成为对人的一种直接价值。在这种理解和规定中,文化已成为人的主体性尺度的一部分。"②在此基础上,他把文化价值分为两个方向,一是文化与社会的发展,二是文化与人的发展。

孙美堂对文化价值的实体主义的诠释做了检讨。他认为以往关于文化价值的讨论是基于一种实体主义的诠释,就是把文化看作是一种单纯的实体,把文化价值看作是实体的固有属性。这种观点带来的问题是:文化价值与主体没有关系,文化价值是单

① 许青:《教育的文化价值初探》,《湖北大学学报》(哲学社会科学版)1997 年第 4 期。
② 万光侠:《文化价值的人学阐释》,《山东师范大学学报》(人文社会科学版)2003 年第 3 期。

一的、原子式的,文化价值是绝对的、超时空的。他认为这种对文化价值的认识是不符合常理的,他主张"对它做关系的诠释,即从主客体的动态关系中考察文化价值"①。在此认识的基础上,他指出文化价值的问题就是人的意义问题。他首先对文化做了诠释,认为文化即"人化","文化就是'人化'——依'人'的意义、向人的理想改变世界和人本身,使之美、善、益、雅、自由、崇高……"②。同时又对"何以为人"做了探讨,包括人的自我定位、人的生活样态和人的理念等。在此基础上,梳理出在"人化"过程中的价值,并推导出文化价值的概念,"文化价值是指某对象的属性对人成为'人'所具有的意义","文化价值有特定的角度,指一种价值对象(事物、行为、人本身)对我们做人、做文明人、做特定民族和生活样态中的人来说,所具有的意义"。③

　　除此三位外,还有其他学者也对文化价值概念做了论述,如"所谓'文化价值',就是人类在文化实践关系中所表现出的'本质力量'或'文化力'"④,"文化价值指一种文化具有何种功效。它对文化成员具有控制作用和影响力,是用于衡量成员行为思想的价值标准或准则,是文化的核心部分"⑤。由于研究出发点不同,大家对文化价值的定义各不相同,这也是可以理解的。

①孙美堂:《文化价值:一种关系的诠释》,《北京理工大学学报》(社会科学版)1999年第1期。

②孙美堂:《文化价值论》,云南人民出版社2005年版,第13页。

③孙美堂:《文化价值论》,云南人民出版社2005年版,第2页。

④杨曾宪:《试论文化价值二重性与商品价值二重性——系统价值学论稿之八》,《东方学刊》2002年第3期。

⑤冯增俊:《教育人类学》,江苏教育出版社1998年版,第240页。

二、本书对文化价值概念的界定

以往学者关于"文化价值"的研究成果,对本书的研究具有启发性意义,为本书的理论研究做了很好的铺垫。本书对"文化价值"的界定,还需要从自身研究视角出发,这样才能保持自己的研究方向,而不被他人的研究所影响。"文化价值"是一个复合概念,既包含"文化"的内容,又有"价值"的内容,本书尝试着对它们作拆分辨析,最终找到界定"文化价值"这一概念的理论依据。从"文化"方面来看,其定义有数百种之多,必须对文化做必要的界定;从"价值"方面来看,研究者对"价值"概念的定义也不完全一致,存在着属性论、需求论、关系论、意义论等诸多不同观点,也需要做相应的界定。

(一)文化的"人化"阐释。"文化"作为本书的重要概念,因其涵盖的内容过于繁杂,理应对其做一番界定。有关"文化"的定义很多,美国人类学家克鲁伯和克拉克洪写了《文化:关于概念和定义的探讨》一书,书里列举出西方关于文化的 160 多种定义,20 世纪 70 年代以后,符号学盛行,关于文化的定义更多了,从不同的视角对文化有不同的定义。从结构角度,有人把文化分为三个层次,即物质文化、制度文化和精神文化;有人按地域把文化分为民族文化和外来文化;有人按时间把文化分为古代文化、近代文化和当代文化;还有人根据社会形态把文化分为农业社会文化、工业社会文化和信息时代文化等。每一位文化相关领域的研究者,在研究之始,总会对"文化"这一概念作必要的界定,以让人明确其研究的具体领域。唯有如此,其研究工作才能顺利进行。

以往学者对"文化"的研究,经常会把"文化"与"人"分离开来,仅对"文化"做客观的考察、分析与解释,不见"人"的踪影;也有些研究者虽然把"文化"与"人"联系在一起,研究"人"与"文化"的关系,但往往又让"人"从"文化"中跳出来,采用认识论的立场,对"文化"作静态的分析与解释。笔者认为,对"文化"的理解必须坚持两个原则:一是要一切以"人"为研究的出发点,二是要从人之生存论的视角进行研究。"人"与"文化"存在着天然的不可分割的关系,"人"时时刻刻生活在"文化"之中,"文化"是"人"的生存方式。人天生就具有不完整性,在出生后如果得不到其他人的帮助,将无法存活;在成长过程中,他人的生活方式、交流方式、行为方式等都在潜移默化地对个体产生着影响。可以说,每个人不论自己愿意或不愿意,都会被带到一个文化的世界中,都会被动地接受这一文化,因为只有这样,他才能被周围的世界所接受,才能顺利地成长。"人"与"文化"是密不可分的:"文化"是"人"的特有世界,"人"创造了"文化",也只有"人"才有"文化";而"人"又是"文化"的载体,"文化"塑造了"人"。人是文化的创造者,同时人又是文化所产生的。一方面人创造文化,人是主动的;另一方面文化也塑造人,人是被动的。这两方面在动态发展中相互促进。正如德国文化人类学者兰德曼所言:"唯有超个体的文化中介的支持,才能使个体直立行走;只有在它包围着的氛围中,人才能呼吸。它在人之中所起的指导作用,像血管系统一样,构成了人的整体的一部分。"①因此,我们研究"文化",决不可把"人"从"文化"中分离出来,作孤立的、静态的研究,因为"人"永远不可能脱离他所生存的"文化"世界。把"人"与"文化"结合起来,从"人"生存的视角来考察"文化",我们认为"文化"不再是一个静态的名

_____

① [德]米契尔·兰德曼著,阎嘉译:《哲学人类学》,贵州人民出版社 1988 年版,第 247 页。

词,而是一个动态的实践过程:"文化"即以"文""化"人,就是根据
"文"的标准,对"人"产生影响,让"人"变成特定文化规范的人和
理想的人,即"文化人"。

(二)何谓价值。在了解什么是文化价值之前,我们首先要弄
清楚什么是价值。因为文化价值是价值的一种形式,这对理解文
化价值有很大的帮助。

理解价值,首先必须弄清楚价值的两个核心要素:价值的主
体与价值的客体。价值客体是一个极其宽泛的概念,它可以指一
种事物或现象,也可以指一种活动,甚至可以指人本身。只要成
了人的对象,并同人具有了某种价值关系,都可以成为价值的客
体。价值主体的概念也是非常宽泛的,它不同于客体那样,包括
事物、行为和人自身。价值主体只能是人,但在这里,"人"的内涵
却是非常丰富的,它既可以是个体的人,也可以是一个群体,如集
体、阶级、民族、国家、社会乃至整个人类等,都包括在这个大的
"人"之内,都可以作为价值的主体。但这并不是说所有情况下所
有人都一定会成为价值主体,这还要看我们所说的人是否和一定
对象之间存在着某种能否满足需求的关系,有了这种关系,就会
存在着某种价值,没有关系则不具有价值。

价值主体与客体之间为什么会产生价值?从主体视角来看,
价值的产生与主体的需求密不可分。人作为价值的主体,首先必
须要生存下去,这也是人的本能。生存就包括生理的需求以及人
所特有的精神的需求。在人周围的世界中,凡是能够满足人的这
种需求的物体、活动或人,对主体来说,都具有价值关系,都能产
生价值;没有需求,就不会有价值。从价值客体视角看,价值的产
生又离不开客体本身所具有的某种属性,一支钢笔之所以具有使
用价值,是因为钢笔本身就具有可以书写的属性;一部电影之所

以具有审美价值,是因为这部电影本身就有审美的特征。正是具有了这种属性,它们才有可能与价值主体需求之间存在着某种价值关系,产生某种价值。

　　理解了价值的主体与客体,我们可以对"价值"的概念做一个界定。研究者对价值的认识并不是一致的,存在着属性论、需求论、关系论、意义论等诸多不同观点。属性论认为客体属性即价值,客体具有哪些属性就会存在哪些价值,完全忽视了主体的需求在价值中的作用。其实,客体属性只是一种潜在的价值可能,价值的存在离不开主体的需求,没有主体的需求就无所谓价值。正如马克思所说,"对于不辨音律的耳朵来说,最美的音乐也毫无意义","贩卖矿物的商人只看到矿物的商业价值",①都说明了主体需求在价值中的作用。需求论认为人的需求即价值,人有什么样的需求,就会存在什么样的价值。这是一种唯心主义价值观。这种价值观认为,价值是纯粹主观的东西,它只能在人的主观意识中产生,是人的主观愿望、情感、意志的体现。这种价值观的错误在于完全否认价值的客观基础,否认客体属性之于价值的基础性作用。关系论认为价值是主体需求与客体属性之间的一种关系。"所谓价值,是指作为主体的人的需要与作为需要对象的客体的属性之间的一种特定的关系。"②意义论认为价值是客体属性对于满足主体需求的意义,当客体属性对主体需求的满足具有意义时,它们之间就存在价值,反之则不存在价值。"大概而论,

---

① 中共中央马克思恩格斯列宁斯大林著作编译局:《马克思恩格斯全集》第
　　42 卷第 126 页。
② 王坤庆:《教育哲学——一种哲学价值论视角的研究》,华中师范大学出版
　　社 2006 年版,第 171 页。

价值是某一对象(事物、行为、人本身)肯定(或否定)主体(人)生存、发展、完善的需要时,产生的意义、功能和效应。"①作者认为,属性论脱离主体需求片面谈论客体属性在价值中的作用,而需求论则忽视客体属性只看重主体需求的作用,这两种观点都是非常偏颇的。关系论虽然看到了客体属性与主体需求两要素在价值中的重要作用,但只是看到了一种静态的关系,没有表明这种关系的实质。而意义论不仅看到了客体属性与主体需求在价值中的作用,而且阐述了它们之间的关系的实质,即客体属性对主体需求满足的意义。主客体之间存在这种意义,就存在着价值,反之则不存在价值。

(三)文化价值概念界定。有了前人有关"文化价值"的论述,以及关于"价值"和"文化"的界定,我们对"文化价值"的理解也就相对容易了。笔者认为,文化价值就是指一定的价值对象(客体)对人(主体)在文化生成中的意义,当某一对象能够满足人对自身文化生成的需求时,我们说这一对象对人是有文化价值的,反之,则不具有文化价值。在文化价值的概念中,主体和客体都具有不同的特征:文化价值的主体不仅仅是人,而且是一个处在"文化"过程中的人,主体的需求也不是一般意义上的需求,而是一种对文化的需求,即对自身"向文而化"的需求;文化价值的客体虽然也包含事物、行为、人等多种形式,但这些客体身上都必须具有一个共同的特征,那就是文化属性,只有这种文化属性,才有可能满足价值主体的文化需求,在主体"向文而化"的过程中具有某种积极意义。

对文化价值的理解可从两个方面展开:一方面,文化价值也

---

① 孙美堂:《文化价值论》,云南人民出版社2005年版,第77页。

是一种价值，是客体属性对满足主体需求的意义，它具有价值的一般性特征；另一方面，文化价值是一种特殊的价值，它有自己独有的特征。从客体视角看，具体的活动对象（客体），其属性往往并不是唯一的，一般都具有多种属性。在这些属性当中，有些会体现出文化方面的属性特征，而且是主体所需求的文化属性。只有这样，客体的属性对主体的需求才是有意义的。从主体视角看，主体的需求是多种多样的，既包括生理需求，也包括心理需求，或者说物质需求和精神需求。在这些需求中，并不是所有的需求都是文化价值中的主体需求，而只是那些有助于主体文化生成的需求才是文化价值中的主体需求。从主客体之间的关系看，也并不是所有客体文化属性和主体文化需求都存在着价值关系，只有当客体文化属性满足主体文化需求的时候它们才存在价值关系，我们称之为文化价值，否则它们之间并不存在价值。比如说小人书本身具有文化属性，其对儿童文化成长具有积极的意义，我们说小人书对儿童有文化价值。但对于一个正常的成年人来说，小人书对其成长已失去了意义，小人书对其不具有文化价值。虽然具有文化属性和文化需求，但主客体之间到底存在不存在这种文化价值关系，还要看文化属性和文化需求是否存在着内在的关联。

（四）文化价值的表现形式。前面已经论述，文化是一种"人化"、"向文而化"，文化的实质就是让人变得"更好"。"更好"是一个比较笼统的字眼，如果用精确一点的词汇来描述，那就是让人变得越来越规范和优化。规范是指人的言行举止符合一定的标准，优化则是指人不断地得到完善和提高。在人"向文而化"的过程中，并不是随意进行的，而是按照一定的标准一步一步来完成的。"化成什么样的人"这一结果就是一种标准，这一标准是一种预设的目标,达到此种目标,就完成了对人的"文化"。由于对"文化人"标准的设定在不同的民族、不同地域、不同时期都会有不同的内容,所以不同人的文化需求也会有所不同,因而文化价值也会有不同的表现形式。

从时间上看,文化价值可分为过去价值、现在价值和未来价值。任何一种形式的文化都会经历一个从诞生到发展的过程,有些文化已经在地球上消失了,而有些文化则继续保持着旺盛的生命力。文化的产生有其历史必然性,它适应了某一群体对生存和发展的要求,反映出他们对自然、社会以及人本身的认识及理解。它的产生对维护群体利益,促进人的和谐发展具有一定的进步作用。但任何一种文化又只代表着特定的历史时期和历史条件下人们对世界的认识。这种认识必定会随着人类实践活动的深化而发生改变,如基督教最早视地球为宇宙的中心,但随着科学的发展和人类认知水平的提高,人们逐渐认识到这一观点是错误的,经过几番周折,基督教终于修改了相关的教义。其他任何一种形式的文化也都是如此,从诞生之时起,它就不断地从现在走向未来,而现在则一步一步变为过去。对同一种文化来说,过去文化、现在文化、未来文化之间既有联系又有区别,后期文化是对前期文化的继承和发展,它是以前期文化为母体发展起来的,它们都拥有相似的特征;后期文化又有着鲜明的时代特点,它汲取了新的文化元素,在文化内容和形式上都有所发展,是前期文化发展的新阶段。文化的这三种形态往往是并存的,它通过宗教、科学、艺术等形式存在于现实社会中。文化在时间上呈现出的三种形式,在价值上也必然会呈现出相应的形态,即表现为过去文化价值、现在文化价值和未来文化价值。人作为文化的主体,同时也是文化的载体,其接受什么样的文化,"化"成什么样的人,对不同的文化形态具有不同的意义,产生不同的文化价值。有的只是维护过去文化的传承,实现的是过去文化价值;有的只注重当下文化的影响,实现的是现在文化价值;而有的则把重点指向未来文化,将要实现的是未来文化价值。理想的文化价值,是了解过去的文化、选择接受现在文化、展望未来文化。因为只有了解了过去文化,才能洞察现在所处文化的优点及不足,做出分析和选择;同时,也只有对未来文化有明确的预见,才能正确判断现在文化的发展方向,主动促进文化的发展。

　　从地域上看,文化价值又可分为本民族文化价值和外来文化价值。任何一个民族都有其相对固定的生活空间,在这一地域内,人们有相同的生活方式,有对世界万物共同的认识和理解,有共同的信仰,有约束个人及群体行为的共同规范,久而久之,就形成了一个民族特有的文化内容和形式。文化形成后,它又是教育这个民族新成员的主要内容,所有民族成员都要接受民族文化的塑造,这样他们的言行才能符合本民族文化的要求,人与人之间才能和谐相处,不会出现混乱局面。而另一民族的文化相对于本民族成员来说,就是外民族文化、异域文化。在古代,各个民族的生活区域都是比较固定的,交往渠道不发达,一个民族的文化往往是比较封闭的,它的发展主要是内部因素发生作用。由于生产的进步和科技的发展,一个民族与另一民族之间的联系逐渐加强,出现了民族之间的交往,一个民族的文化也会不可避免地遭受到外来文化的冲击,致使文化发生大的变化,其结果是一种文化的消亡或因文化的融合而导致新文化的产生或文化的新发展。这时民族文化的发展已不再仅仅是内部因素在发挥作用,外部因素推动文化发展的作用越来越大,甚至会发挥主导性的作用。对于一个具体的人来说,面对着本民族文化和外来文化,选择不同文化会有不同的文化价值。选择本民族文化,则有助于本民族文化的传承和发展,实现的是一种民族文化的价值;而选择外来文化,则有助于外来文化的传播与发展,实现的是一种外来文化的价值。一个民族的发展,既离不开本民族文化的传承,同时又离不开外来文化的补充,但二者的地位和作用又是不相同的,一个民族的文化是这个民族成员成长所必须吸吮的最基本的文化营养,而外来优秀文化则是对本民族文化的有益补充,主动地汲取外来优秀文化成果,可以避免一个民族文化走向封闭、僵化,丰富本民族文化的内容,保持民族文化的生命活力,促进民族文化健康地发展。我国古代传统儒家文化对佛教文化的接受和吸收,就是很好的例证。然而,如果否定本民族文化,用外来文化完全取代自己民族的文化,则会带来社会主流文化的迷失,社会思想、道德、行为准则等方面出现混乱局面。对待文化的合理态度,一是要勇于继承本民族优秀的传统文化,同时又要采取开放的态度,积极汲取世界上各种文化的优秀成果,与世界文化发展趋势相一致,促进本民族文化健康稳定地向前发展。

以文化主体来分,文化价值可分为社会文化价值和个体文化价值。人是文化的创造者,也是文化的传承者、发展者,因此,人是文化的主体,离开了人,文化也就失去了依据与意义。但文化作为人类实践结果的社会存在物,其自身也存在内在的规定性,依照某种特有的规律来发展、演进。因此,从这一方面来讲,文化本身就是一个主体,以一种社会文化的形式呈现的主体,我们把它叫作文化的社会主体。实质上,社会主体也是由人来组成的,不过这是一个群体的人,反映了人的共性的特征。文化根据其主体的不同,分为社会文化与个体文化,相应的,文化价值也因其满足不同文化主体的需求而分为社会文化价值和个体文化价值。

社会文化价值与个体文化价值之间的关系,在不同的文化发展时期会呈现出不同的特点。在社会文化处在稳定发展期,社会文化价值与个体文化价值会呈现出一个较为紧密的联系。社会文化塑造一个个个体,而个体则接受社会文化并主动传承这一文化,这也是文化发展中较为理想的一种状态。一方面,社会文化持有一种比较开放的态度,勇于接触外来文化,并积极汲取外来文化中的精华,为我所用,以原有文化为主体,作必要的新陈代谢,推动文化不断地向前发展;另一方面,个体在接受社会文化塑造的同时,并不是以一种封闭的、虔诚的态度完全被动接受,而是对社会文化作出自己的取舍,并逐渐形成个体的文化创生能力,包括对本民族文化的反思能力,以及对外来文化的甄别、汲取能力,从而形成一个自由、开放、有创新能力的文化个体,使得个体文化与社会文化同时得到发展。当社会文化由于受到外来文化的冲击失去主流文化的地位,而新的主流文化又没有形成时,社会文化价值与个体文化价值之间则会呈现出相互对立的一面,社会文化需要个体成员的承袭,而个体在选择文化上又会陷入一种迷茫状态,对社会文化持一种迟疑甚至排斥的态度。这时,无论对于社会文化还是个体文化来说,都是一个困难时期,需要认清文化的发展方向,对社会文化作重新建构,努力实现社会文化价值与个体文化价值的统一。

以文化本体对主体的关系分,文化价值可分为有益的文化价值与无益的文化价值。文化性是人区别于其他动物的本质特征,文化之于人而言具有极其重要的作用。因为文化形式是多种多样的,这就让我们不得不思考这样的问题:是不是所有的文化都对人有着相同的作用?如若不是,哪些文化的重要性大一些?哪些重要性小?有没有对人不起作用的文化或起到相反作用的文化形式呢？其实，文化对于具体的人来说，在促进其发展的过程中所起的作用是不同的，有些是有益的，而有些则是无益的，但这种有益文化或无益文化都是相对的，它随着条件的变化而变化。上面已经论述到，不同地域、不同时间可把文化分为不同的形态。对于一个具体的人来说，合适的地域、合适的时间所接受的文化可谓有益的文化，其呈现的价值则是有益的文化价值；相反，不合适的地域、不合适的时间所接受的文化则是无益的文化，是一种无益的文化价值。比如，就地域来说，一个民族的成员要成长，必须接受本民族的文化，这样才能被自己生存其中的群体所接受，但如果他完全抛弃自己民族的文化，而只接受外族文化的塑造，那他很可能会成为民族的"异类"而被本族群体所排斥；同样，一个民族的成员进入另外一个民族的生活区域，如果他不能很快地接受这一民族文化的改造，还是按照原有民族规范的要求"我行我素"，那一定会因为文化的冲突而不被这一民族的群体所容纳，这些都是无益文化价值的表现。再如，就时间来说，每一种文化都是发展变化的，从过去发展到现代直至未来。在同一文化内部，不同时期的文化个体所接受文化的内容也是大不相同的。对每一个具体的人来说，都是在接受现代文化、走向未来文化。但如果看不到文化的这种历史演进规律，只看到过去文化的光辉而不懂得与时俱进的道理，仅仅接受过去的文化，那自己将会变得守旧、古板，文化也会变得僵化而失去发展活力。同样，如果仅仅将眼光投向未来文化而忽略身处其中的现实文化，那也会因失去现实基础而变得虚无和不切实际，因为未来文化只是一种理想状态的文化，它需要从现代文化逐步演进。任何事物的发展都是有一定的演进规律的，违背了这一规律，只能是适得其反。由此可见，文化本身并不能判断其"好"或"不好"，都是相对于文化主体来说的。文化对个体的关系,需要看具体的人、具体的地域、具体的时间。在这一前提条件下,我们才能判断哪些是有益的文化价值,哪些是无益的文化价值。

第二节　阅读教学的价值与文化价值

一、阅读教学中的主体与客体

阅读教学作为一种特殊的社会实践活动,它的构成有两个必不可少的要素:阅读活动的主体与客体。阅读教学主体与客体的相互作用,构成了阅读教学的整个过程与内容。之所以称阅读教学是一种特殊的实践活动,是因为它不同于普通的阅读活动,它作为教育的一种重要形式,必然会受到教育相关规定性的制约,呈现自身不同的特征。

(一)阅读教学中的主体及其需求。阅读教学活动的主体有别于普通的阅读活动的主体。普通的阅读活动主体就是指参与阅读活动的读者,而阅读教学的主体不是单一的,而是多元的。总体上可把阅读教学的主体分为显性主体和隐性主体,显性主体就是指可以看得见的主体,包括学生主体和教师主体。学生主体是阅读教学的主要主体,因为教育活动就是一种专门指向学生的活动,阅读教学目标的设定针对的是学生,阅读教学内容的展开依靠的是学生,阅读教学目标的达成也是由学生来实现的。因此,离开了学生这一阅读主体,阅读教学就不是真正意义上的教育活动。教师主体在阅读教学中发挥着重要的作用,一方面,教师作为阅读活动的读者,必须在阅读教学进行之前完成对作品的阅读,而且必须对作品有深刻的理解与把握;另一方面,教师作为学生阅读活动的指导者，帮助学生完成对作品的阅读，即在对作品的阅读过程中完成对学生教育的目的。隐性主体是指隐藏在阅读教学中不易被看到的主体。阅读教学中之所以存在着隐性主体，是由教育的本质特征决定的。学校教育是教育者根据一定的社会或阶级的要求，有目的、有计划、有组织地对受教育者身心施加影响，把他们培养成一定社会或阶级所需要的人的活动。从教育的定义中我们可以看出，教育活动不仅仅存在学生与教师两种活动主体，同时存在着"一定的社会或阶级"主体，这就是隐性主体。隐性主体我们在教学活动中是看不到的，但它却深刻地影响着教学的整个过程，甚至决定着教育的性质和方向。阅读教学作为一种重要的教育形式，当然也存在着这种隐性主体。阅读教学中的隐性主体是一个群体，它往往反映的是一种社会的意志，所以我们称之为社会主体。社会主体在阅读教学中是看不见的，但它却又是确确实实地存在的。它通过教育方针、教育政策、教育目标以及教育培养方式的制定来对教育活动施加影响，并通过教育者的教育活动来实施。在具体的阅读教学中，阅读教学的这种隐性主体也可以通过对阅读教材的编写来发挥作用，并影响着教师对作品的阅读，进而影响学生。2011 年版《全日制义务教育语文课程标准》在阅读教学的建议中，增加了"教科书编者"这一新的内容："阅读教学是学生、教师、教科书编者、文本之间对话的过程。"①这也是对阅读教学中隐性主体的肯定。其实，教科书编者只是一个具体的操作者，其行为是受到一定社会的要求制约的，他们是一定社会群体的代表。

---

① 中华人民共和国教育部制订：《全日制义务教育语文课程标准》（2011 年版），人民教育出版社 2011 年版，第 11 页。

　　阅读教学主体需求的多样性。阅读教学主体需求是指阅读教学主体希望通过阅读教学活动给自己带来期望中的变化。阅读教学主体既包括显性的教师和学生主体，又包括隐性的社会主体。阅读教学这种主体的多元化，决定了其主体需求的多样性。从学生这一主体来看，他们的需求包括内在需求和外在需求两个方面。内在需求主要包括知识的需求（言语方面的知识、文化方面的知识等）、能力方面的需求（主要是阅读作品的能力，有认读能力、理解能力、鉴赏能力等）和教养方面的需求（主要指通过阅读教学提高自身文化素养的要求）等；学生外在需求主要是指功利性的需求，即阅读教学对教学本身以外的需求，如通过阅读教学可以在相关的考试中取得好的成绩或是找到好的工作等方面的需求。从阅读教学的社会主体来看，其需求主要表现为社会主流意识形态对学生的塑造及对社会传统文化的传承两个方面。阅读教学作为教育的一种重要形式，当然会体现教育的社会性特征，即一定时期的教育总是为一定的阶级或社会的利益服务，其中最重要的一项内容，就是对教育者进行社会主流意识形态的灌输，使其成为一个合格的社会成员。另外，一定的社会群体总是一种文化发展阶段的产物，对这种文化的传承也是他们在阅读教学中的需求之一。从教师的主体来看，教师对阅读教学的需求是学生需求和社会需求的集合体。一方面它是社会需求的具体体现，社会主体的需求总是通过教师的教学活动来实现，教师的教学并不是完全按照自己的意愿进行，它必定会受到一定社会需求的制约；另一方面，教师的需求又必须和学生的需求相一致，因为一切教学活动都必须以学生的改变为基础，如果教学离开了学生的需求，其教学效果一定不能让人满意。另外，教师的教学需求有时也包括功利性的一面，即教学成绩的好坏有时会和教师的教学质量评选和奖惩等因素发生联系,这也会影响教师的阅读教学行为。

(二)阅读教学中的客体及其属性。阅读教学的客体不同于阅读活动的客体,阅读活动的客体就是指阅读活动所指向的对象,即进入阅读活动的言语作品。而阅读教学的客体是指对阅读教学主体产生作用的阅读活动,阅读活动是一个复合的行为概念,为了便于研究,我们可把阅读活动进一步分解为解读行为和解读对象。解读对象就是指教材中的言语作品,而解读行为又可分为老师的导读和学生的解读。由此可见,言语作品、老师的导读、学生的解读三者构成了阅读教学的客体。从言语作品来看,它又包括语言、作品形式、作品内容等方面。语言是言语作品的基本构成要素,它具有符号性、工具性、人文性的特征;作品形式主要指构成作品的外在特点,包括作品的结构、作品创作手法等内容;作品的内容是指作品的题材、作品的情节、作品的情思等内容。老师的导读非常重要,它直接决定着教学的效果,教师的导读一般受到三个方面的影响:一是教科书编写者即社会要求;二是本人解读兴趣和能力;三是学生对作品的解读需求。学生的解读行为,一方面受到学生本人的解读兴趣、能力的影响,同时又受到教师导读行为的影响。

在阅读教学的三个客体之中,言语作品的属性是相对稳定的,当教科书编写者将其选入教材以后,其特征具有相对非选择性,一般不允许脱离教材的原意随意解读作品;而教师导读和学生解读的属性则是动态的,具有可变性与能动性。阅读教学中三个客体之间的关系也不是并列关系,而是支配与被支配的关系,即教师导读、学生解读支配言语作品。教师导读、学生解读这两个客体具有能动性,他们可以根据阅读主体的需要,对阅读文本进行改造、取舍,进行再创造,最大限度地满足学生主体的多元需要。在阅读教学过程中,言语作品这一客体作用于学生主体,其直接力量常常是退居二线,代之以教师导读这一桥梁。同样,学生主体对文本客体的解读也往往不是直接的,而是在教师的引导下完成的。当学生的解读行为忽视了老师的导读作用而完全凭自己的兴趣进行时,由于学生的解读能力有限,就很容易产生脱离文本的主观性阅读,偏离教学目标,最终导致阅读教学的低效或无效。而如果我们过于倚重教师的导读作用而忽视学生解读的主体性时,则又会产生灌输式的教学行为,学生失去对作品亲身的感受和体验,导致教学的僵化和学生阅读个性的缺失。因此,我们一方面要提倡学生的创造性阅读、个性化阅读,同时,我们又要纠正学生在阅读过程中出现的偏离文本的随意性阅读行为,积极发挥老师在教学中对学生解读的指导性作用,以实现阅读教学目标。

二、阅读教学的价值

阅读教学的价值就是指阅读教学的客体属性对满足阅读教学主体需求的意义。在阅读教学中,价值主体是多元的,既包括显性的学生与教师主体,又包括隐性的社会主体,每一个主体需求又各不相同,这就决定了阅读教学主体需求的多元化。而价值客体既包括解读对象的言语作品,又包括解读行为的教师导读和学生解读,其属性、特点也存在很大的差异性,这又造成阅读教学客体属性的多样性。阅读教学主体需求的多元化和客体属性的多样性,带来了阅读教学价值的多样性。阅读教学的价值,从不同的视角出发,会有不同的价值认识,也会有不同的价值分类。

(一)从教育目的来看,阅读教学的价值可分为个体本位价值与社会本位价值。阅读教学的主体包括学生、教师和社会,教师主体实际上是学生和社会主体的集合体,它的需求主要是反映社会的需求和学生的需求。所以,我们可以把阅读教学的主体分为个体与社会两个方面。阅读教学的个体主体和社会主体在需求上虽然有相一致的地方,但是因其出发点不同,他们对阅读教学的需求还是存在很大的差异。学生个体对阅读教学的需求主要表现在知识、能力、方法以及文化教养方面,而社会主体对阅读教学的需求表现在传统文化的传承、伦理道德的灌输、政治思想及意识形态的教育等方面。主体需求的不同,必然导致阅读教学价值的不同,对不同主体需求的满足,就形成了不同主体的价值形式,即阅读教学的个体价值和社会价值。阅读教学的个体价值,主要是指阅读教学活动对学生个体发展需要的满足,在满足自身需要中体现出自身价值;阅读教学的社会价值主要是指阅读教学对社会存在、延续和发展需要的满足,在满足社会需要的过程中体现出自身的价值。阅读教学的个体价值和社会价值之间的关系,在社会发展的不同时期会表现出不同的特点,比如在社会繁荣发展期,社会需求在内容和形式上反映了个体需求的特点,即社会与个体需求基本保持一致,社会价值与个体价值就呈现出和谐一致的特点,阅读教学会呈现出一种相对稳定的状态;而在社会动荡期,原有的社会发展模式已经不能完全适应社会发展的要求,受到了新兴社会形式的冲击,但又不愿退出历史舞台,竭力维护其社会影响力,在教育上则体现为对受教育者思想的灌输和控制,而作为个体的学生则希望摆脱社会原有模式的束缚,成为更加自由的、更加开放的新社会形式的成员。这时的阅读教学社会主体需求与个体需求已经出现了很大的反差,体现在阅读教学的价值上,就是社会价值与个体价值的不和谐、不一致。有时候,社会为了实现其自我价值会牺牲个体的价值,而个体为了实现其自我价值则会抵制社会价值,这时的阅读教学会呈现出一种不稳定的发展状态。

(二)从教育功能的角度来看,阅读教学的价值可分为内在价值和外在价值。内在价值是阅读教学的固有价值,而外在价值则是阅读教学的附属价值,有时是强加于阅读教学的价值。主体需求是价值存在的基础,阅读教学主体的需求是多样的,在这众多的需求中,有些是阅读教学的应有需求,占主导地位,而有些则不是阅读教学的应有需求,是一种附属的需求。阅读教学的主体虽然包括学生、教师、社会三个方面,其需求各不相同,但还是以学生的需求为主,毕竟阅读教学的目标是通过学生这一主体的改变来实现的。一般来说,某一具体客体的属性也不是单一的,往往具有多种属性,在这些属性中,有些属性是起着主导性作用的,它决定着客体的本质特点,而有些属性则仅仅起到辅助性作用,处于从属地位;还有一些属性则是外加于客体的,只在特殊的情况下才发挥出相应的作用。阅读教学的客体属性也是如此,虽然阅读教学客体包括言语作品、教师的导读和学生的解读三个方面,属性各不相同,但它们又有一个共同的特点,那就是能够促进学生在某一具体方面的发展。正是因为具有这一特点,它们才能成为阅读教学的客体,成为现在的教学形式,否则阅读教学一定会发生大的改变,因为只有能满足教学要求的要素才可能进入教学活动中,而无意义的要素则只能被排斥在教学活动之外。在阅读教学中,主体需求和客体属性的多样性,以及它们在其各自的体系中所处的不同地位,决定了阅读教学的价值功能的不同。阅读教学众多的价值中,能够满足阅读教学主体"应有需求"的那部分价值,对阅读教学来说就是一种内在价值,而不能满足主体"应有需求"、只是满足一般需求的价值，就是阅读教学的外在价值，或称为附属价值。

阅读教学的内在价值，是指阅读教学活动应有的价值，是对学生在知识、能力、方法、情感、态度、价值观等方面的积累或发展中起到积极意义的价值。概括起来，它包括三个方面的内容：一是知识方面，包含语言的知识、文章的知识、文化的知识；二是能力方面，包括对言语作品的解读能力和自己情感的表达能力；三是文化素养方面，包括民族的文化规范、对人生意义的理解和思考。阅读教学的外在价值，是指在阅读教学中存在的阅读教学客体一般属性对主体一般需求的满足方面的价值。因为阅读教学中的文本是由语言为媒介的，而语言的信息载体这一工具性特征，赋予了阅读教学外在价值存在的依据。具体来说，阅读教学的外在价值，包括政治价值（思想政治教育）、应试价值等内容。阅读教学的内在价值与外在价值对阅读教学的意义是不同的，其地位也是不同的，阅读教学的内在价值是阅读教学的应有价值，也是其必须要实现的价值，它满足的是阅读教学主体的应有需求，处于价值体系的主导地位，而阅读教学的外在价值则是一种从属的价值。

（三）从教育内容的视角来看，阅读教学的价值可分为知识工具的价值和文化教养的价值，工具价值和文化价值都属于阅读教学的内在价值。阅读教学不论是社会主体还是个体主体，其需求的满足都是通过对学生的改变来实现的，即是说学生最终的变化是衡量阅读教学价值实现的主要标准。阅读教学对学生的改变是立体的、全方位，它决定了学生将成为一名具有怎样个性特征的个体。大体上看，学生的改变与言语作品的内容相一致，包括两个方面，即知识方面和教养方面，同样，其具有的价值也可分为知识的价值和教养的价值。知识的价值是指阅读教学对学生知识积累方面具有的价值，教育活动本身就是向下一代传授知识，培养生存能力的社会实践活动。具体到语文学科来说，它是以语言及其运用为主要内容的教学活动，阅读教学是其主要的教学形式。由于阅读教学的教材主要是由一篇篇言语作品组成的，这些言语作品不仅是学生积累字词等语言基本知识的主要渠道，同时还是他们学习运用语言的极好范例。教材中的大量文学作品，不仅是不同时期语言运用的典范，它们本身还蕴含着丰富的人文信息。因此，阅读教学可以使学生积累语言方面的知识、文章方面的知识和文化方面的知识，阅读教学的知识价值，也就包括语言知识的价值、文章知识的价值和文化知识的价值。阅读教学教养方面的价值主要是指阅读教学对学生情感、态度、价值观等方面产生的积极影响，阅读教学从来就不只是语言积累和训练方面的教学，其本身固有的文化性格必然对学生的文化成长起到潜移默化的作用。从汉字方面来看，一个个汉字是汉民族文化的记录符号，是文化的载体，透过汉字我们可以触摸到民族传统文化发展的脉络。言语作品是作家情感的外化形式，它反映出作家对世间万象、宇宙人生的态度和情感，阅读这些作品，就是在与这些大师们进行心与心的对话与交流，通过这种对话与交流，达到对作家的理解、对作品人物的理解，进而达到对整个作品意义的深刻理解。同时，通过这种对话与交流，学生对人生、对世界、对价值都有了新的认识，对自我也有了新的理解，并在原来的基础上做出相应的调整，形成了一个"新我"，这个"新我"不是指知识增长后的"新我"，而是指人的教养方面得到改变，对人生意义有新的认识的"新我"。阅读教学对这种"新我"的形成所具有的价值，就是教养方面的价值。

三、阅读教学的文化价值

（一）阅读教学的文化价值涵义。阅读教学具有文化育人的功能，教学过程是一个以"文"化"人"的过程，因此，文化价值是阅读教学固有的价值，也是最重要的价值。从价值主体来看，阅读教学的主体需求具有文化性，一定时期的教育，总是反映一定社会群体的利益，为维护其利益服务的，社会作为阅读教学的主体之一，其对阅读教学的要求主要体现在对文化的要求上，即通过阅读教学活动，完成对民族文化的传承和发展。从学生个体的角度看，每一个学生都是一个文化的个体，从他们一出生就被抛到一个具体文化的环境之中，他们只有接受这种文化，才能成为这个群体中的一员，否则就不能算作一个真正意义上的人。同时，学生个体不仅是文化的产物，他们还是文化的主体，他们身上承载着传承和发展民族文化的使命，学生个体成长与发展的过程，同时也是民族文化传承和创新的过程。从价值客体来看，阅读教学的客体属性具有文化性。从阅读活动所指向的对象——言语作品来看，教材中的每一部作品不仅仅是一种文化的载体，同时又是文化的重要内容，它反映出不同时代的作者对世界、对人生的不同认识和态度。从解读过程来看，无论是教师的导读还是学生的解读，都是一种与文化的对话过程，通过这种对话，学生对文化的认识和理解不断加深，促使他们对文化做出新的思考，这种新思考，正是文化得以发展的基础。阅读教学主体的文化需求和客体的文化属性，决定了阅读教学本身所固有的文化价值。简要来说，阅读教学的文化价值，就是指阅读教学作为一种教学实践活动，其自身对学生的文化生成和民族文化的传承与发展所具有的积极意义。

对阅读教学文化价值的理解可从两个方面展开。第一，从社会文化价值的视角来看，阅读教学过程是一个民族文化传承和发展的过程。这一过程主要表现在三个方面：一是阅读教学是一个文化的选择与整理的过程。首先会对文化做出选择，所选择的内容，必须符合一定的要求，即既要反映出文化在一定时期内的发展趋势，是一种先进文化的要素，同时又要适合于本区域、本社会的现实要求，能促进本区域政治、经济、文化的协调发展。各个被选中的文化要素要想建构成一种新的文化，还必须经过加工和整理，以便融合为一种具有独特品性与特点的文化形式。而阅读教学在对文化要素进行选择的同时，也已经在进行着各种文化要素的整理和融合。二是阅读教学是一个文化传播与活化的过程。新的文化形式形成后，只有通过传播，才能被大多数人所认可和接受，才能取得主流文化的地位。而这种文化的传播，主要是通过教育的实施来实现的。而阅读教学就是这一文化传播的最重要的形式。三是阅读教学是一种文化的更新与创造的过程。语文教育在传播文化的过程中，并不是机械、僵化进行的，它对文化起到更新、创造的作用。教师在教学的过程中，会根据实际情况，对原有的文化内容做出相应的变更和调整，以便更加适应社会的需要及学生对文化的需求。同时，在学习过程中，学生由于思维力、想象力、创造力以及个性发展不同，也会对学习内容做出更新和重建，使文化的内容得以不断创新和丰富。

第二，从个体文化价值的视角来看，阅读教学是一个学生文化主体的生成过程。人之所以不同于动物，是因为人具有文化性，一些科学家从生物学的角度来考查人与动物的区别，发现人在大脑构造和发音器官的构造方面与动物有明显的不同，这些不同主要是由语言在人类长期的进化中所产生的影响形成的，它同时又为人接受和使用语言打下了生理方面的基础。卡西尔认为"人是符号的动物",而语言则是人类发明和使用的最重要的符号,通过语言,个体才能实现与他人之间的交往,在交往中完成文化的继承、传播与发展。阅读教学正是一种以语言为载体的言语交流活动,通过对言语作品的阅读,学生首先完成的是对民族文化的一种体认,因为每一个个体要想成为民族大家庭的一员,必须得到这个群体的认可和接受,学生正是通过阅读活动,才熟悉了本民族成员的外在行为习惯,并努力使自己的言语行为与这一习惯相一致,同时,通过对作品的深入阅读,他们对这个民族的规范、制度有进一步理解,不仅明白了该如何做,还明白为何这样做,经过文化的塑造,我们就可以说这个学生个体已经成为民族家庭的一员了。但是仅做到这些还是远远不够的,学生不仅是文化的生产物,更应该是文化的生产者,这就要求学生不能仅满足于接受社会文化的塑造,同时要有文化的自我意识,即具有对文化的分析能力、判断能力、选择能力和创新能力,而要做到这一点,就必须从更高的层面即人生的意义层面来思考文化,阅读教学中的言语作品客体,正是一个个不同时代的作者对人生意义的自我阐释,通过与作品的对话,学生能够获得人生意义的启示。他们可以从生存意义的高度来认识各种文化的优点和不足,并主动地对各种文化做出自己的选择,吸收本民族文化中的积极要素,汲取外来文化的精华,形成一个新的文化个体,这个文化个体脱胎于原有民族文化的母体,保有本民族文化的特征,但又具有鲜明的个性。学生的这种文化生成的过程是没有尽头的,因为人类对人生意义的认识也是没有尽头的,伴随着阅读活动的不断深入,学生对文化的理解也会越来越深刻。

　　(二)阅读教学文化价值的实质。阅读教学文化价值的实质,是阅读教学对学生以"文"化"人"过程中所起到的积极意义。阅读教学的过程是一个文化的过程,这一过程既包括社会文化的传承和发展,同时又包括学生个体文化的生成,这其实是在同一个活动中完成的同一项内容,因为社会文化的传承和发展必须通过对学生的文化改变才得以实现,而学生的文化生成本身就是对社会文化的一种继承和发展。但是在具体的阅读教学实践中,这种教学过程经常会出现不和谐的一面,或是只重视社会文化的传承而忽视学生文化的发展,或是只重视学生的文化生成而忽视社会文化的传承,两者都是不可取的,前者造成学生文化主体地位的缺失,他们只会成为社会文化的生产物,而无法成为社会文化的生产者,结果只能是学生失去文化个性和创造力,社会文化也会步入僵化保守的状态;而后者由于失去了民族文化的指导,学生文化生成就会迷失方向,最终导致文化的虚无主义,培养成一个没有文化底蕴的虚假的"文化人"。

阅读教学的以"文"化"人"的价值,正是体现了社会文化与个体文化和谐发展的一致性。具体来说,一是真正体现了学生在阅读教学中的主体性地位,促进学生的文化生成与发展。社会文化价值与个体文化价值的统一,是阅读教学一直追求的教学理想,但现实的教学实践远没有实现这一目标。近代科学发展以来,人类对世界的认识越来越深刻,积累的知识也越来越丰富,为了更好地传递这些知识,教育发生了很大改变,一些新的学科得以开设,教授的内容较之以前更加系统而深入,但这时教育的中心已经发生了改变,即由以前的围绕学生的发展来实施的教育,转为现在以知识的自我保存和传递为中心的教育,体现在阅读教学中,就是重视社会文化的传承而忽视学生个体的自我生成,最终导致学生的片面发展。教育活动是一种以人为根本出发点的活动,它的一切目标都是围绕着人来展开的,而重视阅读教学以"文"化"人"的教学过程,正是反映了对学生主体地位的尊重。

二是保证了阅读教学对学生培养的文化方向。每一个个体的成长都离不开民族文化的涵化,这也是一个民族文化得以延续、发展的基本渠道。在传统的阅读教学中,学生在入学之前通过家庭、社会的影响已经积累了基本的民族文化知识,形成了初级的民族文化心理,这为学校教育打下了良好的基础。可是在现代社会,由于科技的迅猛发展,电视、网络、手机、电子书等新的阅读渠道越来越多,学生可以轻松地阅读到自己感兴趣的内容,这一新的形势对传统的阅读教学带来了严峻挑战。因为学生面对的阅读内容丰富而复杂,大多是没有经过加工的"粗材料",这些内容未必都蕴含学生成长所需的文化营养,借助这一新的阅读渠道,娱乐文化、消费文化、通俗文化等文化形式轻而易举地获得了与学生亲密接触的机会,而学生对文化又缺乏必要的甄别力,很容易受到这些文化形式的影响,形成一种变异的文化心理,这与教育的民族文化育人功能是相抵触的。我们当下所面对的此类问题是非常棘手的,如何完成对学生民族文化心理的建构,是对我们提出的挑战。而以"文"化"人"的阅读教学,其所依据的"文",正是民族文化提炼和浓缩的精华,阅读教学的依"文"而"化",也就保证对学生文化育人的应有方向。汉民族的文化是中华民族各成员相互体认的标志,它也是维系这个民族荣誉感、向心力的精神力量,因此,以"文"化"人"的阅读教学,对传承我们中华传统文化和学生的文化成长,都是极为重要的。

三是反映了阅读教学文化育人的动态实施过程。阅读教学是以"文"化"人"的教学过程,在这个过程中,它不仅是一种文化知识的传授,更是对学生精神世界的建构。所以,阅读教学不能简单地采用传授与接受的方式来进行,而是要通过春风化雨般的滋润对学生精神世界的生成产生潜移默化的作用。语文教材中的作品,往往反映了作家对世界、对人生的情感和态度,这些都是对学生进行文化熏陶极好的文化营养,而这些文化营养也只能通过对学生精神世界的触动才能被他们所吸收。然而长期以来,我们并没有认识到"化"这一育人方式在阅读教学中的重要作用,对作品文化内涵的处理,仅是让学生在对作品形式的分析中去总结,并把它作为一种知识让学生去掌握。文化的营养只有触动学生内心深处的精神世界,才会对学生的情感、态度产生影响,并进而影响自己的外在行为,指导自己的一言一行。传授的文化知识只是教给学生懂得"该怎样做",而对于学生到底"有没有去做",则显得无能为力,而阅读教学真正要做到的,就是要让学生树立正确的情感、态度和价值观,从这种内在的修养出发,主动地指导自己的外在行为,即它对学生的要求是既要知道"该怎样做",同时又要付诸行动,"真正地做"了,这才是阅读教学文化育人的结果。比如,我们都知道尊老爱幼是中华民族的优良美德,当他们遇到困难时我们应当予以帮助,但当我们真正遇到老人跌倒在路旁、小孩需要帮助的时候,我们能不能实施这种救助行为,这才是文化价值的关键所在。只有那些把文化规范内化成为自己的文化修养的人,才能自觉地指导自己的行为,而仅仅把文化规范作为一种知识来把握的人,则往往会有言行不一的表现。我们的教育要培养的对象,就是既要知道自己"该如何做",而且"真正地去做"的人。阅读教学以"文"化"人"的教学过程,正是针对学生的精神世界实施的文化"化"人过程,它反映了阅读教学文化育人的动态实施过程。

第三节　阅读教学文化价值的特点

一、层次性

阅读教学的文化价值是阅读教学对学生文化生成的意义,而学生的文化生成不是一蹴而就的,它是一个复杂的、漫长的过程,在这个过程中,学生通过阅读活动逐渐成长为一个成熟的文化个体。文化在一个人身上是有不同的表现形式的,由外到内可分为三个层次,分别是人之生活样态,人之行为规范和人之生存意义。阅读教学对学生这三个层面的文化成长都有着重要的意义,阅读教学这种文化价值的层次性,是由这个民族对文化个体的要求标准决定的。每一民族都会对本民族的成员提出要求,即所有人的言行举止都要与本民族所谓的"理想的人"的标准相一致。在我国,早在2000多年前,孔子就设置了"理想人"的标准,那就是"君子"。在《论语》中,"君子"一词成为出现频率最高的词汇,竟有107处之多,孔子对"君子"应有的言行表现也做了较为详细的描述。以后经过千百年的历史流变,"君子"一词也已转变为对品德高尚的人的代称。在西方中世纪以前,由于受基督教的影响,人之行为依照基督教教义的规约进行,其被视为基督忠实的信徒,是"好人";而在文艺复兴之后,一个以"自由、发展、博爱"为理念的人则被认为是真正的人,是人之追求的标准。在不同地域、不同民族,都会有不同的"理想人"之标准,本地区、本民族的成员都要以此标准来规范自己的言行举止,自觉向这个标准看齐,并努力把自己改造成为这种"理想人"。当然,即使在同一地域、同一民族,在历史发展的不同时期,其"理想人"的标准也会有所不同,其内涵会发生一些改变,但不论如何,对人的评价标准总会存在的,这也是一个民族文化特点的突出表现。

　　人的生活样态是"文化人"的外在表现,也是阅读教学的浅层文化价值。梁漱溟称文化"不过是那一民族生活的样法罢了"[1],所谓"样法",其含义不外乎是不同民族各具特色的生活形式和内容。生活样法会有许多表现形式,语言是人们的生活样法之一。不同的民族会有不同的语言,而一个民族的语言则又是这个民族特定的标志之一,它反映了本民族思维特点、审美特点以及认识世界的态度与方法。如汉语神秘深邃,体现出汉民族深邃的直觉智慧,同时烦琐的称谓词汇,则反映了汉民族重视伦理道德的文化特点;德语铿锵有力,则是德意志民族一丝不苟、干净利落的民族特点的体现,同时德语的缜密又是此民族善于逻辑思维、重视思辨的反映,许多著名的哲学家都来自德国,也印证了这一观点;法语的柔美,则是法兰西民族生性浪漫的表现。另外,宗教、风俗礼仪、神话、艺术等,都是人的生活样法的具体表现。阅读教学对人的文化培养,首先要求学生的外在生活样态符合"文化人"的要求,这也是最基本的培养目标。

　　人的行为规范是"文化人"的内在要求,也是阅读教学的中层文化价值。"文化人"的外在行为是受到内在的规范制约的,而这些规范则正是民族文化的重要内容。一个民族的外在生活样法并不是杂乱无章的,而是呈现出自己鲜明的特点。这是因为人的一切外在行为都是受到一定内在规范约束,本民族的成员都是按照这种规范来指导自己的言行举止。这种规范是一个民族文化

① 梁漱溟:《东西文化及其哲学》,载《儒学复兴之路——梁漱溟文选》,上海远东出版社 1994 年版,第 15 页。

的重要内容,它往往又是看不见的,隐藏在人们的心理内部,指导着人们的外在行为。因此,它的特点是通过人们的外在行为体现出来的。我们可以通过人们外在的生活样法,来探寻一个民族背后的深层文化特点。比如中国传统文化是以儒家文化为基础的有着数千年历史的汉民族文化,汉民族成员对待自己、对待他人与社会都有着相似的行为特点,这是因为他们都是按照儒家文化的规范来指导自己的言语与行动的。儒家文化以三纲五常来约束人们的行为,对待自己讲求道德品行的修养,对待他人更是发展出一套完整的规则:对待君主要"忠"、对待父母要"孝"、对待兄弟要"悌"、对待朋友要"信"等。如此众多的规则,规范着人们的一言一行,而外在行为上,我们看到的不过是大家生活中处处依"礼"行事,"非礼勿视、非礼勿听、非礼勿言"(《论语·颜渊》),而这个"礼",也就是汉民族文化内在规范的外在表现。阅读教学对学生的文化培养,不能仅仅停留在"如何做"的层面,更应该让他们知道行动背后的行为规则,只有把这些规则内化为一种自觉要求,才能称之为真正的"文化人"。

人的生存意义是"文化人"的内核精神,也是阅读教学的深层价值。世界上不同的地域、不同民族,其文化特点也是大相径庭,由于一个民族的特点是通过人们外在生活样态表现出来的,而生活样态又是受到内在规范约束的,因此,文化的差异主要体现在人的行为规范上。为什么不同民族和地域的行为规范会存在着这么大的差异,这主要是因为他们对人的生存意义的认识不同而导致的结果。人与动物最大的不同,是动物只是一种自在的存在,而人则是一种自觉的存在,正是有了这种自觉意识,人才会判断自己的行为哪些是有意义的而哪些则是无意义的,从而使自己的行为有了目的性,那就是一切行为要有意义,只有这样,一个人的生存才是有意义的。不过,对人生存在意义的认识,不同地域、不同民族的人们由于其环境不同、历史不同、认识事物的方式不同,其认识的结果也会不尽相同。比如汉民族向来注重个人在整体中的责任意识,他们更看重于个人对整体的贡献,整体利益高于一切而个人利益较之于集体利益则是十分渺小的。因此,对人生的意义来说,民族的、国家的、家族的价值高于个人价值。每个人价值的大小应该看其对集体利益的贡献的大小,个人价值隐藏在集体价值之中。而西方文化则不同,他们更重视个人的表现,认为人生下来就有着不可剥夺的自由权利,并应该充分享受这种权利。他们十分重视个体在各方面的发展,认为人生的意义就是实现自己的个人价值。东西文化的差异,其实质是对人存在意义的认识不同,从而在各种规范、外在行为方面都会呈现出这种差别。对人生存意义的认识,是一个从不间断、逐渐加深的过程,每一文化群体对人生意义的理解都有其积极的一方面,也会有一些偏颇的地方,这都需要在社会实践活动中,随着对人自身及其本质认识的逐步加深而不断做自我认识上的调整,这种自我改造正是一种文化得以发展的内在动力。考察世界三大宗教我们也可以发现,他们的信徒外在行为之所以呈现出如此大的差异,其实质也是因为不同宗教在诞生之初对人存在意义的认识不同,不同的人之存在意义的认识,会要求有不同的行为规范与之相对应,而这些不同的行为规范,则又带来群体不同的外在行为表现。由此可见,对一种文化来说,其内核要素就是对人的存在意义的认识。阅读教学对文化人的培养,就是帮助学生在继承民族文化的基础上,有独立的文化意识,能认识到人之存在的意义,并不断丰富本民族的文化内容,推动文化发展。

二、差异性

由于人们的需求各不相同,所以世界上并不存在普世性的价值,所谓的价值只是对一些特定的人存在着积极的意义。阅读教学的文化价值也是如此,阅读教学的主体不同,其对文化的需求也会大不相同。因此,阅读教学中的文化价值,并不是对每一个学生都会具有相同的意义,针对不同的主体,它会呈现出差异性的特点。具体来说,阅读教学文化价值差异性的特点,主要表现在个体上的差异和群体上的差异两个方面。

从个体的视角来看,不同的人由于其不同的经历、不同的知识结构以及对宇宙人生不同的认识和理解,对阅读教学会有不同的文化需求,阅读教学的文化价值对于他们来说会有着不同的差异。对于学生来说,他们每一个个体都是唯一的,而这种唯一性决定了阅读教学文化价值的唯一性,即具体文化价值与具体主体联系的唯一性。一个主体,他具有什么样的文化心理结构和物质、环境条件以及特定时期的需要,就决定了他同阅读教学客体发生什么样的价值关系,实现什么样的价值。我们通常所说的"对症下药"、"量体裁衣",就是说明了价值的这种一元性。同时,主体结构和条件的复杂多样性又决定了文化价值的多元性。文化价值既然与主体的特点相联系,表现或反映着主体的内容,那么,现实生活中,具体的主体是多层次的,有无限多个,即便是同一客体,在不同的主体那里,也会有不同的价值,这就必然引起价值的多样性或多元性。比如,对于精神上的价值,由于文化修养上的差异,同样是一件艺术品,对于一个人来说,具有很高的审美价值,而对于另一个人来说,则没有什么欣赏价值。同一的阅读教学活动,对初中同学来说,可能具有很好的文化价值,对他们产生积极的意义,可对于一些有着相对较高的文化需求的高中生来说,可能就不再具有相同的意义。

从群体的角度看,不同的群体由于其生存环境、历史传统、对人生的态度等方面的不同,他们对文化的需求也表现出很大的差异。这里的群体既包括大的群体,如一个民族、一个国家的人们,也包括小的群体,如一个社区、一个相同年龄阶段的人群等。他们总会表现出不同的文化行为,其实这是他们身上承载的不同文化形式的外在表现。与不同的外在文化行为一样,他们对文化的需求也大不相同。比如,中国人和西方人对"自我"的定义就完全不同,因此他们对实现自我的文化需求也会呈现完全不同的内容和特点。心理学把"自我"分为内在自我、人际自我和社会自我三个层次。作为单独的个体,每个人都有"内在的"自我,这也是一个人之所以为这个人的根本所在。同时,任何一个人又同时生活在一个复杂的关系网络中,所以又必须具有"人际的"自我和"社会的"自我。无论是中国人还是西方人,都同时具备这三个方面。西方人是以内在的自我为核心来构建人格的,同样,西方文化是以内在自我作为人格构成的核心来对"人"进行设计的;而中国人塑造人格则是以人际自我为核心,即是说中国人不是从自己的内在自我出发,而是从他人对自己的要求出发来设计自我的。这一点在中国文化中也体现得非常明显,中国文化正是在两个以上的人之间的关系中来构建自己的人格,并对人进行设计的,如古代最常见的就是君臣、父子、夫妇、兄弟、朋友,每个人都首先在这五种关系中接受对人的定义。可见,中国人与西方人在成长的过程中,他们对文化的需求是存在很大差异的。在阅读教学中,春秋时的《诗经》、屈原的《离骚》、陶渊明的田园诗等经典作品,对中国人来说,是他们成长过程中必不可少的丰富的文化营养,为华夏民族培养了无数的优秀人才，直至今日，它们依然是传承民族文化精神、构建民族文化心理的重要内容，这些经典作品对于作为汉民族成员的学生来说，其文化价值是不言而喻的。但是，同样是这些作品，同样是这些作品的阅读教学活动，它们对西方人来说，则不具有这么重要的意义，西方人更推崇展示个体自由与力量的作品的价值，不论是古希腊神话还是其他时代各种形式的作品，如海明威的《老人与海》等，我们都可从这些经典作品中找到证据。在同一民族内部的不同群体之间，他们的需求也是不同的，如不同年龄阶段的群体，我们常常会冠之以"90后"、"00后"等称谓，其实这也是一种文化的不同表现，同样，阅读教学的文化价值对他们来说，也会呈现出一定的差异。

三、时效性

不论是哪个主体的哪一方面的需求，都具有因时而生、顺时而变的本性。客体的存在和属性，相对来说是确定的，它一般不会随着其他条件的变化而变化，而客体在什么时间存在什么样的价值，还要看主体是否对它有需要，以及主体是否具有改造客体以促使其满足自己需求的能力。整个人类是在不断进步、发展的，这种进步发展的主要表现，就是人类需要的不断更新，以及人类能力的不断增强。对于具体的人来说，他也总是处在不断地发展变化之中，在不同的阶段，会有不同的需求，正是这种需求，促使每一个人不断地丰富自己、提高自己、完善自己。人成长的过程，就是一个不停地提出要求并不断满足要求的过程，当一种需求得到满足，原来客体存在的价值得到了实现，对主体来说其就不再具有原有的意义，而新的需求又促使产生了新的价值关系。可见，价值的存在是有时效性的，它总是和主体的需求联系在一起,当它在合适的时间满足主体需求时,就具有积极意义,对主体来说是有价值的,而在不合适的时间不能满足主体需求时,对主体而言它则不具有价值。

在阅读教学中,学生的文化需求也是不断变化的,从层次上讲,包括提高言语知识和言语行为能力的需求,把握文化规范的需求以及探寻文化意义的需求。这几个层次的需求在不同的时期会有所侧重,在小学阶段,阅读教学重点体现的是言语知识和言语能力的价值,初中阶段,则相对侧重文化规范的价值,高中阶段是对文化意义的思考与探寻。当然,这样的侧重并不是泾渭分明的,它往往是几个层次同时进行,不过是每个阶段强调的重点不同,之所以有这样的侧重,这和学生的生理和心理的成长是分不开的。在学生不同的发展阶段,他们的文化需求会呈现出不同的特点,阅读教学应考虑到学生需求的特点,在教材选编、教学内容的确定上有所体现。当阅读教学满足学生的文化需求时,就会产生好的价值,而如果教学内容与学生需求不合拍,如过早或过晚地实施某些教学内容,虽然其教学内容、形式和方法是相同的,但其产生的教学价值却会大不相同,教学效果当然也会有大的出入。学生的文化需求内容丰富,在阅读教学中,我们应尽可能地扩大解读的视角,对学生在各个方面产生影响,避免解读的单向度和意义上的重复。如道德方面的教育,在内容上包括学校道德教育、家庭道德教育、职业道德教育、社会道德教育以及个体自我道德教育等,过程上包括激发道德意识、培养道德情感、确立道德理想、学习道德规范、养成道德习惯、完善道德评价等环节。阅读教学中,我们应尽可能地让学生受到全方位的教育,且不可把教学内容笼统地归结为道德教育而做重复的工作,在初次组织教学时,它对学生来说是有价值的,当学生在此方面的需求得到满足后，要考虑到他们新的需求，不然，重复进行的教学内容其价值势必会大打折扣。同时，道德的内容也是在变化的，在不同时期的道德会有不同的标准，在这一时期具有价值的道德教育，而到了另一个时期则不再具有相同的教育价值。

四、实践性

对阅读教学价值的认识，一直存在着两种错误观点：一种是把阅读教学客体属性作为阅读教学的价值，另一种则是把阅读教学主体需求作为阅读教学的价值，这两种观点都是对价值的片面认识，都是不可取的。价值是客体属性对主体需求的满足，因此，价值的产生离不开客体的属性，没有客体的属性，主体就不可能实现任何价值，如果不承认这一点，就会陷入唯心主义价值观的误区。唯心主义价值观认为价值是纯粹主观的东西，它只有在人的主观意识中产生，是人的主观愿望、情感、意志的体现。唯心主义价值观的错误在于完全否认客体属性之于价值的基础性作用。但那些仅仅把客体的属性作为价值而否定主体需求的认识又走向了另一个极端，因为客体属性是多方面的，忽视了主体的需求，必然会导致价值取向的盲目性。阅读教学的文化价值并不是分别包含在阅读教学的主体与客体之中，而是发生于主客体相互作用的过程中，在这一活动中，阅读教学行为者、对象和行为过程是不可分割的动态整体，而文化价值就是在这一整体中生成的。这就是说，阅读教学的文化价值，它既来源于客体，又取决于主体，它是主体的需要和主体的实践活动，实践性是阅读教学文化价值的重要属性。阅读教学客体的文化属性，只是说明阅读教学具有满足于阅读主体文化需求的潜在的文化价值，而阅读教学是否具有文化价值，还要看它是否真正满足了主体的文化需求，而把这种潜在的价值关系转化为真正的价值,只能通过阅读教学实践来实现。

阅读教学文化价值的实践过程,包括两方面的内容:一是客体的主体化,一是主体的客体化。客体的主体化,是指阅读教学作品中所蕴含的潜在文化价值,通过阅读教学实践,潜移默化地对学生产生影响,客体中的文化营养内化为学生的无机身体,使学生民族文化心理得以养成,学生的言语行为都能按照民族文化规范的要求活动;主体的客体化,是指阅读教学并不是学生被动接受文化塑造的单向度的活动,学生作为具有自我意识的个体,会对阅读教学中所接受的文化内容进行判断、选择和评价,从而形成对文化的独有的认识和理解。表现在阅读教学中,那就是学生对作品意义的新建构,这种建构是在对作品意义深入理解的基础上完成的,它融入了读者对世界、人生、价值的认识,是其本质的一种外化。同时,这种对作品意义的建构又是对自我的一种建构,学生通过与作品的倾情对话,使自己的情感更加丰富,个性更加鲜明,对自然、社会、自我有了更加深刻的认识。阅读教学实践所包含的这两方面内容,其实是同一过程,它统一于阅读教学文化价值的实现过程,也即统一于实践过程,可以说没有阅读教学实践,就不会有阅读教学的文化价值,阅读教学中潜在的文化价值只有在实践中得以生成并实现。认清阅读教学文化价值实践性的特点,可以帮助我们更加深刻认识到阅读教学实践这一环节在价值实现中的重要作用,促使我们积极探索阅读教学的方式方法,以保证阅读教学中潜在文化价值向现实价值的转化,实现学生的"文化"过程。

第四节　阅读教学文化价值的实践

一种事物或行为对人的文化生成具有意义,我们说它具有文化价值,但这种文化价值只是一种潜在的价值,若要真正地发挥其意义,就必须经过一个活动的过程,这个过程,就是价值的实践。阅读教学文化价值也是通过实践活动,由文化潜在价值转变为文化事实价值的,它包括两个方面:一是文化价值的选择,二是文化价值的实现过程。

一、文化价值的选择

阅读教学中文化价值的表现形式是多种多样的,它们对人的文化生成会起到积极意义,但就每一个具体的人来讲,其对文化的需求是不同的,这种需求会受到一定的时间、一定的地域及个体情况的影响,对文化价值表现出一定的选择性。对文化价值选择的研究尤为必要,选择了什么样的文化价值作为教学的内容,就会有与之相对应的教学方法、教学过程,当然也就会有什么样的教学结果。其实,对阅读教学文化价值选择的研究,就是对文化价值选择依据的研究,因为阅读教学中所有文化价值选择行为都是依照文化价值的选择依据进行的,明确了价值选择的依据,文化价值的选择行为也就成了顺理成章的事了。

阅读教学中文化价值的选择依据有三个方面:第一,人之存在终极意义的要求。文化价值是事物或行为对人之文化生成的意义,这一概念本身就隐含着这样一层意思,即存在着一种理想状态下的"文化人",而这个"文化人"就是一个目标,凡是有利于达成这一目标的事物或行为,就是有价值的,反之则没有。而这个"文化人"其实就是一种人之存在所追求的理想状态,它永远只是一个过程,人只是在追求它的过程之中。我们只可以无限地接近它,却永远无法达到这一目标,因为人的发展是永无止境的,人类始终处于自我存在意义的探索之中。对于理想的"文化人",我们无法给出具体的定义或者做出较为详尽的描述,但这个理想的"文化人"一定是充分自由的,是完全发展的人。随着人们对人类自身认识的不断加深,对个体存在意义思考的不断深化,"文化人"的概念一定会越来越清晰和深刻。对文化价值的选择,其首要依据就是这种人们对存在意义的自我认识,努力地去追求理想状态的"文化人",也是人之文化发展的主要目标。

第二,民族传统文化发展的要求。民族文化作为阅读教学文化价值的选择依据,主要是基于文化纵向的传承和发展的视角考虑的。任何个体都不是从没有文化的环境中开始成长的,在生命孕育之初,他就被抛到一个文化的环境中,不得不接受这个文化。民族文化是一个民族对人类存在意义认识的凝结,是本民族成员行动的依据和规约,它是经过漫长的过程一代代传承下来的。个体在成长过程中,首先是接受本民族的文化,只有这样才能融入这个群体,被这个群体的其他成员所接受,这也是民族文化得以传承的基础。不仅如此,随着个体的不断成熟,个体根据新的环境和发展形势对本民族文化做出必要的创新,不断丰富民族文化的内容,这也是民族文化得以不断发展和永葆生命活力的保障。但所有的文化创新都离不开民族文化最初的母体,都是在民族文化原有基础上逐步丰富发展起来的,抛弃本民族文化或是用其他外族文化取代本民族文化,抑或是没有根基地随意创造一种新文化都是不可能实现的。因此,对文化价值的选择,其中一个重要的依据就是看其是否有利于本民族文化的传承和发展。

第三,时代发展的要求。文化的历史演进一方面是基于其自身发展的需求,它表现出一定的保守性,同时,文化的发展又和其他外在的因素紧密联系,受到其他因素的影响,如政治、经济、科技等的发展变化,都会对文化产生深刻的影响。在某一具体的历史时期,社会的综合因素会对文化提出一定的要求,即要求文化与这一时代的发展相适应,与其他社会要素的发展相协调,这就迫使文化做出必要的改变,这一改变就是基于外部要求压力下的发展,这种发展反过来又对社会其他因素提出新的要求,促使它们也必须做出相应的改变,从而促进整个社会的不断进步,这也是社会作为一个有机的整体不断得以发展的内在运行规律。一般来说,文化应该始终走在社会发展的前列,为社会发展提供理论支持和智力保障,而一旦文化发展滞后,则会束缚整个社会的发展,出现发展的迟缓、停滞甚至倒退。

阅读教学文化价值选择的三个依据是紧密联系不可分割的,做价值选择时,必须同时考虑到三个依据,如果割裂三个依据或片面地强调一个依据的重要性,势必带来价值选择的偏离。人之存在意义是价值选择所追求的终极目标,其他要素都要为这一目标服务,但"文化人"这一目标的实现离不开民族文化的依托,而且理想中的"文化人"在不同民族有着不同的理解,目标也未必相同,同时,它也需要在具体的时代中一步步向目标迈进,片面强调"存在意义"的决定论,会造成价值实践的虚无性;民族文化是文化价值选择的根本基础,唯有它才能保障价值选择的现实有效性,但如果片面强调民族文化这一选择依据的重要性,很可能会成为民族传统文化的忠实维护者和代言人,陷入一种保守、僵化的境地而停滞不前;时代性要求是文化发展的外部动力,但如果片面强调这一依据的重要性而忽视其他依据,则文化价值选择因缺失了目标和文化历史的沿革而失去方向。

二、文化价值的实现过程

文化价值的实现,就是指阅读教学中潜在的文化价值向事实价值转变的实践过程。当我们说事物或行为具有文化价值时,是指这一事物或行为存在着潜在价值,即行为主体通过这一事物或行为可以获得的文化价值,但事实上主体如果没有实践活动就无法获得这一价值,即事物或行为在人的文化生成中没有发挥积极的意义。阅读教学文化价值的实现,简单地说包括两个方面:一是文化的传承,一是文化的发展。文化的传承,就是文化客体的主体化,就是教学中外在的文化形式作用于阅读主体,使阅读主体完成了以"文""化"人的过程,原来外在于阅读主体的客体文化内化成为主体的一部分。从个体视角看,这个过程就是通过阅读教学这一实践活动,一个人不断地接受本民族文化,逐渐成为这个民族合格成员的过程;从整体文化视角看,它则是一个民族文化不断传承的过程,通过阅读活动,把这个民族文化的形式和精神传递给文化传递的直接载体——人,通过他们完成民族文化的继续传递。文化客体的主体化过程,更多表现的是一种文化传递和文化接受的特点。文化的发展,表现的是一种在传递基础上的创生,在阅读教学这一文化传递的过程中,学生作为有着自我意识的文化主体往往不是被动接受文化的,特别是随着个体的逐渐成熟,他们对文化表现出较强的甄别、判断和选择能力,根据自己的理解,对原有的文化结构和内容重新做出解码和编码,这实则是一种文化的创生。从个体视角看,这种文化的创生使学生个体不再仅仅是民族文化的接收器,它让个体更成为独立的自己,只有创生文化,自己才变得与众不同,才算得上是成熟的"文化人";

从整体文化视角看,文化的创生意味着民族文化的发展,只有创生民族文化才具有活力,文化生命才能得以延续,文化的创生丰富了民族文化的内容,它更多地表现出文化创新的特点。

阅读教学文化价值的实现过程,在一个人的身上往往表现出三个层次上的改变。一是外在文化形式和内容方面的变化,主要指学生个体通过与一种文化客体的接触,对这种文化的外在表现形式有所了解与掌握,比如对记载文化的民族语言的学习与掌握等;同时,对这一文化所包含的内容也有所理解,如对这一文化的一些规范要求等的理解,这些往往表现为一些文化知识和语言知识及能力的获得。二是文化心理结构的变化,是指学生个体通过与文化客体的互动,把这种文化的规范、精神内化为自己行动的标准,达到一种心理的完形,这是一个文化客体主体化的过程,文化的外在形式已经内化为主体的一部分,这时的个体已经成为这一文化成员之一。三是文化人格的改变,学生作为一个文化主体不仅仅要接受一种文化,成为这一文化的传承者,更应该成为一种文化的创新者,从而促进这一文化的发展。这就需要学生文化个体不再仅仅是文化的被动接受者,而应该对文化具有主动判断的能力,从而做出甄别与筛选。同时,还要开阔视野,积极从外来文化中吸取优秀的文化元素,创新本民族文化,提升自己的文化创新能力。从传承的视角来看,学生往往形成的是共性的特征,而文化人格的形成,则代表学生已经具有了文化的个性,这才是真正意义上的文化个体。

第二章 阅读教学的文化价值
是其核心价值

阅读教学的价值是多元的,在这些价值中,它们的地位和作用各不相同,有的价值占据非常重要的地位,是必须优先要实现的,而有些价值相比较而言则不是那么重要,可以实现也可以在某些条件下暂时不用实现。阅读教学中必须要实现的价值就是阅读教学的核心价值,从价值的分类来看,阅读教学的核心价值一定属于阅读教学的内在价值而非附属价值,在内在价值中,它不是语言工具价值,而是专指阅读教学的文化价值。文化价值是阅读教学的核心价值,这是由阅读教学主体需求的文化性、阅读教学客体属性的文化性以及阅读教学活动本身的文化性决定的。

第一节 阅读教学活动中
主体需求的文化性

阅读教学活动中的主体虽然很多,但最重要的主体是学生,因为阅读教学目标的制定、教学内容和教学方法的选择、教学结果的评测等都是针对学生来组织的。阅读教学中具有文化价值,或者说阅读教学的价值本质上就是一种文化价值,这与阅读主体本身就是一种文化存在是密不可分的。人本身就是一种文化的存在,人的产生和文化的产生是同一个过程,人在创造文化的同时,也创造了人本身,在文化产生之前的人不能真正称之为"人",每个人都是动物和文化的结合体,二者不可分离。同时,人又是一种语言中的存在,因为语言是文化的载体,人的文化身份的确认,都是通过语言这一介质来实现的。不论是从生物学还是从符号学,或是社会学考察,人都是一种语言的存在,人存在于语言之中,人在对语言的阅读中接受文化,并一次次地完成从目前状态的文化人向未来文化人状态的发展。

一、读者是一种文化的存在

阅读教学活动中的读者,不论有什么样的需求,其对文化的需求是首要的和必需的,因为人本身就是一种文化的存在,从群体的视角来看,人类的产生是伴随着文化的产生而产生的,没有文化也就不可能有人类;从个体的视角来看,每个人都是动物和文化的结合体,没有了文化,人不是真正意义上的人。因此,作为人之群体的读者,在阅读活动中对文化的需求是一种本然的行为。

(一)从群体的视角看,人类的起源随着文化的产生而产生。我们考察人类的起源就会发现,正是文化的产生,才促成了古猿向人的转变,即是说,人类是伴随着文化的产生而产生的,它们之间具有一种不可分割的联系。恩格斯认为,人类和古猿的区别主要表现在两个方面:一是手足分工、制造工具并由此形成的劳动活动,二是语言的产生、大脑的发展以及与此相对应的思维和意识的活动。这两者是古猿和人类从结构到机能的根本区别,而两者中,劳动产生时间更早,语言则是在劳动的推动下形成的,因此,劳动相较于语言来说,更具有基础性的意义,而人类劳动的主要标志,则是制造并使用工具。

　　依照进化论的观点,一切存在的物种都是对外在环境适应的结果。外在环境虽然在短期内具有一定的稳定性,但从长期来看它是不断变化的,为了继续生存下去,物种必须对环境的改变做出某种适应,即通过改变物种内在的结构和机能来提高自己的适应能力。这种内在结构和机能的改变虽然在不同的物种身上会表现出不同的能力,但它必定有一个极限,即物种不可能针对环境的任何变化都能做出相应的改变,因此,有些物种因改变其结构和机能存活下来,而有些物种因不能适应变化了的环境而逐渐消失了。古猿在发展的过程中也遇到了类似的问题,环境的改变一开始促使它们在结构和机能方面发生了变化,但随着环境的进一步改变,古猿所面临的矛盾也日益突出:一方面若想继续生存必须要提高机能以适应环境,另一方面是结构改变的有限性又束缚了机能的提高,这说明古猿肉体的变化已经达到了极限,仅仅靠肉体结构的变化已不能适应环境改变所提出的要求。然而,它们却并没有消亡,而是继续存活了下来,这是因为它们在改变肉体结构的基础上,发展出一种能够掌握和运用其他物体的能力,那就是使用工具。使用工具先后经历了两个阶段,第一个阶段是使用天然工具,如古猿用石块用力砸开植物坚硬的壳取食果核、用石块击跑来犯的其他动物、用尖利的树枝到河里捕鱼等;第二个阶段是使用制造的工具,古猿的生存条件十分恶劣,包括它们的食物非常有限,威胁它们生存的天敌非常多,在这种形式下,仅仅靠使用天然工具是不够的,为了生存,古猿开始慢慢学会了制造工具,起初是一些简单的工具,在原有天然工具上做一些粗略的加工,随着经验的不断丰富,它们制作的工具也越来越复杂。后来,有些工具已不仅仅满足于对它们的使用,还在上面画上一些好看的花纹,起到装饰的效果。这些工具,就是最初的文化事物。文化学者对"文化"本身的定义,有数百种不止,但仅从字源上考察,古汉字"文"通"纹",这里的"纹"绝不是花虫鸟兽的自然行为而留下的"纹",而是人有意识、有目的的活动而留下的印记。古猿在进化的历程中,学会了制造并使用工具,这种工具就是一种"纹",一种最初的文化产物,而制造和使用工具的过程,就是一种最初的文化活动。

　　古猿在进化的过程中,其自身内在肉体结构因外在环境的改变而发生的变化,与其他物种并没有什么根本的区别,不是一种"人"的行为,因此它们这时候还不能被称为"人"。但制造并使用工具,使他们同其他物种区别开来,因为此时他们对外在环境的适应产生了一种新的结构,那就是"肉体—工具"的结合体,而任何其他物种都仅仅是一种"肉体"结构,这种"肉体"结构的变化是有限的、自发的,而"肉体—工具"结构的变化相对来说则是无限的、丰富的。因为工具的变化是不断发展的、变化无穷的,它可以根据外在环境变化的需要和人类自身发展的需求而变化和发展,肉体与工具相结合这一结构所具有的机能也是无限的。"肉体—工具"结构突破了"肉体"结构的局限性,其机能在深度和广度上都远远超出了"肉体"结构的范围,它属于一种高级的物质结构体系,它已不满足仅仅被动地适应外在环境,而是有意识地、主动地改变环境以满足于自己的生存和发展。这是一种翻天覆地的变化,正是这一变化,世界已不再仅仅是原来自在的自然世界,而变成了价值世界、意义世界。而所有这一切都是因为一种新物种的产生,那就是"人"。

　　由此可见,人类的起源与文化的产生具有同一性,在古猿向人转变的过程中,同时产生了文化。在制造和使用工具之前,这一物种只能被称为"猿",而在制造并使用工具之后,他们已经变成了"人"。正是制造和使用工具,才使古猿慢慢地演变为人类;随着工具的不断改造和发明,促使人脑脑量不断丰富,进而产生了复杂的语言,语言的产生,更加丰富了人类的思维,拓宽了他们的视野,人类认识自然、改造自然的能力进一步提高,人类也一步一步开始向文明社会过渡。由此可见,古猿是通过制造并使用工具而逐渐演变为人类的,文化是"人"这一物种区别于其他物种的本质特征,是人之为人的标志。因此,我们可以说,人类是在创造文化的过程中,同时创造了自己。人对文化的需求,是一种类的本然需求。

（二）人是动物和文化的统一体。人之所以不同于一般的动物,是因为人是一个特殊的生命体,他有着自己双重的生命,那就是人不仅具有动物的物性的一面,还有具有精神性的一面,特别是精神生命让人与动物区别开来。人的动物生命从形态上看,与一般动物有着很大的相似性,但本身又具有自己独有的特点,那就是生命体的未完成性。动物自刚出生时,其身体的构造及其机能都是比较完整的,或是适合飞行的羽毛,或是可以御寒的厚厚的皮毛,或是适合划水的蹼或鳍,或是能躲避天敌变色的身体等,这些生存的技能在它们刚出生时就已经具有了。如非洲角马生下来几分钟内就必须学会奔跑,不然就会被天敌狮子或野狗吃掉,小海龟孵出后就能从沙滩爬到海里,躲避鸟类的啄食。这些都说明,一般动物在出生时,其身体结构都是较为完整的,都能很快地适应其所生存的环境,这种遗传因素保证了这一物种的顺利延续。而人则不同,人刚出生时完全不具备独立生存的条件,没有适合在空中飞的羽毛,没有适合在水中游的鳍或蹼,没有快速奔跑的强健的腿,没有抵御寒冷的皮毛,甚至没有可以帮助进食的牙,刚出生的婴儿只有在他人的照看下才能生存下去,直至十个月左右才能蹒跚走路,到了三岁左右才能逐步学会常人的饮食,这都说明,人的动物性相较于一般动物,是一种不完整的、未完成的形态结构。

人之物性的未完成性的消极方面是显而易见的,人是裸体无衣的、脆弱渺小的、胆怯而无防卫能力的,它使人适应环境的能力达到了最低点。"这表面看来,对人并没有好处,因为它造成人的本能匮乏,人成为自然界中生下来最脆弱的、毫无生存能力的一个物种。"①但是,人的这种未完成性,更有着积极的意义,那就是人的未特定性和开放性。动物生命完整的结构形态,意味着其一切行为的特定化,因此,它是确定的、限定的、无法发展的。动物因其完整的结构,它们对外部环境只能是一种依赖和适应,只能以其所特有的结构与环境发生关系,这种关系是完成了的、特定化了的,它们与环境的关系是一种封闭性的关系,这一关系在某些方面帮助它们更好地适应环境,但同时也剥夺了它们进一步发展的权利。而人的未完成性则意味着人的未限定性,人的结构形态不是为了某一种专门的、特定的方式而存在的,它可以使人有多种生存和发展的可能性。人想要生存下去,就必须要解决自己所面对的问题,即必须超越动物的生存方式,在超生命的、非本能的生存方式中求得自身的发展与变化。正是人的这种未完成性为人的发展提供了不确定性,留下无穷的空间,为人的创造性提供了可能,也为人创造了精神生命的条件。"人未被特定化,所以人是自由的,人是开放的,人是创造性的。这些使人能够成为他

---

① 冯建军:《生命与教育》,教育科学出版社 2004 年版,第 19 页。

所渴望的一切东西,使其生存得更随人意,更加自在。"①

　　人区别于动物,主要是人除了拥有与动物相同的种生命之外,还同时拥有类生命,即文化生命,文化生命是人类所特有,是人之为人的重要标识。人天性上的未完成性,要求人必须完善自己以求得生存,这种未完成性同时还规定了人的未确定性和创造性,即人不像动物那样生长过程是封闭的,只是遗传因素的循环,而人的成长则是开放的,有无限的可能性。他可以根据自己的需求而改善自身,不断地创造出新的手段来弥补自己的不足,以更好地适应环境、改造环境,拓展自己的生存空间。人类一开始是通过制造工具来实现这一目标的,制造和使用工具大大弥补了人自身发展的不足,提高了生存能力。到了后来,制造的工具越来越复杂,包括语言以及由此发展起来的宗教、艺术、科学等形式,人类的这种文化发展已经不再仅仅是弥补自身不足这一原始的需求,而是成为人类精神世界发展的一种必然。无论哪个民族的文化,都有一整套完整的运行规则,包含人与自然、人与社会(他人)、人与自身关系的处理,因此,一个个体出生以后,不论他生在什么地方,都不需要担心其自身的未完成性会带来生存的障碍,因为这一民族已经为他设计好了如何解决这一问题的模式,个体在毫无知觉中,在吃饭、穿衣、睡觉、交谈中,就已经在接受着民族文化的塑造。当然,个体接受文化并不是完全被动的,因为人的任何行为都是有意向性和自为性的,这个意向性表现了人的生命存在的某种本质特点,它是文化最根本的特征。正是人的这种文化性,使人的生存不再是仅仅为了活着而活着,而是为了追求生命的意义和价值,生命为何而存在,人活着的意义是什么,对这些

---

① 冯建军:《生命与教育》,教育科学出版社2004年版,第20页。

问题的思考表现了人之生命独特性的特征,即人的文化性。

人是动物与文化的统一体。要弄清楚"人是什么",还要从人的"肉体＋工具"这一结构形态入手,在这里,人的肉体就是指人的动物性,完全可以用"动物"代替,而"工具"的含义则比较广,既包括各种物质的工具,也包括人所特有的意识工具,它实则是一种文化形式,文化的范围也比工具更为宽泛,直接称为"文化"则更为合理,这样,"肉体＋文化"本质上就是"动物＋文化",这样"人"就可以被定义为"动物＋文化"的结构形态,对"人"的描述就是"人是动物和文化的统一体"。这不仅仅是一种对人的描述,更是对人本质的认识发生了根本的变化,"人是动物和文化的统一体",阐明人是由动物和文化组成的,动物和文化是构成人所必不可少的要素,少了任何一个要素,都不能称得上是真正意义的人。在这里,人不再是一种动物,动物只是人的结构中的一个组成部分,动物和人是整体与部分的关系,缺少了文化,人就不再是人,而是变成了动物,像"狼孩"就只是一个动物体而已。而有了动物和文化的结合,人就不再属于动物,它是一个来自动物但又完全不同于动物的崭新的物种,是一种比动物更高级的存在物,它被称之为"人"。同样,文化是人的组成部分,它是人身上非动物性的那一部分,它不再外在于人,而是在人之内。这种对人的定义,既阐明了人与动物的关系,又阐明了人与文化的关系,突破了传统对人的认识,是一种人对于自我认识的变革和深入。

二、读者又是一种语言中的存在

人是一种文化的存在,人生活在文化之中,文化是有载体的,这个载体就是语言,语言记录了一个民族的生产、生活方式,蕴含着这一民族的文化精神,人正是通过语言,才获得文化身份的确认的。没有语言也就没有文化，也就不可能有所谓的人，从这个意义上说，人的存在本身也是一种语言中的存在。

（一）人具有独特的语言符号系统。语言作为人类所特有的"物种"特征，成为人与动物的主要区别之一，语言也是人类创造的符号系统的重要组成部分，符号的世界是一种意义世界，只有人才有这种符号，而其他任何动物都没有符号，只是信号。信号和符号有着本质的区别，信号是一种实体的存在，它存在于物理的世界中，信号在被理解或被运用时，它总是直接和某一具体的事物或对象相联系，它属于一种直接的、感性的、较为低级的活动。而符号则不同，它不直接指向某一具体的对象，它包括了一些复杂的附加内容，这一内容是人们对外在事物的高度概括，或是一种高级思维产生的抽象的思考，它具有指称功能，是一种人类所创造的意义世界，因此，符号属于一种高级的活动，只有人这一物种才拥有符号。符号是人类区别于动物的一个明确标志，它是伴随着人类社会形成而产生的，并随着人类社会的发展而逐渐成熟。

"人是符号的动物"，这是卡西尔对人新的定义。一般动物是根据它们天生就有的感受器系统和效应器系统来保持平衡并维持生存的，生命体根据感受器系统接受外部刺激，通过效应器系统对刺激做出反应。这是普通动物行为活动的两个重要环节。而人则不同，"除了在一切动物种属中都可看到的感受器系统和效应器系统以外，在人那里还可发现可称之为符号系统的第三环节，它存在于这两个系统之间"①。正是因为这一符号系统的存

---

① ［德］恩斯特·卡西尔著，甘阳译：《人论》，上海译文出版社 2003 年版，第
　　40 页。

在,人不同于动物仅仅存在于物理世界中,而是生活在自己所创造的符号世界中,在这个符号系统中,包括语言、神话、艺术、宗教等内容,共同组成了一个人类经验之网,每个人都无法摆脱这个无形但又确实存在的网,"他是如此地使自己被包围在语言的形式、艺术的想象、神话的符号以及宗教的仪式之中,以致除非凭借这些人为媒介物的中介,他就不可能看见或认识任何东西"①。符号不是对现实世界的默认,而是对现实的超越,是人类认识世界的结果,它是一个意义世界,而人正是活在这个意义世界之中。

符号是意义世界,人生活在符号之中,所以"人是符号的动物",而符号的主要形式是语言,不论哪一个民族的神话、艺术、宗教等文化内容,都是以语言的形式保存并流传下来的。一个民族的成员从婴儿期,他所接受的神话、艺术、宗教等文化形式和内容也是通过学会运用语言来完成的,语言是一个民族对待外在世界的样式,面对同一个世界,不同的民族有不同的样式,形成了不同的神、艺术、宗教,也形成了不同的语言形式,每一种语言都是对本民族文化的独特反映。因此,我们说"人是符号的动物",更不如说"人是语言的动物",语言承载了符号意义中的全部内容,是符号意义的外部表现。符号所代表的意义世界,正是通过语言这一形式显现出来,一个人学习并运用语言,其实也是在走入一个语言所编织的意义世界,逐渐地融入这个群体,这是一个生命个体从自然人到文化人的成长过程,或者说是"文化"的过程。

(二)人的语言属性的社会学论证。人的语言属性从社会学考察也获得了丰厚的内涵。人的本质是社会性,马克思、恩格斯

---

① [德]恩斯特·卡西尔著,甘阳译:《人论》,上海译文出版社2003年版,第41页。

对此做了极为精彩的论述："动物仅仅利用外部自然界,单纯地以自己的存在来使自然界改变;而人则通过他所做出的改变来使自然界为自己的目的服务,来支配自然界,这便是人同其他动物最后的本质区别,而造成这一区别的还是劳动。"①马克思把社会劳动作为人与动物的主要区别。事实上,不仅人和动物的根本区别是社会生活,人与人之间的区别也在于社会生活,它不可能仅仅是人的生理差异,"'特殊的人格'的本质不是人的胡子、血液、抽象的肉体的本性,而是人的社会特质"②。人的社会性是在人类社会产生的同时而产生的,在古猿向人转变的过程中,任何单一个体都无法应对恶劣的外部环境,只能结成群体才能共同生存下去,"为了在发展过程中脱离动物状态,实现自然界中的最大的进步,还需要一种因素:以群的联合力量和集体行动来弥补个体自卫能力的不足"③。这种群体的生活,为人类社会生活的形成打下了基础,并逐渐形成了各种社会关系。正是人与社会这种不可分离的关系,所以马克思认为,要揭示人的本质,就必须把人放在各种社会关系中做综合的考察,才能真正把握人的本质。

　　人的社会性,其实就是文化性,它既包括人们对世界的认识,同时也包括对待世界的态度,以及由此而形成的一整套完整的规范。由于历史、传统、思维方式的不同,各民族对自然界、社会以及自身有不同的认识,形成了对待这些问题的不同的态度,为了

---

① 中共中央马克思恩格斯列宁斯大林著作编译局:《马克思恩格斯全集》第 3 卷,第 7 页。

② 中共中央马克思恩格斯列宁斯大林著作编译局:《马克思恩格斯全集》第 1 卷,第 270 页。

③ 中共中央马克思恩格斯列宁斯大林著作编译局:《马克思恩格斯全集》第 4 卷,第 29 页。

使自身更好地生存下去，他们制定了各种各样的规范，要求社会成员共同遵守，这样才能保证人与自然之间、人与他人之间能够和谐相处，为大家创造一个良好的生存环境，这种规范的建立，也是一个长期的过程，而且也处在不断发展和演变之中。每一个社会成员，都应该自觉接受并遵守这个规范，只有这样才能维护好社会共同的生存环境，相反，如果不能接受和遵守这个规范，就很有可能破坏这一生存环境，危及他人的生存，这样会被他们所不容，可能会受到相应的惩罚，甚至会被逐出这一群体。可见，每一个社会成员自出生之日起，就开始逐步接受这套社会规范，其成长的过程就是一个"社会化"的过程，也是逐渐被群体所接受的过程。其实，这套社会规范，也就是人们所创造的意义世界，它不同于动物所存在的实体世界，人只有进入这个意义世界，自觉成为其中的成员，才能称得上一个真正意义的人，而没有经过这个"社会化"的过程，他充其量只能算是一个生物学意义上的人的个体，而不是我们所谈论的"人"。

人的社会化生活为个体进入社会创造了必要的条件，而要使个体真正地融入社会，还离不开另一个关键要素，那就是个体与社会之间的媒介——语言，语言是个体"社会化"过程中必不可少的条件。前面已经论述，个体社会化的过程，就是进入一个意义世界的过程，逐步接受社会所创造的各种规范，并最终成为社会的一名成员。而社会的这个意义世界又不像实体世界一样看得见、摸得着或是感觉得到，它是一个抽象的存在，每一个个体若想走进这一世界，了解这套规则，就要好好地学习并运用好民族的语言，因为所有这个意义世界的内容如艺术、宗教、神话等，都是通过语言的形式保存并流传下来的，语言是它们稳定的载体，学习语言就是在接受这套规则，不论个体是否感觉得到，他在潜移默化中已经在掌握这个规则。比如在汉民族社会,注重个体在群体中的位置,人与人之间相处要做到长幼有序,这样才能维持社会的稳定,不会产生动乱和差错,因此产生了各种维护这一秩序的"礼",每个人要以"礼"行事,正如孔子所言:"非礼勿视,非礼勿听,非礼勿言,非礼勿动。"(《论语·颜渊》)所有行为都要符合这种"礼仪",这对汉民族产生了深远的影响,中华民族也因此被称为"礼仪之邦"。这一整套规则在语言中就得到充分的体现,在对待他人的称呼上,长辈及平辈之间,都有明确的称谓,个体只有依照这个称谓称呼别人,才被视为是合乎礼仪的,也是被大家所接受的,否则,会被视为"不懂规矩"的人,被他人嘲笑或训斥。如对待比自己年龄大的平辈,总要称呼为"哥"、"姐",即使是称呼名字,但后面"哥"或"姐"的称谓也是必不可少的,如"小明哥"、"芳芳姐"。对待平辈如此,对待长辈更不得"无礼","伯伯、叔叔、舅舅、姑妈、姨妈、伯母、婶婶、舅妈、姑父、姨夫……"各种称呼一应俱全,汉民族个体在学会称呼别人的同时,也就学会了自己对待他人的态度,了解了相关的规则。当然,这只是简单的称呼所接触到的东西,更多的文化内容,是通过阅读来获得的,如通过神话、宗教故事或其他文学作品,就会逐步感受到本民族对待世界的态度、思维的方式以及相关的规则。可见,人的本质的实现——社会化的过程,是通过语言来实现的,没有语言,人也就无法进入这一意义世界,不能成为真正意义上的"人",因此,语言可谓是人所特有的物种属性。

三、语言与读者意义世界的建构

　　文化作为一种外部的意义存在,而人的意义世界属于内部的存在,一个外部世界和一个内部世界是怎样沟通的呢? 或者说个体是怎样通过文化形式获取这种外部的意义,使之成为自己的内部意义的呢?它主要依靠两个媒介,一个是人所独有的与语言相关的内部生理构造,另一个就是语言。"人的语言只能是属于人的,是人与人之间在实现内部世界交流与沟通时的一种媒介。"①语言是文化的载体,它通过对人体内部与语言相关的生理器官施加影响,把文化信息传递给这些生理器官,这些生理器官又通过一系列的内部加工流程,实现了对文化意义的接收,最终完成对外部文化意义的内化。人与语言有关的内部器官主要有两个,一是发音器官,二是左脑,语言就是通过这些内部器官,把文化的外部意义与人的内部意义沟通起来,完成意义的传递以及新的意义的产生。

（一）人具有独特的语言生理构造。语言是人与动物最大的区别之一,这种区别不仅仅表现在语言的行为和过程中,同时也包括针对语言使用所具有的生物构造方面。因为人如果不具有这种语言的构造,也就无法实施言语行动。因此,研究人的语言属性,首先必须了解人在语言方面的生理构造,即从生物学的视角来研究人的语言属性。

语言学界对人之语言能力的形成一直存在着很大的争议,主要有两种不同的观点,一是语言先天论,一是语言后天论,并由此形成了心灵主义和行为主义两大派别。前者认为人的语言知识来自天赋和心灵,是一种天赋观念,后者则认为人的语言是从外部语言环境中学习得来的,是后天形成的。事实上,不论是语言先天论还是后天论都有失偏颇,人的语言知识是在人的先天生物构造的基础上,通过后天的言语实践活动逐步获得的,忽视人的

---

① 韩宝育:《语言与人的意义世界》,中国社会科学出版社 2002 年版,第 7 页。

语言生物基础或忽视人的后天言语活动，都是片面的、偏颇的。我们从生物学视角考察人的语言属性，就是要考察人的语言生理上的构造，这种构造是由人的发声器官、有关语言的大脑以及在两者间起联结作用的肌肉三部分共同组成的。首先，从发音器官上来看，虽然其他动物特别是灵长类动物也有着起着发音作用的器官，如口、鼻、舌、颌、喉、气管、胸腔等，但人的这些器官构造与动物之间有明显的区别，特别是经过长期的语言运用，这些器官已经能熟练、灵活地发出各种不同的响声，并且非常清晰。我们往往会认为声音是由声带发出的，其实，人的声带所发出的声音音量是不大的，只占总音量的 5% 左右，而其他 95% 的音量则是由共鸣腔放大出来的，共鸣腔包括喉腔、咽腔、口腔、鼻腔、胸腔和头腔等部分，它以咽腔为主又分为高、中、低三个共鸣区。高音区就是头腔和鼻腔的共鸣，声音通过这里，可以变得高亢而响亮；中音区是咽腔和口腔的共鸣，声音通过这里会变得丰满而圆润；低音区主要指胸腔的共鸣，声音通过此可变得浑厚而低沉。正是因为各种器官的综合作用，人的声音才富有变化性。而动物所发出的声音相对来说比较含混、单调，这不仅仅与发音器官的构造有关，同时也是因为这种声音是单个器官参与的结果。而人的声音则往往是多个器官联合发出的，所以不论是音量的大小、音域的宽窄、音质的优劣都富于变化性，产生各种各样的声响，满足了人们交流思想、表达情感的需要。

　　我们再从大脑构造的角度来看人的语言属性。神经语言学的研究表明，人的大脑天生就有着专司语言的区域，神经语言学家对三个月龄之前死亡的婴儿大脑作了研究，发现大部分婴儿大脑左半球大于右半球，而大脑的左半球是专司语言功能的，这表明婴儿在学会讲话之前，大脑就已经具有了语言方面的准备，有了语言生理的基础,这种准备甚至在未出生的胎儿身上就已经发现了。经过神经生理学的进一步研究,发现左脑不同区域对语言的作用是不同的,如有的区域是专司语言表达的,如果这一区域遭到破坏,人的理解能力虽然不受影响,但却无法正常表达,他们说出来的话就像电报的语言,省略了介词、连接词,有时甚至省略了名词、动词的尾部变化,只讲出主要的实词(名词、动词、形容词)。而有的区域是专司语言理解的,如果遭到破坏,病人发音没有困难,句法也正常,但很难说出物体的名称,因而内容空洞,没有意义,病人的语言理解力也显著衰退。这一区域被称为"维尔尼克氏区",这一区域遭受破坏,就会导致"维尔尼克失语症"。神经语言学家认为,布罗卡氏区的功能是把语言映像转换成说话所必需的肌肉运动,而维尔尼克氏区的功能是把声音转换成语言的意义。人的语言生理构造,除了大脑和发声器官外,还有大脑和器官联结组织——肌肉,现代神经语言学证实,人体至少有 100 块肌肉在大脑的指挥下控制着发音器官,人正常的说话速度是每秒14 个音素,这就意味着人的大脑在一秒钟之内要向这些肌肉发出14 条行动指令,这已经是非常复杂的行为了,但还远远不够,因为各发音器官距离大脑的距离是不同的,因此,大脑发出的指令到达这些器官的时间也需要有差异,以避免混乱,例如大脑发出的指令经神经脉冲到达口腔和胸腔的时间就是不一样的,这样才能使各项指令有适当的速度和次序。这就要求人的大脑要像一台高度精密的计算机一样,经过严密的计算,才能合理地支配这些语言神经,使各个系统协调一致,以有效地表达人的内在思想。

(二)语言对读者意义世界的建构。语言、文字是人类创造的重要的文化符号,它是一种文化现象,是整个文化系统中的有机组成部分。同时,语言作为一种文化符号,它又是人们进入文化世界的主要向导,因为人类创造的一切文化都蕴藏在语言之中,语言是文化的忠实记录者,是保留历史和文化的活化石。因此,语言已不仅仅是交际工具或符号体系,它实质上是一种意义体系和价值体系。我们学习和使用语言,不仅可以交流思想、表达情感,还可透过语言进入到内涵丰富的文化世界,体味语言背后所蕴含的丰富的人文内涵,这对语言的学习者和使用者必定会产生潜移默化的影响。学习语言,既是学习语言方面的知识,提高学习者运用语言的能力,同时又是人类文化传承、生命个体健康成长的一个过程。而这些作用的实现,是语言通过对个体内部语言器官的影响来实现的,这也是语言所独有的功能。

　　学习语言的过程就是生命个体文化成长的过程。人的生命不同于动物的生命,是因为人不仅拥有"种生命",同时还拥有"类生命"(精神生命),从生命个体的生成过程来看,每一生命个体在诞生之初,都呈现出无知与蒙昧的状态,可以说,这时候的个体生命无异于动物的生命,人是如何一步步从低级的"物"的状态进入到高级的"人"的状态的? 那就是学习和使用语言。人不仅生活在一个物理的世界之中,同时也生存在由语言营构的文化世界中。语言作为人类文化的一部分,它已经包含了民族传统、民族历史、民族文化的诸多要素,人们在掌握、理解语言的同时,也在把握民族文化的基本精神和思维方式,人以语言的方式拥有世界。这样,通过语言这一介质,使人与文化紧紧联系起来,人们学习语言的过程,就是深入文化的过程,也就是自身精神生命不断得以完善和发展的过程。由于人的精神世界和语言世界是相联结、相吻合的,对语言世界的开拓,也就是人的精神世界的充实和延伸,这一过程正预示着一个完全意义上的"人"的逐步生成。"'语言'与'精神'与'人',其实是'合二为一'进而'合三为一'!

它们共生共长,'言'入,则'神'生,'神'生,则'人'立;'言'失,则'神'亡,'神'亡,则'人'非,它们本就是一体! 人区别于其他生物的惟一'本质点'就是,人是一种'精神'的生物,而其他生物均无'精神',因为它们无'语言'。'语言'的成长即'精神'的成长,'精神'的成长即'人''自我'的成长,是一回事。"①对阅读教学来说,学生阅读的过程,就是去了解一个特定世界的过程,就是在体验特定的生活状态、情感状态、生命状态的过程。阅读一篇课文就是让学生走近、了解、领略一个世界,追问这个特定世界的意义,获得一种人生的顿悟、心灵的洗练与生命的升华。

　　学习语言的过程就是文化继承与发展的过程。人类所生存的世界绚烂缤纷,异彩纷呈,永远按照自己的方式存在并发展着。它只有与人类发生某种关系,被人类所认识时才具有了意义。我们生活中所说的"世界",并不是本真存在的客观世界,而是人类所认识的世界。那么,世界是怎样进入人类视野并怎样被人类所认识的? 世界与人类之间产生联系的介质是什么? 答案仍然是语言。语言是人与世界照面与遭遇的方式,也是人理解与把握世界的方式,是语言把人类和世界联系起来。德国语言学家魏斯格贝尔认为语言是一种中介力量,提出"语言中间世界"的观点,认为正是语言把世界转化为精神和思想,人总是通过语言这个"中间世界"去与世界发生联系,去拥有世界。加达默尔也指出,当存在被理解时,在形式上它就表达为语言,所以他说:"能被理解的存在就是语言。"强调只有通过语言,人才能够理解存在,语言是理解的普遍中介。在没有语言之前,世界只是鸿蒙未开、混沌一

---

① 韩军:《"新语文教育"论纲——兼论五四后中国语文教育的三重误区》,《语言教学通讯》2000 年第 9 期。

团的原始状态,语言出现并将其命名区分才使得世界泾渭分明起来。在没有命名之前,是没有事物的,表明人没有注意到物、理解物、把握物,它们没有进入人们的视野。而命名之后就不一样了,命名本身就是理解、把握事物的过程。"语言不只是人在世上的一种拥有物,而且人正是通过语言而拥有世界。"①它们清晰地呈现在人的视野内,与人发生关系,从而成为人的世界。

学习语言就是对民族文化精神的体认和承续。每个民族的人们都在以他们的语言拥有世界,由于人们的思维方式不同,看待世界、把握世界所持的态度不同,以及对价值的衡量和判断依据不同,各民族的语言总会表现出不同的特征。因此一种语言便体现着一个民族观察世界、理解世界、把握世界的眼光和态度,它是一个民族的民族精神和民族气质的外化形态,同时又是该民族认识世界和解释世界的意义体系和价值体系。阅读既是语言学习的过程,更是学生体认民族文化精神的过程。正是在一代一代的人民对本族语言所深蕴的民族文化精神的体认之中,一个民族才得以维系承延。阅读教学作为一种有计划的社会育人活动,必定会对民族文化精神的传承提出要求。新版《普通高中语文课程标准》把"传承中华文化"作为一项重要的课程目标,"通过运用祖国语言文字,体会中华文化的博大精深、源远流长,体会中华文化的核心思想理念和人文精神,增强文化自信,理解、认同、热爱中华文化,继承、弘扬优秀传统文化和革命文化"②。这都反映了国

---

① 涂纪亮:《现代西方语言哲学比较研究》,载《涂纪亮哲学论著选》(第三卷)武汉大学出版社 2007 年版,第 422 页。
② 中华人民共和国教育部制定:《普通高中语文课程标准》(2017 年版),人民教育出版社 2017 年版,第 5 页。

家对阅读教学在传承民族文化精神方面的要求,这也可以看出语言之于传承民族文化精神方面的重要作用。"语言在一个民族中代代相传绵延不已,民族的文化内涵、精神内涵与之相互塑造、相互融合为血肉粘连的一体,像一条潺潺的溪流,滋润和唤醒了他们心灵深处的对民族情感和民族文化精神的认同感"①。一个民族所有的精神纽带都在其语言中抽绎出来,所有的生命血脉都在其语言中生长出来,没有了语言的民族便如没有了气血的身躯,马上就会分崩离析,荡然无存。可以说,对语言的持守就是对民族文化精神的持守,"语言是祖先留下来的遗产,是第一笔遗产,也是最后一笔遗产"②。一个民族失去了语言,也就意味着失去了存在的灵魂。然而,让人感到悲哀的是,百年来一些国人对于我们民族高贵而伟大的文化精神不同程度地存在着冷漠鄙夷的态度,或置之不理,或连根斩绝。因此,培养学生对中国文化的认同感和批判精神,具有深远的意义。

第二节　阅读教学活动中
客体属性的文化性

　　阅读教学活动的客体包括言语作品、老师的导读行为以及学生的解读行为三个方面,但三者的地位是不同的,言语作品是教学活动的主要客体,因为老师的解读和学生的解读都是从言语作品这一客体中延伸出来的,言语作品的内容也决定着老师和学生

---

① 曹明海:《语文教学本体论》,山东人民出版社 2007 年版,第 109 页。
② 钱冠连:《语言:人类最后的家园——人类基本生存状态的哲学与语用学研究》,商务印书馆 2005 年版,第 176 页。

的解读行为限度,因此,我们考察阅读教学活动客体的属性特点,主要指的是言语作品的属性。而言语作品又是由汉语的最小单位汉字组成的,考察言语作品的属性特点,既包括汉字的属性,同时也包括言语作品本身的属性,从汉字层面上看,每一个汉字都是记录汉民族先民生产、生活的文化符号,通过对汉字的阅读,可以透视出汉民族先民的活动轨迹与生存方式;从言语作品层面来看,一篇篇作品体现了汉民族对自然、社会及人自身关系的思考与态度,对汉语作品的阅读,同时就是对汉民族文化精神的涵化与体认。

一、汉字是记录汉民族生存方式的文化符号

古汉字和汉民族的生活方式息息相关。从饮食方面来看,许多古汉字都和吃有密切的关联,如古汉字的"炙"像把肉放在火上烤;"采"字从木从爪,也是摘果子的意思。古人对于饮食还可以从各种各样的食具反映出来:如"镬",在甲骨文和金文中其形状都像鸟放在锅中煮;"灶"字则像置锅于灶上,添薪助炊;"鼎"字像两耳深腹三足或四足的炊具。从着装方面看,甲骨文的"皮"字像一个人手执铲子剥兽皮的形状;"裘"字则像有毛部分在外的皮衣。从居住的方面来看,甲骨文中的"广"字像整体建筑中的依附建筑,《说文解字》曰:"厂,山石之厓岩,人可居。""广,因厂为屋也。"古文"家"字,从它的构形可以推测上古的"家"大概是上层住人下层养猪,今云南乡村的房子还有上古的遗风。从交易的方面来看,古汉字与交易有关的字形大多以"贝"字作偏旁:例如与买卖有关的"购"、"贸"、"贩"等都从贝;与纳税有关的"贡"、"赋"、"资"等;与赏赐有关的"费"、"赐"、"赏"、"赖"等以及与送礼有关的"赞"、"赠"、"贺"、"赂"等也以"贝"为偏旁,这与最初古代先民

把贝壳当作有钱币功能的一般等价交换物有直接的关系。

古汉字与汉民族的生产方式也有着密切的关系。如甲骨文中的"田"字有多种构形,但都是在一个方块内由纵横线条分割出方方正正的整块。这些线条显然是阡陌,由此可推断那时耕地已有界限。由阡陌分用的土地,一方面便于按等级分给奴隶主,另一方面便于为奴隶劳动计量。从畜牧生产方面看,对牲畜不同的称谓,显示出古代先民畜牧状态,如以年龄而言,"㸬"(二岁牛)、"㸘"(三岁牛)、"牭"(四岁牛)、"犊"(牛子),①马有"马"(一岁马)、"驹"(二岁以下马)、"駣"(三、四岁马)、"馹"(八岁马)等不同的称谓。另外,以性别、毛色、动作、声音等方面来描述,都会有不同的语言称谓,反映出当时先民成熟的畜牧生活方式。

汉语言也反映了汉民族的风俗习惯。比如对家庭中长辈的称谓,我们对父亲的哥哥和弟弟分别称为伯伯和叔叔,但在一些中原地区,却称父亲的弟兄为"爹",按照长幼依次称为大爹、二爹、三爹,追溯这种称谓的来源,就会揭示这一地区原有的一种风俗,即一家之中兄长若因故去世了,其妻子是不可以改嫁的,弟弟若还没有结婚,可以娶其嫂作为妻子。因为这一地区的人们相对比较贫穷,娶妻子要送去许多聘礼,花掉家里许多积蓄,所以,妻子娶到家里,就成了自己家里的人,或者说是一种财富,要为这家人起到传宗接代的任务,决不可能再走出去,即使丈夫去世也是如此。所以,孩子对父亲弟兄的称谓都带有"爹"字,到了今天,虽然这种风俗早已不存在了,但这种称谓却一直保留了下来。考察不同地区对文字的使用情况,会发现不同地区独特的风俗习惯。另外,汉字与汉民族的原始宗教、艺术、战争等方面也有着紧密的

---

① 申小龙:《语言与文化的现代思考》,河南人民出版社2000年版,第5页。

联系,可谓是记录汉族先民活动的文化符号。

二、汉语作品体现了汉民族的文化精神

"所谓文化精神,就是特定民族文化系统所反映出的基本精神特质,是该民族特定的价值取向、思维方式、社会心理、伦理观念、审美情趣等精神特质的基本风貌的反映。"①一个民族的文化精神与这个民族的语言紧密相连,一方面,语言的运用对这个民族文化精神的传播与发展提供了必要条件,同时,民族文化精神反过来又对语言的发展产生积极的影响。文化精神往往是通过语言的形式体现出来,这主要是由语言与文化精神的同源性和语言的特点决定的。在洪堡特看来,语言与文化精神都是从一个源头产生的,正是因为这种发生学意义上的共源性,所以"语言仿佛是民族精神的外在表现;民族的语言即民族精神,民族的精神即民族语言,二者的同一程度超过了人们的任何想象"②。洪堡特同时认为,只有语言才能完整地表述这个民族的文化精神,因为任何民族都需要用自己的智力来认识并把握周围的世界,同时在世界中体现自身,而这种把握和体现,需要有清晰的智力结构,这只有通过语言才能做到。与风俗、习惯、行为、活动相比,语言的特性能够更好地说明民族的特性,"在所有可以说明民族精神和民族特性的现象中,只有语言才适合于表述民族精神和民族特性

---

① 李宗桂:《中国文化精神和中华民族精神的若干问题》,《社会科学战线》2006 年第 1 期。
② [德]威廉·冯·洪堡特著,姚小平译:《论人类语言结构的差异及其对人类精神发展的影响》,商务印书馆 2009 年版,第 52 页。

最隐蔽的秘密"①。正因为语言与文化精神之间存在的这种关系，让我们既可以从民族文化精神中推导出民族语言，也可以从民族语言中推导出民族文化精神。汉语作品是汉民族文化的重要内容，体现了汉民族的文化精神，汉民族的文化精神内容丰富而深邃，很难用语言的形式来概括和归纳，但一切文化都离不开人，一切文化都是人的文化，因此，我们可以从"人"这一视角出发来考察我们汉民族文化精神的特征，即通过汉民族言语作品中所呈现出的人与自然、人与社会、人与自身之间的关系，来揭示汉民族文化精神的实质。

首先，在人与自然的关系上，汉语作品体现了汉族文化追求天人合一、与万物和谐共存的思想观念。《周易》云，"天行健，君子以自强不息"(《周易·乾·象传》)、"地势坤，君子以厚德载物"《周易·坤·象传》)，这正是汉民族追求天人合一、与自然和谐相处这一文化精神的体现，源于这种观念，汉民族的言语作品也竭力追求与自然之道、宇宙之精神活力的统一。对后代有着深远影响的赋、比、兴创作手法，就极为看重人的思想情感与自然万物之间的关系，对自然万物的吟咏成为古代文学作品的重要内容。古典诗歌中存在着大量的借景抒情、托物言志的景物诗、山水诗等，而其他题材的作品，也往往是咏物抒情而不离自然。《诗经》中，就有脍炙人口的"关关雎鸠，在河之洲"、"蒹葭苍苍，白露为霜"、"桃之夭夭，灼灼其华"等人与自然和谐共处的佳句。在以后的诗歌创作中，山水日月风雪等自然之物更是诗人寄寓情感的载体，如在古典诗歌中，写到山的有"千山鸟飞绝，万径人踪灭"、"会当

---

①［德］威廉·冯·洪堡特著，姚小平译：《论人类语言结构的差异及其对人类精神发展的影响》，商务印书馆2009年版，第54页。

凌绝顶，一览众山小"、"不识庐山真面目，只缘身在此山中"等，写到水的有"所谓伊人，在水一方"、"水何澹澹，山岛竦峙"、"天门中断楚江开，碧水东流至此回"、"日出江花红胜火，春来江水绿如蓝"等，写到日的有"日出东南隅，照我秦氏楼"、"日暮苍山远，天寒白屋贫"、"大漠孤烟直，长河落日圆"、"清晨入古寺，初日照高林"等，写到月的更是数不胜数，"床前明月光，疑是地上霜"、"小时不识月，呼作白玉盘"、"明月松间照，清泉石上流"、"人有悲欢离合，月有阴晴圆缺"等，写到风的有"夜来风雨声，花落知多少"、"野火烧不尽，春风吹又生"、"相见时难别亦难，东风无力百花残"、"天苍苍，野茫茫，风吹草低见牛羊"等，写到雨的有"好雨知时节，当春乃发生"、"清明时节雨纷纷，路上行人欲断魂"、"渭城朝雨浥轻尘，客舍青青柳色新"、"水光潋滟晴方好，山色空蒙雨亦奇"等，写到草的有"离离原上草，一岁一枯荣"、"国破山河在，城春草木深"、"独怜幽草涧边生，上有黄鹂深树鸣"、"天街小雨润如酥，草色遥看近却无"等，写到树的有"绿树村边合，青山郭外斜"、"碧玉妆成一树高，万条垂下绿丝绦"、"沉舟侧畔千帆过，病树前头万木春"、"昨夜西风凋碧树，独上高楼，望尽天涯路"等，自然界的一草一木、花鸟、山川、明月、星辰都可入诗。

这些文学作品都不是在纯粹描绘自然景物，而是通过这些自然景物来抒发作者内心的情怀。我们从这些诗句中深深地领略到大自然的美丽，感受到诗人对大自然的热爱和赞美，但这绝不是一种间离于自然之外的情感，而是与自然融为一体，有着跃动不息的生命情感。自然拥着诗人，诗人心中怀有自然，作者通过感悟自然进而理解自然，并希望能与自然和谐相处、与万物合一。如陶渊明的《饮酒》："结庐在人境，而无车马喧。问君何能尔？心远地自偏。采菊东篱下，悠然见南山。山气日夕佳，飞鸟相与还。

此中有真意,欲辨已忘言。"这首诗以平易朴素的语言写景抒情叙理,既富于情趣,又饶有理趣。如"采菊东篱下,悠然见南山"、"山气日夕佳,飞鸟相与还",成为集景、情、理于一体的名句,"此中有真意,欲辨已忘言",句子虽出语平淡,朴素自然,却寄情深长,托意高远,耐人咀嚼,有无穷的理趣和情趣。这"真意"虽不容易表达,却也看得出作者寄情于自然,与自然和谐共存,并从中找到自身意义和价值,从而表现出的一种豁达乐观的人生态度。

　　其次,在人与社会的关系上,汉语作品体现了汉民族文化精神所特有的悲天悯人情怀和以天下为己任的忧患意识以及对家庭、社会、民族的历史责任感。世界上四大文明古国,只有中国文明得以延续至今,中华民族也没有被外来民族所消灭,究其原因,一个重要的方面是汉民族骨子里所流淌的一种忧患意识以及由此而产生的社会责任感、使命感。一个民族的生存和发展,必然会经历到各种各样的灾难和困苦,而有着上下五千年文明历史的中华民族可谓多灾多难,人们饱受生活之苦、生存之艰,而正是一代代中国人身上所表现出来的对民生疾苦的悲悯、对国家命运的忧患,进而形成了一种危机感、紧迫感、责任感和使命感,在面对自然灾害、社会危机、民族劫难时,以自身内在生命的力量去突破困境,使得中华民族在数千年的历史长河中,虽历经劫难,却总是能走出逆境,稳健地成长、发展、壮大,向世人展现出其顽强的生命力和青春活力,而这种文化精神,正是通过言语作品向一代一代中国人施以影响并逐渐传承下来的。

　　汉民族的忧患意识,来源于中华文化的合和性,孔子倡导"入则孝,出则弟,谨而信,泛爱众,而亲仁"(《论语·学而》),这种由孝敬父母、亲善友人的行为进一步推己及人"老吾老,以及人之老;幼吾幼,以及人之幼"(《孟子·梁惠王上》),并进而形成"仁者爱人"(《孟子·离娄下》)、爱天下之人的思想观念,涵养成悲天悯人的民族精神。汉语作品中所体现出的忧患意识,主要表现在两个方面,一是表现在对民生疾苦的悲悯上。儒家治国思想的核心价值是"民本论",所以人们对民生的疾苦多有关切,充满同情,从内容上看,它包括对民生疾苦的悲悯,又包含对黑暗社会现实的怨刺和批判,有时二者又紧紧地结合在一起,密不可分。如诗人屈原"长太息以掩涕兮,哀民生之多艰"、杜甫"安得广厦千万间,大庇天下寒士俱欢颜"、"朱门酒肉臭,路有冻死骨"、鲁迅"横眉冷对千夫指,俯首甘为孺子牛"等,都表达了兼爱天下的民族文化精神;二是表现在对国家和民族命运的忧虑和热爱以及由此引发自身的感慨上。《礼记·大学》中"修身、齐家、治国、平天下"的训义,向人们指明的不仅是行为规范,更是生命追求,它把个体的小我融入到家国、天下的大我之中,这种以天下为己任的忧患意识进而形成的责任感、使命感,成为汉民族文化精神的核心内容。陆游"王师北定中原日,家祭无忘告乃翁"、文天祥"人生自古谁无死,留取丹心照汗青"、范仲淹"先天下之忧而忧,后天下之乐而乐"、李白"安能摧眉折腰事权贵,使我不得开心颜"、谭嗣同"我自横刀向天笑,去留肝胆两昆仑"、鲁迅"寄意寒星荃不察,我以我血荐轩辕"等,都表达出个体对国家、社稷的关怀,以天下为己任的精神,以及自己执着、坚定的信念和虽九死而未悔的决心。这些言语作品如同雨露,滋润着一代又一代中国人的心田,在他们心中开花、结果,使他们血液中流淌着一种悲天悯人的情怀和以天下为己任的忧患意识,并进而形成了爱家、爱国、爱天下的责任感和使命感,为整个民族的发展、繁荣而甘愿奉献自己的一切。

再次,在人与自身的关系上,汉语作品体现出对生命的关注以及追求人格境界与艺术境界相融合的理想。中国传统文化是儒释道三家鼎足而立、互补互融的文化,虽然它是一个整体,但却又反映出儒释道三家文化的不同特点:儒家的入世、道家的出世和佛家的忘世,这些特点对中国知识分子产生了深刻的影响,他们的作品反映出他们对生命价值的关注和人生意义的思考,在追求作品艺术境界的同时,表达出自我完美人格境界,是艺术境界与人格境界的融合。表现出儒家文化积极入世的作品可谓多之又多,儒家文化一直作为中国传统文化的主流文化而影响深远,在孔子"学而优则仕"的思想影响下,一代代知识分子把考取功名、施政一方作为自己的理想追求,因此产生了许多夙愿得偿后那种豪气满天的名篇,也有名落孙山后那种失意落魄的佳作。最能反映出儒家文化的知识分子要数杜甫,他的作品大都反映出作者的仁爱精神和民本思想:"在家常早起,忧国愿年丰"(《吾宗》)、"向来忧国泪,寂寞洒衣巾!"(《谒先主庙》)、"济时敢爱死?寂寞壮心惊!"(《岁暮》)反映出作者忧国忧民、以天下为己任的社会责任感;在《望岳》中,诗人写道:"会当凌绝顶,一览众山小。"生动形象地表现了他昂扬向上、乐观进取的精神风貌。最能表现道家文化出世思想的,要数"竹林七贤"和陶渊明了,竹林七贤中,阮籍性格中蕴含着老子的精神特质,包括淡泊恬静的心境和亲近山水的生活情趣,在"恬淡为上"的生命情调中,享受"知足之足常足矣"(《道德经》)的快乐;嵇康的思想体现了人与大自然浑然一体的玄妙境界,作品则体现出崇尚以法"道"为本的老子智慧;山涛则一直坚持道家清静无为、道化天下的处世智慧,真切实践了老子"圣人抱一为天下式"(《老子》)的形上智慧。陶渊明的归隐诗更是为世人所喜爱,《归园田居》、《饮酒》等诗作,集中反映了他亲近自然、清静无为、反对世俗、乐于天命的思想。最能反映佛家文化忘世思想的是王维,王维许多诗作都反映出佛家空寂、闲静的特点。

如在《鹿柴》中"空山不见人，但闻人语响"，先写山"空"，"不见人"亦是"空"，但是又听到人语的声音，让人语打破空山之静，愈觉其中的空寂、深林的悠远。《竹里馆》中"深林人不知，明月来相照"，将"人不知"与"明月照"相对比，再用一个拟人的"来"字，写出了诗人与明月相融洽的关系，使人感到诗人与自然身心交融，化合为一。我们也从诗中领悟到了要摆脱尘忧谷虑，达到"无念为宗"的心空之境，只能到清净幽美的大自然中去寻求。所有这些作品，反映的不仅仅是作品的艺术境界，更是作者人格境界与作品艺术境界的融合，是作者通过作品抒发其对生活态度、生命意义、人生理想的思考，同时又是中国传统文化精神的外化和体现。

第三节　阅读教学活动本体的文化性

语文教育作为民族的母语教育，体现出语文与文化之间天然的密切关系。作为语文本体构成的语言，深深蕴含着文化的内涵，语言作为人类创造和使用的符号，其本身就是一种文化现象，是人类文化重要的构成部分，同时又是人们进入文化世界的向导。不同的语言，反映出不同的精神风貌、认知体系、价值观和世界观，它必然也会塑造出不同的思维方式、情感特征和文化心理。因此，语文教育与文化是一种血肉同构的关系。"语文教育并非只是'知识获得的过程'，也是一个文化的过程，是生命成长、精神建构的过程。这个过程浸透着文化的精髓，包容着丰厚的文化意蕴，跳动着生生不息的文化命脉，具有鲜明的文化特质和文化功能。"[1]

---

[1] 曹明海、陈秀春：《语文教育文化学》，山东教育出版社 2005 年版，第 8 页。

一、阅读教学活动是民族传统文化传承与创新的过程

（一）文化的传承：客体文化的主体化过程。人是文化的创造物，从古猿到人的演变，经过了一个文化的过程，没有这个文化过程，古猿就不能被称为"人"。而就单一的个体生命来讲，也需要一个文化的过程，没有这个过程，也不能成为一个真正意义上的人。因为一个人刚刚诞生之时，他仅是一个生命体而已，还不具有文化的特征，他还不能被称为严格意义上的"人"。然而，我们不必为他作为"人"的资格而担心，因为当他呱呱落地之时，就已经被一个文化的环境所包围，不论他发现或没有发现，愿意或不愿意，都不得不面对某一文化，接受这一文化的塑造，逐渐成为一个"文化"人，即真正意义上的人。任何人都摆脱不了他所生存的文化环境，都会受到其所属文化的塑造，成为一种文化的创造物，正如美国著名人类学家露丝·本尼迪克所说："个体生活历史首先是适应由他的社区代代相传下来的生活模式和标准。从他出生之时起，他生于其中的风俗就在塑造着他的经验与行为。到他能说话时，他就成了自己文化的小小的创造物，而当他长大成人并能参与这种文化的活动时，其文化的习惯就是他的习惯，其文化的信仰就是他的信仰，其文化的不可能性亦就是他的不可能性。"①

各民族文化在形式、内容等方面都存在着差异，每个人的思想、行为、思维习惯等都受到其所接受文化的影响，所以，不同的文化塑造出了不同的人，每个人都表现出某一民族文化的特征。

――――――――――

① ［美］露丝·本尼迪克著，何锡章、黄欢译：《文化模式》，华夏出版社 1987年版，第 2 页。

如从称谓上看，汉民族同西方民族就存在很大的差异，汉民族的称谓非常之多，与父亲同辈的男性就有伯伯、叔叔、舅舅、姑父、姨夫等，与母亲同辈的有姑妈、姨妈、伯母、婶婶、舅妈等，与自己同辈的称谓有哥哥、姐姐、弟弟、妹妹、嫂子、姐夫、弟妹、妹夫等，称谓非常详细，而英语则简单多了，用 uncle、aunt、brother、sister 四个词就全部包含了，称谓的背后其实反映出各个民族不同的文化，汉民族自古就重视礼仪，讲究长幼有序，每个人的言行举止都应符合自己在集体中的地位，对自己年长者，都要恭恭敬敬地称呼关系称谓，决不可直呼其名。而在西方国家，则没有那么多规矩，小孩子对年长者都可以直呼其名，这也不是什么对长者的"冒犯"，长幼之别在这里不像在中国那样重要。小孩子在学习这种语言称谓的过程中，其实就是在接受一种文化的塑造，在不知不觉中学会了如何与他人相处而被这个群体所接受。不仅称谓如此，语言中所体现出的文化精神也直接影响着个体的思想和行为，如汉民族对义与利的态度上，孔子始提出"君子喻于义，小人喻于利"（《论语·里仁》）的观点，强调道德的重要而贬低功利、利益，孟子在此基础上进一步加以发挥，更加强调"义"的重要性，提出为了维护"义"，在必要的时候，人们应该"舍生取义"（《孟子·告子上》），不惜舍去自己的生命。孔孟的这种重义轻利的思想对后世产生了很大的影响，它成为一种处世哲学和伦理学，表现在无数历史人物和文学作品人物的行为举止中。而这些人的言行在更大范围内影响着汉民族的思想和行为，并最终形成一种民族的心理习惯。每一名汉民族成员自诞生之日起，他就会潜移默化地受到这种思想的影响，在对待义和利的态度上，总是把理想、信念、原则、整体利益、气节等放在高于生命的位置，而对于个人物质利益则不甚看重。这种思想一直影响了汉民族人们达两千多年的时间，它虽然在某些方面具有积极意义，比如重视道德对自我的约束、提倡个人对集体的贡献等；但它的消极作用也十分明显，那就是出现了一些假原则、假道德，打着道德的旗号而行不义之事的行为；同时，还会产生反对个人谋取正当物质利益的错误理解，不利于促进经济的快速发展。而在其他民族，对待义与利的问题上往往会有截然不同的态度。由此可见，对待相同的问题，不同民族会有不同的态度，而这一态度继而又传给本民族下一代的成员，让他们在出生伊始就开始学会如何处理其所面对的一系列问题。这种思考问题的方式、对待问题的态度、处理问题的方法，都是一个民族特点的外在表现，而一个人的逐渐成熟，也就意味着民族文化对一个人塑造的逐渐完成。

（二）文化的创新：主体文化的客体化过程。人是文化的创造物，任何人都不可能脱离文化而生存，一个生命体只有经过文化的过程，接受文化的塑造，才能被其所在的群体所接受，才能被称为真正意义上的人。而人在受到文化塑造的过程中，他并不是被动地、单向度地接受，而是有着主体意识的，即对文化有自己的判断、选择、汲取和建构的能力。因此，人在接受文化塑造的同时，也在创造着文化，是文化的创造者，这可以从一个民族内部成员个性的差异中看得出来。每一个民族的文化都有自己独有的特点，接受这一文化塑造的民族成员，其思维、行动等都表现出一定的相似性，这也是民族特点在人身上的体现。然而，本民族的每一个成员又都有自己单一的特性，没有任何两个人的人格特点会完全相同，这种差异说明了文化在每一个人身上的不同表现，证明人对文化的逆向性作用。

人之所以能够成为文化的创造者，是因为人的主体意识。主体意识是指主体的自我意识，它是人之所以具有主观能动性的重要根据。动物是一种自然存在物,它们存在于自然之中,自然世界是它们唯一的世界,它们本身就是自然世界的一部分。而人则不同,人虽然也是一种自然存在物,但他们又不仅仅是自然存在物,还是一种有意识的存在,即他们不仅存在而且能认识到自己的存在。正是这种意识,让他们不仅生活在自然世界之中,而且还能认识自然世界,认识到自己的存在。"自我的基本特性是自觉的能动性,即主体性,是自我意识到自己作为一个主体在活动、在思索,意识到自己有决定自己的思想、感情、行为的某种自由。"①正因为人具有这种主体意识,所以在接受民族文化的塑造时,他并不是完全被动的,而是主动的,有些部分是完全的接受,有些则是选择性的接受,还有一些是经过自己的改造之后而成为自我意义世界的一部分,即心理学里所说的同化和顺应。这种经过自己选择、加工而形成的自我意义世界,是本民族整体文化的组成部分。它是在原有文化素质的基础上产生的,具有民族文化的基本特征,同时又对民族文化新的创造和发展而言,有着自己独有的个性,是民族文化新的内容。

　　个体对文化的创造,除了因为人所具有的主体意识外,还有文化本身的原因。任何一个民族的文化往往并不是单一的,而是一个文化的综合体,以汉民族文化来说,从内容上来看,它既包括儒家文化,又包括道家文化和佛教文化,是三种文化的结合;从地域上看,每个区域由于其地理位置、历史传统不同,形成了不同的文化特点,如齐鲁文化、荆楚文化、海派文化等;从文化主体来看,不同的年龄阶段、不同的职业等,他们的言语行为也会呈现出不同的文化特点,如被称为 70 后、80 后、90 后等。这种对文化的分

———————————

① 施忠连:《文化的生物——人》,湖南文艺出版社 1988 年版,第 27 页。

类很多,但不论怎么分,在一个相对固定的区域,总有一种文化形式占据主导地位,而其他的文化形式则处于从属地位,即我们所说的主流文化和亚文化。任何一个民族的文化都有着主流文化和亚文化的存在,即使在一个地区,也存在着主流文化和亚文化。正是多种文化形式的存在,让人在成长的过程中,既要面对着主流文化,同时又要接触到一个或几个亚文化,对文化的选择有各种可能性。从一个人的成长过程来看,在上学以前的儿童期,个体相对来说与外界接触不多,加上心智还没有发展成熟,这时主要是受家庭的影响比较大,容易体现出家庭文化的特点。等到了小学、中学阶段,由于与外界个体的接触增多,他也就开始了对自己原有意识的改变。如以前在家里好多东西都是家长让着自己来享用,而现在情况发生改变,如果再这样下去就会同其他同学产生矛盾,因为这些同学是不会为你让步的,而经过自我调整效果就会得到改观,也能与其他同学和谐相处减少矛盾。这时个体身上的家庭文化逐渐改变为一种社区文化,所有的孩子都表现出本区域的共同特点,而其他学校或社区的孩子则又有新的特点。到了大学阶段,这时个体已经变得相对成熟,面对着新的文化环境,面对着有着不同地区文化背景的同学,他们又不得不再次对自己做出调整,以更好地适应新环境的变化,这种变化既包括对自己原有意识的改变,也包括对他人观念的接受,还包括对问题新的思考。随着视野的进一步开阔,个体在接触到外族文化后,会更加全面而客观地审视自己一直生存其中的本民族文化,再一次做出新的取舍,以形成自己较为成熟的文化个性。个体的文化个性是对民族文化的一次创新,它以民族文化为基础,同时汲取了外来其他文化的优秀内容,为民族文化注入了新鲜的血液,是民族文化发展的新阶段,体现了民族文化时代性特征。

二、阅读教学活动是"文化人"的生成过程

人是动物与文化的统一体,人的这种"文化人"的身份不是直接赋予的,而是在成长的过程中逐渐获取的。人在出生之初并不是一个真正意义上的文化个体,但是通过言语活动,人能够从外界不断地获取文化营养,逐渐成长为一个"有文化"的人,其"文化人"的身份也逐步得到确认。最直接最有效的言语活动就是阅读,阅读是人的文化生命机制,通过阅读人逐渐完成对自我的文化定义。

(一)阅读是人的文化生命机制。人之所以为人是因为人除了具有生理生命之外还具有文化生命,而人的文化生命的实现和维系是通过对语言的阅读来完成的,阅读是人的文化生命机制。人自降生伊始就被文化所包围,而文化最重要的载体就是语言。新生儿身边的每个人都有自己的语言,每个人都是文化的输出源,文化正是这样被聚集并传播起来的。人通过语言获取最基本的文化知识与文化规则,学会对他人的称谓,并逐渐懂得哪些事情能做而哪些事情不该做,构建起最初级的民族文化心理结构。这时候的语言活动范围还比较小,获取的文化也还有一定的局限性,如只是一种家庭文化或社区文化等。

人要成长为一个成熟的"文化人",就必须通过其他更有效的语言活动形式,这种语言形式就是阅读。汉语作品是一种民族文化的结晶,其内容来源于生活,是对人们生活样式的复写,但它又远高于生活,是作者透过繁杂而又变化万千的社会形态所作的深入思考,反映出作者对社会、对人生的认识和态度。这些作品既有个性又有共性的特征,一方面它是作者独立思考的结果,具有独创性和唯一性;同时,它又是时代的产物,任何作者都生活在一

定的社会之中,其作品反映的内容离不开这种社会生活。他的思考也是立足于他生活的社会,其思考的内容反映出这一时代、这一群体共同面对的困惑或问题。汉语作品是一种文化的产物,它是对前人创造文化的继承,同时它又创新了文化,推动了文化发展,民族文化的每一步发展,都是由一个个文化个体的创新带来的,而这一篇篇语言作品,正是一个个文化因子,它们的集合,共同构成了时代的文化观念和文化精神。因此,汉语作品所呈现的文化内容远高于普通语言,其对个体的文化成长而言效果也是不可同日而语的,对汉语作品的阅读让个体视野更加开阔,对文化理解的广度和深度也日益增加。而阅读教学是一种目的性、针对性更强的教育活动,它对个体文化成长的影响更为直接和深刻。"教育也是一种文化活动,这种文化活动指向不断发展着的主体的个性生命生成,它的最终目的,是把既有的客观精神(文化)的真正富有价值的内涵分娩于主体之中。"[①]正是通过这种阅读教学活动,个体才逐渐获得"文化人"的身份认证,一步步成长为较为成熟的"文化人"。

　　(二)阅读过程是人的自我定义过程。阅读的过程实质上就是文化个体对自身的一种定义,个体通过阅读活动,不断吸收外在的文化营养,并将其逐渐积淀和创新,转化成自我认识,实现自我定义。"人的自我定义,是人在生成过程中依据对自我能力、效能、需要等方面的理解,对自身做出特定的认识和评价,以此建构一个关于人、民族、群体或个体的相应概念和刻画其图像的过程。"[②]随着阅读的不断加深,个体对自我的定义也就越来越清

---

① 邹进:《现代德国文化教育学》,山西教育出版社1992年版,第102页。
② 丁虎生:《教育:人的文化存在形式》,《当代教育与文化》2009年第2期。

晰,其作为文化的个体也就越来越成熟,直至成为一个理想状态中的"文化人"。

个体对自我的定义表现在两个方面,一是在群体中的自我定义,二是个体本身的自我定义。个体在群体中的自我定义,是指个体通过了解民族的文化发展历史、社会现状和需求以及自身和社会的关系的基础上,确定自己在群体中应处的位置、应担负的责任和应完成的任务。人的本质属性是社会性,人总是生活在一定的社会关系中,在这个社会的关系网中,每个人所处的位置是不同的,这就要求个体必须明确自己在社会中的位置,这样才能保持一种和谐的关系。我国古代传统文化中要求的忠、孝、悌、义等,都是处理个体与社会之间关系的一种态度。除此之外,个体还必须明确自身在群体中所扮演的角色,这样才能清晰地知道自己如何发挥在群体中的作用。人生活在特定的文化环境之中,社会的各种功能要求人们承担不同的社会分工,扮演不同的社会角色,社会文化在对每一个个体的塑造过程中,也是有所区分的。个体在文化成长过程中,要树立群体性概念,在增强自我意识的同时,明确本群体、本民族甚至是国家的意识,并处理好与社会群体内其他成员的关系,处理好个性与共性的关系等。

个体关于自身的自我定义,是指一个人根据自己的理解和感悟,对自身的品质、标准、价值做出的自我设定。人对于自我的设定,一方面受客观条件的制约,但更大程度上取决于主观的自我设计。人是自由的,他必须选择自己、规定自己,按照一定的价值观念设计自己的生活,包括自己的形象、行为举止、品质、精神世界等,并在生活中加深自己对价值和意义的感悟,提高对自己的设计层次,具体来说,就是提高自己的主体性、改善自己的人性、升华自己的人格。人对于自我的定义永远只是一个过程，不可能完结，因为人对于人自身的认识始终是一个不断深化的过程。人对于人之价值的探究也没有穷尽，不论遭遇到什么困难，人总是在探索的过程之中。而这种行动的内驱力，就是"人的意义"。它召唤、吸引着个体去追求心中的理想，为理想而奋斗。而在现实生活中，人的意义是由文化价值来表示的。"由于文化价值，我们的生存才是有意义的、值得的，我们的生活才充实，才有品位，人也才是真正意义上的人。"①

　　个体关于自我的定义，是通过阅读活动逐步完成的，因为无论是对群体中的自我设计还是个体自身的自我设定，都不是凭空臆想出来的。它是在他人思考结果的基础上的选择或是更深入的探索。他人的思考成果由文字的形式记录下来，那就是一篇篇的作品，对这些作品的阅读，正是一种文化的涵化过程，在这一过程中，个体的文化素养不断提升，人对于自我的定义也就越来越清晰。

---

①孙美堂：《文化价值论》，云南人民出版社 2005 年版，第 89 页。

第三章 文化视野下阅读教学的历史回顾与价值取向分析

　　阅读教学对社会和个人的发展具有价值,这是不争的事实。由于阅读教学的价值是丰富的、多元的,这就存在一个价值取向的问题。"教育价值取向是教育主体在教育活动中根据自身需求进行教育选择时所表现出来的一种价值倾向性。换句话说,它指同时存在若干种教育价值方案或意向时,教育主体从自己的需求及利益出发,选择或倾向于某一方案或意向,以实现自己的教育价值目标。"①在阅读教学中,存在着社会和个体两个不同的教学活动主体,他们也会从自身的需求出发,对价值选择表现出不同的倾向性,形成不同的价值取向。从社会出发和个体出发形成的价值取向,被分别称为社会本位的价值取向和个体本位的价值取向。"'社会发展价值观'把社会需要作为教育的全部出发点和归宿,主张为了社会而不是为了人自身来培养人。""'个人发展价值观'注重追求个人的本体价值,认为一切教育活动或教育内容都是围绕人的发展这一理想目标而确立的,而且都是为了促进受教育者在个性、理性等方面的发展,把他培养成为自由、完善、和谐

————————

① 刘旭东:《论教育价值取向》,《青海师范大学学报》(哲学社会科学版)1992年第1期。

发展的个人。"①阅读教学社会本位的价值取向包括阅读教学的本体价值,如文化教养价值和语言工具价值,也包括外在附属价值,如社会政治思想的工具价值等;个体本位的价值取向包括阅读教学的本体价值——文化教养价值和语言工具价值,也包括外在附属价值,如个人功利价值等。阅读教学实践中,一般不会出现纯粹的社会本位或个体本位的价值取向,往往在具体的某个时间阶段以一种价值取向为主导,另一种价值取向为辅助,两种价值取向所处的地位不同。对价值取向的研究非常重要,因为价值取向是确定阅读教学目标、教学内容以及教学方法的依据,不同的价值取向,会导致不同的价值结果。因此,我们要研究阅读教学的文化价值,就必须对阅读教学活动的价值取向做透视和分析,总结经验和教训,更好地指导阅读教学文化价值的理论研究和实践探索。

　　为研究方便,笔者根据中国文化发展不同历史时期所表现出的不同特点,把中国文化分为三个大的阶段,第一个阶段是文化稳定发展期,时间从先秦时期到清末鸦片战争,包括汉民族文化的形成、繁盛和衰落几个时期,这一大阶段里,汉民族文化一直处于一个稳定的发展期,文化体系非常成熟。第二个阶段是文化的迷失期,时间从清末鸦片战争后一直到20世纪70年代末,在这一时期,民族文化受到外来文化的强烈冲击,甚至其存在的意义也受到了质疑,失去了主流文化的地位,不同形式的外国文化被请进来并推向主导性的地位,但都没能成功,可以说此阶段的中国在文化方面是一个混乱期,本民族的文化没有得到很好的传承

---

①周翠君:《坚持个人发展与社会发展相统一的教育价值取向》,《华中理工大学学报》(社会科学版)1994年第4期。

和发展,完成从农业文化向工业文化、信息文化的过渡,外来文化因无法适合本民族的需求而无法完成整体移植,这一阶段是中国文化的动荡期、迷失期。第三个阶段是民族文化的转型期。时间从 20 世纪 80 年代初到现在,这一时期的人们开始全面反思近代以来我国文化所走过的曲折道路、当下文化存在的问题以及如何建设新时代中国特色文化等问题,走上了民族文化艰难的建设之路。

第一节　文化稳定发展期阅读教学特点及其价值取向分析

一、文化背景:民族传统文化的稳定发展

中国传统文化经历了漫长的发展过程,对它的认识应该从宏观上加以把握,根据它在不同阶段所表现出的不同特征,我们一般把它分为这么几个阶段:萌芽期、雏形期、形成期、定型期、发展期、繁盛期、成熟期和衰落期。下面探讨中国传统文化的整个发展历程和在各个阶段所表现出的特点。

从中国人之起源开始算起一直到新石器时代止,这一时期被称为前文明时期,也是中国传统文化的萌芽期。中华大地广阔的地域和显著的地理条件差异,为文明的起源提供了多种可能,黄河、长江、珠江、辽河流域都成为中华民族和文化的发源地。从石器时代到铁器时代,生产工具的改进有力地促进了生产力的发展,并最终促使农业从畜牧业中分离开来,由此而产生的农耕文明成为中国文化的重要特征,它也是东方文明与西方文明的主要差别。农耕文明从深层次上影响了中国人的生产方式、生活方

式、思维方式以及价值取向,从根本上影响了中华民族的经济制度、政治制度和文化制度,成为中国文化的基本特征。

夏商周时期成为中国传统文化的雏形期,这一时期的初创文化成为中国文化形成和发展的基础。夏王朝的建立,标志着我国历史正式进入了文明时代。这一时期建立的国家机器以及实施的政治制度、统治形式等,都对后世产生了深远的影响。商朝的甲骨文已经是非常成熟的文字,由甲骨文到金文,汉字结构的基本框架就已经定型化了,为后世汉字的发展奠定了基础。专门用于教育的场所已经出现,夏朝有东序(大学)和西序(小学),商朝有右学(大学)和左学(小学),周朝的学校分为国学和乡学两级。周朝是一个非常重视"礼"的朝代,周礼对中国传统文化产生了深远的影响。可以说,中国传统文化发展到周,已经形成了中国传统文化较为完整的雏形。

春秋战国时期是我国思想文化领域的大交融、大变革时期,诸子百家的出现及其交融标志着中国传统文化基本内容及框架的初步形成。一些社会精英提出了他们对社会变革的态度、主张和愿望,各家著书立说,相互批判,相互影响,思想文化领域出现了百家争鸣的繁荣景象,其中,比较有代表性的有道家、儒家、墨家、法家等,他们的学说对后世中国文化的最终形成起到了奠基的作用,这其中最著名的,是儒家思想的形成。儒家思想经过统治者不断地改造后,逐渐成为为封建统治者服务的正统思想,儒家文化也逐渐成为中国文化的主体框架和内容。

秦汉是中国传统文化的定型时期。秦朝是我国历史上第一个统一的封建王朝,秦在建立统一的帝国同时,还致力于思想文化的统一:文字的统一,为形成汉民族统一文化打下了必要的基础;"以法为教",统一了人们的文化心理,使人们的行为有了较为统一的判断标准，即"行同伦"。秦对文字的统一，为形成汉民族共同的文化心理，以及中华文化共同体的最终形成奠定了坚实的基础。汉朝推行"罢黜百家，独尊儒术"的文化政策，把"五经"作为教育的主要内容，儒学逐渐成为汉代文化思潮的主流。汉武帝以后，儒家经典在政治、思想、文化领域一统天下，标志着中国传统文化的正式定型。

魏晋南北朝时期是中国传统文化的快速发展期。汉帝国崩溃瓦解之后，战乱与割据打破了以儒学独尊为内核的一元化的文化体制，文化走上了多元化发展道路。玄学的崛起成为一股新的文化思潮，它探究对个体人生价值的思考，属于一种思辨深邃的本体论范畴，在其影响下，轻人事、任自然、追求理想人格的价值观占据了中国知识分子的心灵世界。道教开始创制并传播，作为中华民族本土创立的宗教，其具有鲜明的民族性格。佛教也融入魏晋南北朝的文化系统之中，由此形成了二学（儒学、玄学）、二教（道教、佛教）相互冲突、相互融合的多元激荡的文化发展局面。在文化各组成要素的对话中，儒、玄、道、佛不断地调整、改变自己的原有道义，内容得到丰富和充实，多重文化的碰撞与融合，促进了中国文化多向度的发展和深化。

中国传统文化进入隋唐时期，也就进入了一个气度恢宏、史诗般壮丽的文化隆盛时代。隋唐文化表现出的有容乃大、气势恢宏的文化气派，其在文艺创作上鼓励创作道路的多样性，对待文化人采取比较宽容的态度，对外域文化的吸收则表现出一种博大的胸襟，来自南亚、中亚、西亚等世界各地的各色文化，如佛学、医术、建筑等，都先后来到长安，长安成了当时世界文化的中心。唐朝是一个诗歌创作空前活跃的时代，涌现出像李白、杜甫、白居易、王维、李商隐、杜牧等一大批诗歌巨匠，唐诗在唐朝达到了炉火纯青的地步。唐代书法艺术也达到了一个新的高峰，唐代也是绘画的极盛时期，吴道子被世人称之为"画圣"，反映出当时绘画的突出成就。唐代的散文也成果丰硕，韩愈、柳宗元作为领袖人物，发起的古文运动，对后世文学产生了深刻的影响。

中国传统文化发展至两宋时期，呈现出内省、精致化的趋向特征，也就进入了一个成熟阶段。宋文化最重要的标志是理学的建构，对社会影响至深。作为理学的代表人物朱熹，改造了《大学》，突出了"正心、诚意"的修身方式，将外在的规范化为内在的主动欲求，并将"天理"与"人欲"对立起来，个人的情感欲求受到极大的约束，这些都体现了宋文化内省的趋向特征。宋代的文学、绘画等方面，体现出一种精致细腻的趋向特征，宋词极为精致，极为细腻，"婉约"、"阴柔"是其主要特点。

中国传统文化在经历了由生长到繁盛之后，到了明清时期进入了衰落期。明清时期文字狱束缚了知识分子的思想，钳制了文化的发展。明清统治者还推行文化偏至政策，明初学子必须以朱子之书为宗，理学被推上至尊地位。清高宗乾隆编纂《四库全书》减除"异端"学说，操纵禁书活动达十九年之久，文化的专制严重阻碍了中华文化的正常发展。明清时期中国传统文化走向衰落，还表现在闭关锁国上，雍正时期传教士被逐出国门，中国对外部世界的大门几近关闭。西方则通过工业革命获得了迅猛的发展，中西方的冲突也已成为不可避免的状态，1840年爆发的鸦片战争，正是文化的落后带来整个社会全面落后的必然结果，中国传统文化在经过了两千多年的发展后，终于走向了衰落。

纵观中国传统文化的发展历程，我们可以看出，中国传统文化是从来没有间断的，始终是平稳发展的过程，它以儒家文化为主体，虽然受到了道教、玄学、佛教的冲击，但经过冲突、交锋，最终相互吸收、相互融合,共同构成了中华文化不可分割的一部分。即使在政治分裂的南北朝时期,中原汉族文化受到北方少数民族文化的冲击,最终也实现了民族文化的大融合。可以说,中国传统文化从产生到繁盛直至衰落,始终处在一个稳定的发展过程中。社会的整体发展离不开社会内部各要素的发展演进,政治、经济、文化、教育等要素的发展是相互关联的,文化的稳定带来了教育的稳定,在两千多年的文化稳定发展期,中国的教育发展也呈现出相对稳定的特点,文化与教育呈现出一种相互影响、相互促进的发展状态,这种认识也是研究阅读教学文化价值的基础。

二、阅读教学的特点:"文"、"道"结合

"文所以载道也。轮辕饰而人弗庸,徒饰也,况虚车乎?"(《通书·文辞》)虽然"文以载道"最早见于宋代周敦颐《通书·文辞》中,但是早在春秋战国时期这种思想便已产生。孔子曰:"言以足志,文以足言。不言,谁知其志? 言之无文,行而不远。"(《左传·襄公二十五年》)不仅如此,到了唐代,韩愈、柳宗元在此基础上针对"前人纤巧堆朵之习"提出了"文以明道"说,这都足以说明这是一个重要的传统文学观念。古人之言"道",各家的内涵并不相同,在本文中,所谓"文"是指一种文学作品或者某种思想观念的文本表现形式;"载"即是承载、表现的意思;"道"则指的是在社会发展的不同阶段占主流地位的文化及其精神。在古代社会中,儒家思想一直具有不可撼动的地位,因而古代文学作品中的"道"往往都承载、表现着当时盛行的儒家文化及其精神。

中国古代的阅读教学,总体上体现了文道结合的特点,具体可从阅读教学的目标、阅读教材和阅读教学的方法中看得出来。从阅读教学的目标来看,各朝代对人的培养既表现出文化的继承

性,同时又有着不同时代文化发展的不同要求,正是这一代代人对文化的传承与创新,才促进了文化不断地向前发展。从阅读教材来看,古代传统的阅读教学大都是以经书为主要教材,起初是"六经",后来逐渐演进为"四书五经",也反映了不同时代文化发展对阅读教学内容的要求。教材内容的演变,本身就是儒家文化教义的不断丰富和发展的体现。从教学方法上看,阅读教学体现出鲜明的以人为本的读者主体性特征,阅读学习过程就是学习者通过对阅读内容的理解,从而获得人之为人的道理,从而建构自己的文化心理结构,并外化为行动,践行文化规范和教义。因此,通过阅读实现理解、涵化、践行的教学方法突出显现了读者主体性的特征。

(一)从阅读教学的培养目标来看,古代阅读教学的目标与文化的传承、传播紧密相连。从对人的认识和人之培养目标的设定上看,不同时期虽内容不同,但总体体现出了继承和发展的特点,具体目标还是以儒家伦理道德为主体的传统文化的教化为主,同时又具有功利性的教育目的。

教学目标的设定与教育者对受教育者的认识关系紧密,我国古代几乎所有的教育家都谈到了对人性的不同认识,因为只有认识到什么样的人是理想的人,才能确立教育为之努力的方向,确定教育的目标。孔子对人才的培养目标是"君子",《论语》中谈到"君子"一词共有107处之多,可见其重要性。何谓"君子"? "子路问君子,子曰,修己以敬。曰,如斯而已乎? 曰,修己以安人。曰,如斯而已乎? 曰,修己以安百姓。修己以安百姓,尧舜其犹病诸。"(《论语·宪问》)由此可见孔子所讲的君子品格共分为两个方面,一是要"修己",二是要"安人"、"安百姓",而"修己"则是基础,只有具有了理想的人格,才有可能去做其他的事情,"修己"其实就是要求学习者做一个符合时代文化要求的"文化人"。在对君子修养方面，又提出"仁者不忧，知者不惑，勇者不惧"（《论语·子罕》）。"仁"则是个人修养方面的，而"知"则是知识方面的，即是说教学要做到"仁智双修"，从教学目标就可以看出"文"与"道"的紧密结合。孔子把人性分为上、中、下三等，即："生而知之者，上也；学而知之者，次也；困而学之者，又其次也；困而不学，民斯为下矣。""唯上知与下愚不移。""中人以上，可以语上也；中人以下，不可以语上也。"（《论语·季氏》）基于这种对人性的认识，他针对中人提出"性相近也，习相远也"（《论语·阳货》），所谓"性"，就是指人的先天禀赋；"习"，就是指后期的教育与成长环境的影响。董仲舒把人性分为三种"圣人之性，中民之性，斗筲之性"（《春秋繁露·实性》），被称为性的，是指中人之性。何为人性？"生之自然之资谓之性"，"性者，质也"，人性指天生的素质。人性之"质"中，有"仁气"和"贪气"，分别向两个方向发展，教育的作用，就是帮助人的"仁气"向善转变。而韩愈在前人的基础上提出了"性"、"情"说，"性之品有三，而其所以为性者五也"（《原性》），人性分为上、中、下三品，另有仁义礼智信五项道德内容。除了性之外，还有"情"，"情也者，接于物而生也"，情与性相对应也分为上、中、下三品，有喜怒哀惧爱恶欲七种表现。朱熹从"理"一元论客观唯心主义思想出发来解释人性，提出人性就是"理"，就是"仁义礼智"道德规范的观点。"性只是理，以其在人所禀，故谓之性。"（《朱文公文集》）把人性分为"天命之性"与"气质之性"两种。所谓"天命之性"，是"专指理言"，它是禀受"天理"而成，所以浑厚至善，完美无缺；所谓"气质之性"，"则以理与气杂而言之"，即是说它是禀受"理"与"气"两者杂然相存而成。由于"气"有清明、浑浊之分，所以"气质之性"有善有恶。教育的作用，就是在于"变化

气质"，发挥"气质之性"中所具有的"善性"，去蔽明善，也就是"明
明德"，而要做到此，就必须"明天理，灭人欲"。而王夫之则提出
了"日生日成"的人性论断，认为人性不是一成不变的，而是处在
不断地发展变化之中，"性者生也，日生而日成之也"(《尚书引
义》)。从这一思想出发，他认为教育一是要让学生继善成性，使
之为善，二是要改变他们因"失教"而形成的"恶习"。同时王夫之
认为"天理"与"人欲"紧密相连，"天理"存在于"人欲"中，还提出
不以"一人之私"而"废天下之公"，意即臣不应该对君主尽忠。尽
管王夫之还没有从根本上否定君臣之纲，但他对传统的君臣之伦
和忠君观念表示了异议，做出了自己的理解和分析。从这些不同
时代儒家代表人物关于人性不同的论断中，我们可以清楚地看出
教育者对于培养什么样的人之教育目标的不同描述，一方面体现
出儒家文化的一脉相承性，同时又显示了不同时期文化对教育的
不同要求，是在继承基础上的发展。如王夫之"日生日成"的人性
论断，是对孔子等前人人性观点的继承和发展，不以"一人之私"
而"废天下之公"的观点，又是受到西方资产阶级"天赋民权"等民
主思想的影响，富有明显的时代气息。

　　伦理道德教化是阅读教学的直接目标，阅读教学就是通过
"读经"来实现道德"教化"的，让受教育者接受并继承以伦理道德
为核心内容的汉民族文化，顺利地成为汉民族的合格成员。早在
春秋时期就有"教之春秋，而为之耸善而抑恶焉，以戒劝其心……
教之诗，而为之导广显德，以耀明其志"(《国语·楚语上》)的认
识。古代的阅读教学与儒家思想的传播关系密切，孔子把阅读教
学作为培养道德才智和经邦治国本领的手段，说"诗三百，一言以
蔽之，曰'思无邪'"，又说"《诗》可以兴，可以观，可以群，可以怨。
迩之事父，远之事君，多识于鸟兽草木之名"(《论语·阳货》)。以

后儒家学者一直把诗书教化作为"明人伦"即道德教育的工具,阅读教学的目的也与儒家思想的核心"内圣外王"相一致,儒家经典《礼记·大学》中提出的"格物、致知、诚意、正心、修身、齐家、治国、平天下",体现出儒家"内圣外王"的理想,孔子说的"修己以安百姓"是内圣外王的一种比较形象的说法。"内圣外王"可以从两个角度出发进行理解,从老百姓角度出发,"内圣外王"是指通过自身的修德养性来趋近理想人格,从而为整个社会的进步和发展做出贡献;从统治者角度出发,"内圣外王"要求道德修养极高的人将自己的德行实践到对天下的治理中,实现国家的安定和繁荣。但是无论从哪个角度出发,阅读教学的目的都是一致的。一方面老百姓通过阅读学习提高自身的道德修养,仁义礼智信"五常"是儒家思想家提出的人伦纲常和行为准则规范,也最能体现儒家"内圣"。孔子的"克己复礼"、孟子的"重义轻利"、荀子的"礼者,法之大分,类之纲纪也"等都是五常的表现,就是为了提高老百姓的道德觉悟。通过对这些代表儒家思想的教材的阅读,老百姓受到了潜移默化地教育,安贫乐道、文明礼让就成了人与人之间交往的主流思想,也就达到了"外王"。另一方面在"人人皆可以为尧舜"的观念指导之下,历代统治者都在宣扬"内圣"的思想,通过阅读教学来维护封建社会的秩序,阅读教学成为统治者教化老百姓的一种方法,统治者通过要求广大老百姓阅读相关读物以此来净化社会风气,巩固自己的统治,这时的阅读教学目的成了"外王"。

　　除道德教化之外,古代的阅读教学也有着一定的功利性目的,也就是说阅读教学也是为了满足人们物质或精神上的利益。在这一点上,阅读教学与儒家思想也是相契合的。比如,孔子曾言"诵诗三百。授之以政,不达;使于四方,不能专对;虽多,亦奚以为"(《论语·子路》)。意思就是说,把诗三百篇都记诵下来,从政不能运用,出使邻国不能"专对",那么是一点用处也没有的。这就说明,当时阅读教学不仅仅是为了能够记诵文章,而更是将所学的知识用来满足自己的其他目的。儒家的经书成为两千多年中国封建社会的经典教科书,读经也成为读书人叩开仕途的敲门砖。在宋代,朱熹为《大学》《中庸》《论语》《孟子》所作的注即《四书章句集注》,作为后来科举考试的指定参考书目,科举考试的参考答案都是以此为标准的,所以当时每个想从政的人都必读此书,阅读教学也是以此书为中心的,因此,古代的阅读教学就有浓厚的功利目的。

（二）从阅读教学的教材来看,古代绝大多数的阅读教材无不渗透着儒家文化思想。"古代教材,多数是集多方面教育为一身的'泛语文教材'。但历经两三千年的淘洗,留下了一批对语文教育产生过很大作用的教材范本,大致可以分为蒙养教材、经学教材、文选教材三类。"①蒙养教材按照功能也各有侧重,有偏重于识字的《仓颉篇》《急就篇》《开蒙要训》《三字经》《百家姓》《千字文》等,有侧重于思想教育的《太公家教》《小学》《性理字训》《弟子规》等,有侧重于知识教育的《兔园策》《蒙求》《咏史诗》《龙文鞭影》《幼学琼林》等,另外还有《千家诗》《二十四孝》《童蒙观鉴》《唐诗三百首》等;经学教材是我国古代主要的阅读教材,汉武帝时把儒家的《诗》《书》《礼》《易》《春秋》尊称为"五经",唐代又增加《周礼》《礼记》《左传》《穀梁传》合为"九经",唐文宗时又增加《孝经》《论语》《尔雅》为"十二经",宋代又加入《孟子》为"十三经",宋朱熹把《大学》《中庸》《论语》《孟

---

① 刘占泉:《汉语文教材概论》,北京大学出版社2004年版,第52页。

子》合称"四书",与"五经"并列,合称为"四书五经";文选教材影响力较大的有《昭明文选》和《古文观止》。不论是蒙养教材、经学教材,还是文选教材,都与古代以伦理道德为主要内容的文化教育紧密相连,"香九龄,能温席。孝于亲,所当执。融四岁,能让梨。弟于长,宜先知"(《三字经》),是教育孩子从小建立孝敬父母、尊敬兄长的孝悌观;"大学之道,在明明德,在亲民,在止于至善"(《礼记·大学》),是提倡人们树立弃恶从善的人生观;"老吾老以及人之老,幼吾幼以及人之幼"(《孟子·梁惠王上》),是呼吁人们构造和谐相处的社会观;"诚者,天之道也;诚之者,人之道也"(《孟子·离娄上》),是号召人们践行诚实守信的价值观。孝敬父母、尊敬兄长的孝悌观、弃恶从善的人生观、和谐相处的社会观及诚实守信的价值观都是当时儒家思想的精髓体现,这也说明古代的大多数阅读教材都是儒家注重伦理道德、提倡仁义向善的体现。

　　具体来看,每一时代的阅读教材还是以经书为主要内容,但不同时期内容各不相同,反映出不同时代文化对阅读教学的不同要求。孔子把"六经"作为主要阅读教材,即《诗》、《书》、《礼》、《乐》、《周易》、《春秋》。"子以四教,文、行、忠、信"(《论语·述而》),这里"文"就是指"六经",他尤其重视《诗》、《乐》、《礼》对学生的教化作用,把"诗教"作为修养道德、陶冶性情的工具,因此说其是"温柔敦厚,诗教也"(《礼记·经解》);把"乐教"作为涵养德性、完善人格的手段,"广博易良,乐教也";把"礼教"当作恭顺简朴、庄重威严的手段,"恭简庄敬,礼教也"。汉朝时重要的阅读教材是《孝经》,"以至孝理天下"(《后汉书·班超传》),"期门羽林介胄之士,悉通孝经"(《后汉书·樊准传》)。汉朝董仲舒之后崇尚儒术,《论语》当然是士人必读书目。除此之外,还有"五经",即

《易》、《书》、《诗》、《礼》、《春秋》。另外还有诸子,如司马谈"学天官于唐都,受易于杨何,习道论于黄子"(《史记·太史公自序》),这里的《天官》、《道论》就是当时"诸子"内容。魏晋南北朝时期,除了《孝经》、《论语》及"五经"之外,《老子》、《庄子》成为显学,许多孩童很早就要读它。"太史书明,吴兴乌程人。少善庄、老,兼通孝经、论语、礼记,尤精三玄。每讲说,听者常五百余人。"(《南史·儒林传》)之所以如此,这和这一时期清谈玄学的风气盛行有关。隋唐时期,经书还是必读书目,韩愈就主张读"三代两汉之书",同时读"诸史百子"。由于受科举制度的影响,进士科要考诗词杂赋,所以士人除了读经之外,《昭明文选》成为必读书目。杜甫就要求儿子"熟精文选理"(《宗武生日》),而研究《文选》的专著也多起来,也正是因为此,最终促成了唐朝时诗歌创作的繁盛。宋元时期,经书依旧是必读书目。朱熹就主张在众经中,先读《大学》,而后《论语》、《孟子》,然后《诗》、《书》、《礼》、《乐》、《春秋》,并作了《四书章句集注》,作为对四书阅读的指导用书,同一时期的蒙学教材《童蒙训》、《童蒙须知》、《教子斋规》等,都是进行伦理道德教化的阅读教材。明清时期的阅读教材还是以"四书"、"五经"为主。张居正十岁时即通"六经大义",被江陵一带人称为"神童"。除传统的经书外,出现了《童蒙观鉴》、《千家诗》、《唐诗三百首》、《古文观止》等新编阅读教材,影响力也非常大。

　　(三)从阅读教学的方法来看,古代阅读教学方法都是围绕着有利于阅读者的文化成长展开的。古代阅读教学最大的特点,就是以人为本,注重读者的主体性地位,这和中国文化天人合一的基本精神是相通的。在人与自然的关系上,中国传统文化注重人的主体性地位,认为人定能认识自然万物的规律,并最终做到人与自然的和谐统一。这一认识论原理运用到阅读过程中,就是阅读活动都是围绕着读者来进行的,读者在整个阅读过程中处于绝对的主体性地位,学习的过程就是学习者由外而内,把外在的客体文化内化为自身的主体文化,而后又付诸实践的过程。

具体来看,首先在读书的态度上,要求读书要专注。儒家思想认为,对一个问题的专注度是一件事情取得成功的重要前提。孟子曾以下棋作为比方来说明专注的重要性:"奕之为数,小数也。不专心致志,则不得也。"(《孟子·告子上》)荀子提出"虚一而静"的主张,并强调:"心枝则无知,倾则不精,贰则疑惑。以赞稽之,万物可兼知也。"(《荀子·解蔽篇》)宋代朱熹更是把"克己"作为读书之道,要求学生做到"内无妄思"和"外无妄动"。阅读教学中也需要遵循儒家的这种主张,教育学生在阅读过程中高度集中自己的注意力,排除与阅读活动无关的各种干扰,达到专心阅读。同时,儒家思想也强调恒心和毅力的重要性,讲究自强不息的精神。孔子提出"譬如为山,未成一篑,止,吾止也;譬如平地,虽覆一篑,进,吾往也"(《论语·子罕》),这些名句一直流传至今。古代的阅读教学遵从了儒家的这一思想,把阅读教学当作一个日积月累和循序渐进的过程,需要持之以恒地训练,孔子自己就是这方面的实践者,他在教学中对学生提出"人而无恒,不可以作巫医"(《论语·子路》)的忠告,要求学生要不断学习。朱熹则把读书比喻为逆水行船,"为学如撑上水船,一篙不可放缓"(《朱子语类》)。

在阅读中对阅读内容的把握方面,强调在熟读的基础上要精思。孔子就强调学思结合,"学而不思则罔,思而不学则殆"(《论语·为政》)。董仲舒也要求读书要精思要旨,"辞不能及,皆在于指,非精心达思者,其孰能知之……见其指者,不任其辞,然后可与适道矣"(《春秋繁露·竹林》)。颜之推要求阅读要下文字功夫,"夫文字者,坟籍根本,世之学徒,多不晓字"(《颜氏家训·勉学》)。王充认为只有熟读,才能懂得书中的微妙意思,时间长了,道理理解得也就越透彻,"夫经熟讲者,要妙乃见"、"积累岁月,见道弥深"(《论衡·恢国篇》)。韩愈强调读书要在博览的基础上求精通,即反复诵读、反复玩味,深入理解词语和思想内容,"沉潜乎义训,反覆乎句读"(《上兵部李侍郎书》),"沉浸醲郁,含英咀华"(《进学解》)。朱熹对读书更有自己的见解,认为读书就要熟读精思,不熟就无法活用,熟不熟又往往和精思有密切关系,"读书须虚心熟读,久之自有所得,亦自有所疑"(《朱子语类》)。他要求学者读书要读到通透处,如同自己做出的一般,"大抵观书先须熟读,使其言皆若出于吾之口。继之以精思,使其意皆若出于吾之心,然后可以有得尔"(《训学斋观》)。王夫之认为学思"相资以为功",他认为人们获得知识的途径有两条,即学与思。他主张学习必须虚心,要尽量吸取前人的宝贵经验,以丰富自己的学识;思则不应墨守古人的陈规,要敢于独立思考,充分发挥自己的聪明才智。在学与思的关系上,他认为两者不可偏废,而必须紧密结合,学识越是广博,思考就越深远,思考产生困惑,必定会促进人们更勤奋地学习。在道德教育中,他主张自得,认为道德修养的关键在于学生的自觉,"教在我而自得在彼"(《四书训义》)。而要做到这些,就必须好好地诵读,古代阅读教学非常重视诵读的重要性,杜甫提出的"读书破万卷,下笔如有神",以及孙洙提出的"熟读唐诗三百首,不会作诗也会吟",都是强调诵读诗书的作用,这一点也是与儒家的主张相一致的。朱熹在教学中强调熟读诗书多遍的要求,他说:"凡读书……须读得字字响亮,不可误一字,不可少一字,不可多一字,不可倒一字,不可牵强暗记。只是要多诵遍数,自然上口,久远不忘。"(《训学斋规》)

　　除了要求在熟读的基础上强调个人对文化的涵化之外,古代阅读教学还有一个重要的特点就是践行,也只有做到了文化的实践活动,才能证明学生的阅读是真正地指向学生内心,促进其心灵成长的有效的学习活动。孔子重视学生的知行统一,"笃行之"、"君子耻其言而过其行"(《论语·宪问》)、"君子欲讷于言而敏于行"(《论语·里仁》)都谈到了知和行的关系,强调行的重要性,要把学习与践行结合起来。王充也强调读书贵在能用:"凡贵通者,贵其能用之也。即徒诵读,读诗讽术,虽千篇以上,鹦鹉能言之类也。"(《论衡·超奇篇》)他认为应该把读书所得用在处理事务,辨别是非上。朱熹认为一个人要搞好自身道德修养,就应当"无时不省察",一是在不良念头刚刚露头时,就应进行反省和检查,将其消灭在"始萌"之中,即"省察于将发之际";二是"省察于已发之后",即在不良言行已经暴露之后,要及时进行检查和纠正,不让其继续滋长。同时他还强调力行,要求将学到的伦理道德知识付之于自己的实际行动,转化为道德行为。朱熹反对知而不行,认为这"与不学无异"。同时,他又反对不知而行,以及知之不深而行。并认为"行"有检验"知"的作用。朱熹把"知"看作是"行"的前提,"行"是"知"的目的和检验标准,强调身体力行,反对言行脱节。王夫之也重视力行,指出,道德修养不能仅仅停留在意识阶段,还必须将道德知识变成实际行动。

纵观各个时期的阅读教学,无不和当时文化发展阶段的特点息息相关。文化深刻影响着阅读教学,对阅读教学提出自己的要求,在教学目标、教学内容、教学方法等各个环节都体现出文化的时代特点和要求。而阅读教学反过来对文化的发展起到了很好地促进作用,文化内容的逐渐完善、主流文化地位的形成、文化的推广与传播等,往往都是通过阅读教学来实现的。阅读教学的过程,就是"文"与"道"紧密结合,促进学习者全面发展的过程,通过阅读教学,学习者获得的不仅仅是汉民族语言的知识和能力,更是对本民族文化精神的领悟和自身文化心理结构的塑造,是一个"文"化的过程,经过这一过程,自己逐渐成长为一个符合本民族要求的"文化人"。在各个历史时期,阅读教学呈现出的最突出的核心特点,那就是"文"与"道"的紧密联系,"文"是形,而"道"是神,每一阶段"文"有不同的形式,而同样,不同阶段"道"也有不同的内容,但不论如何,"文"的背后总有一个较为成熟的"道"即"文化体系"作为支撑,使得阅读教学始终是一种有内容、有灵魂的教育活动。文化稳定发展期的阅读教学,其"文"与"道"从来都没有割裂过,稳定的民族文化是阅读教学"文"、"道"结合的强有力保证。

　　但从阅读教学整个过程来看,古代阅读教学也存在着一些严重问题。从教学培养目标来看,对人的目标设定过于重视人在群体中的位置和作用,忽视个人价值的体现,对人的培养也是为了满足社会对人的需要,而非个人发展的自我成长的需求,培养"顺民"是古代教育首要目标,对君要求忠,对父要求孝,对家庭讲求序,对社会讲究礼、义等一整套道德规则,个性完全泯灭于共性之中;从阅读教材来看,教材内容过于封闭,就阅读的主要教材经书来说,从"六义"开始,到后来的"四书"、"五经",都是在前人的基础上的不断整理,继承性过强而创新性不足;从教学方法上看,虽然重视学习者主体性地位,但整个教学都是在培养目标和教学内容设定的范围内进行的,接受性、塑造性过强而批判性、发展性不足,对经书的阅读往往都是以接受并内化为目标,很少针对教学内容和对老师的质疑。正是因为教学中存在着这么多的问题,束缚了学习者个性的发展,学生对文化缺乏创造意识,而人又是推动文化创新和发展的核心动力,失去了这一动力,文化必然会走向衰落。历史上虽然也出现过魏晋南北朝时期崇尚个性张扬的阶段,但那仅是昙花一现,儒家文化以它强大的影响力,迅速恢复对社会各个文化角落的占领,特别到了南宋时期,儒学发展到程朱理学阶段,对人之个性的束缚愈加强烈,以儒家文化为核心内容的中国古代文化也愈加僵化,文化走向衰落也就不可避免。内部失去发展的动力,明清时期对外又实行闭关政策,外部优秀文化因子无法被吸收进来,在内外交困之下,中国传统文化终于被西方现代文化所超越。

三、阅读教学价值分析:社会本位的文化价值取向

从价值取向的视角纵观文化稳定发展期的阅读教学,可谓是有"得"亦有"失"。"得"是指阅读教学能够做到文与道的紧密结合,文以载道、传道,每一时期的阅读教学都与这一时期的民族文化紧密相连,既注重民族文化的传承,同时又对文化的发展起到很好的推动作用,这都可以从不同时期的阅读教学的教育目标设定、阅读教材的选择以及教学方法使用等方面体现出来。而"失"是指文化价值的选取有明显的片面性,具体包括重社会文化价值而轻个体文化价值、重文化的传承而轻文化的创新、重过去价值而轻未来价值。

(一)社会文化价值与语言工具价值的结合。中国传统文化的稳定发展期,阅读教学的价值取向明显是以社会本位的文化价值取向为主,不同历史时期的阅读教学与那一时期文化的传承与发展紧密结合,一方面各时期的文化为阅读教学提供了丰富的文化教学内容,另一方面阅读教学通过对学生的教学活动,促进了各时期文化的继承与传播,进而促进了文化的整体发展。同时,各个时期的阅读教学又非常重视语言工具价值的实现,强调学生

的"仁智双修",在促进学生文化成长的同时,注重学生语言能力的提升。两种价值取向的地位是不相同的,社会文化价值取向居于主导地位,而语言工具价值则处于从属地位。

在春秋战国时期,中国传统文化基本内容及框架开始初步形成,先秦时期特别是春秋战国时期的阅读教学,正是体现了这一时期文化发展的需求,阅读教学的过程本身就是文化内容得以形成并逐渐传播的过程。孔子提出"仁者不忧,知者不惑,勇者不惧"(《论语·子罕》)。"仁"则是个人修养方面的,而"知"则是知识方面的,即是说教学要做到"仁智双修",教学目标体现出"文"与"道"的紧密结合。教学内容可分为两个大的方面,一是"文",一是"道"。"子以四教:文、行、忠、信"(《论语·述而》),"文"主要是指形式方面的,语言、文字、文学;而行、忠、信则主要指道德修养方面的,即属于"道"的内容。孔子主张把道德教育放在第一位,"行有余力,则以学文"《论语·学而》,即首先要做一个品行符合道德标准的人,然后才是学习文化知识。从教学方式上看,阅读教学绝不仅仅是知识的传授过程,它是一个调动人的情感,从而感染人,对人的心灵产生影响的过程。

秦汉是中国传统文化的定型时期,秦汉时期阅读教学的特点,从这一时期儒家文化的代表人物董仲舒的教育思想中体现得淋漓尽致。董仲舒认为人性之"质"中,有"仁气"和"贪气"之分,分别向两个方向发展,教育的作用,就是帮助人的"仁气"向善转变。由此可见,不论是什么形式的教学,包括阅读教学,首先是指向人的精神层面的,而非仅仅是外在的知识的获得。在教学的内容方面,把儒家文化所要求的规范作为首要内容,重视道德修养的重要性,"三纲五常"成为教育的重要内容。在教学的原则和方法上,他提出了"必仁且智"的主张,也就是要"仁智双修",针对道德修养中情感与认知两种不同心理因素之间的关系,他认为必须做到"仁"与"智"的统一:"仁而不智,则爱而不别也;智而不仁,则知而不为也。故仁者所以爱人类也,智者所以除其害也。"(《春秋繁露·必仁且智》)"仁"使人有爱心,"智"使人不迷惑。这里的"仁"与"智",就是"文"、"道"在这一时期的具体表现形式。

　　魏晋南北朝时期是中国传统文化快速发展时期,在这一时期最突出的特点有两个,一是多民族文化的冲突与融合,二是玄学、道教、佛教对儒家文化的冲击及相互融合。这一时期的阅读教学正是体现了文化剧烈变革的特点,特别是玄学对阅读教学产生了深刻的影响:首先是引道入儒,道家经典开始进入阅读视野,成为必读书目,如阅读教材除了传统的儒家经典《孝经》、《论语》、"五经"外,《老子》、《庄子》也成为阅读内容。二是由原来的习章句到通意旨。这一时期的大教育家颜之推就把教育内容分为"德"与"艺"两个方面。"德"教承袭了儒家传统的教育内容,以树立仁义信念作为其重要内容,把实践仁义作为德育的最终目的。"艺"教主张以广博知识为主要内容,以读书为教育途径。并提倡学生读书一方面积累知识,同时培养他们灵活运用的能力。颜之推认为"德育"与"艺教"二者是相互联系的,知识教育是道德教育的基础,为道德教育服务。魏晋南北朝时期的阅读教学,呈现出一种不同于其他各个历史时期的清新的特点,这一时期人之天性得到极大的解放,而这些文化现象的出现,正是文化与教育相互作用、相互影响的结果。

　　隋唐是中国传统文化的繁盛时期,这一时期的阅读教学正是反映了文化繁盛的这一特点,在教学中重新确立儒家学说在思想领域的统治地位。唐诗是唐代最重要的文化特征,阅读教学也深受其影响,并反过来促进唐诗的发展。因此,这一时期的阅读教学,其目标还是以道德教育为主。虽然儒家师道观日趋淡化,导致诗赋文学作品盛行,经学衰落,但道德教育却始终主宰着整个教学过程,特别是韩愈"抗颜为师",独树尊师重道的大旗,读书目的确定为"明先王之道","读书以为学,缵言以为文,非以夸多而斗靡也;盖学所以为道,文所以为理耳"(《送陈秀才彤序》)。这对以传承儒家文化为己任的教育来说产生了深远的影响,明显是一种社会本位的文化价值取向特点。

　　两宋是中国传统文化发展的成熟时期,理学的创立和发展是这一时期文化发展的核心特征,因此,这一时期的阅读教学处处受到理学的影响并在教学的各个环节都体现出理学教育的特点。宋诗在此时由于受到理学的影响,呈现了"多议论"、"主意主理"、"言理而不言情"的特点,甚至被后人诟病为"诗体散文化"、"浅陋俚俗,不耐读",但也不能一概而论,这一时期也产生了许多脍炙人口的感人佳作。理学影响下的阅读教学,教学目标重新强调"明人伦"的教育思想,理学集大成者朱熹就主张将道德教育放在教育活动的首位,道德教育的根本任务是"明天理,灭人欲",要实现此任务,就必须进行以"三纲五常"为核心的封建伦理道德教育。朱熹对于如何进行阅读教学做了详尽论述,除了上述的循序渐进外,"朱子读书法"对后世阅读教学产生了深远影响。

　　明清时期是中国传统文化的衰落期,这一时期的阅读教学显然和文化特点及要求相对应,在教学目标上继续以儒家文化的道德教育为主,但在西方学说影响下也出现了尊重人性发展的论断,如王夫之提出了人性"日生日成"的著名论断,并从这一思想出发,提出教育对人的发展所起作用,反对把"天理"和"人欲"对立起来,主张依据"天理"适当满足人们的欲望,并对传统的君臣之伦做出自己的理解和分析,都富有时代气息。

（二）文化价值取向的片面性。传统文化稳定发展期的阅读教学，价值取向是以文化价值取向为主导的，但从文化价值本身来分析，这种文化价值取向又存在不少问题，具体表现在以下三个方面。

一是重社会文化价值而轻个体文化价值。作为社会主流的儒家思想一直从伦理道德出发，重视整个社会的发展而忽视个人的个性，由此致使作为传播儒家思想媒介的阅读教学也具有这种重社会文化价值而轻个体文化价值的特征，阅读教学显示出重群体轻个体的价值取向。首先，为了传承儒家文化，整个阅读教学的内容几乎是千篇一律，绝大多数都是儒家崇尚的有关伦理道德的经书，完全没有顾及不同阅读者的需要。在元代，《四书集注》作为后来科举考试的指定参考书目，科举考试的参考答案都是以此为标准的，所以当时每个想出仕之人都必读此书，阅读教学也是以此书为中心的。从阅读教学的方法来说，因为大多数科举考试都要考到经书中的原话，大多数阅读教学的方法变成了对经书的死记硬背。前面提到的《四书集注》就是个典型例子，每个想要为官的人在科举考试前就知道了考题范围和标准答案，考试作答时越接近标准答案就越正确，所以这时候的阅读教学便纯粹变成了对《四书集注》的死记硬背，阅读者的个性受到严重压抑。其次，《大学》教育理念的具体要求就是"为人君，止于仁；为人臣，止于敬；为人子，止于孝；为人父，止于慈；与国人交，止于信"（《礼记·大学》），这纯粹是社会本位的思想，也是严格的名教观念。这种价值取向在阅读教学中表现为学生对教学者的绝对服从。为了遵循儒家"尊师重教"的风气，师说被认为是神圣的。荀子说："言而不称师谓之畔，教而不称师谓之倍。倍畔之人，明君不内，朝士大夫遇诸涂不与言。"（《荀子·大略》）学生在阅读学习中不能发挥自己的想象,只能受到灌输式的教育。"吾爱吾师,吾更爱真理"成为当时学生们的一个遥不可及的梦。孔子的"仁者爱人"、孟子的"仁义"这些并不是对个体的尊重,而是每个人应该做到的对他人及社会的人伦义务,若每个人都对社会尽到了自己应尽的义务,那么社会便安定有序。这样一来,社会上所有的人所需要做的都是同样的事情,即承担对社会的人伦义务。因而,个体的个性受到了完全压制,创造性才能根本得不到释放与发展。

二是重过去价值而轻未来价值。孔子曾通过"周监于二代,郁郁乎文哉,吾从周"(《论语·八佾》),来赞扬周朝的礼仪制度。并在教学中一直强调"我非生而知之者,好古敏以求之者也"(《论语·述而》),即教育学生重视过去的知识。孟子曾说,"吾非尧舜之道,不敢以陈于王前"(《孟子·公孙丑下》),这说明他把尧舜之道作为治国的最佳方略。他还主张要效仿前人,"遵先王之法而过者,未之有也"(《孟子·离娄上》),可见儒家的代表者孔孟都具有典型的崇古尚古思想。孔子之后,后人又把孔子当作先贤和圣人,孔子等儒家先哲的言论被当作圣言,就是不可怀疑的神圣真理,一部《论语》被作为儒家文化的圣经,而孔子的言行成为指导后人思想和行为的规范。这种文化上的尊古思想就导致了教育上崇古思想的产生,因而导致阅读教育上的守常思想。在阅读教育的过程中,不仅"四书"、"五经"等儒家经典成为阅读者持久不变的阅读教材,阅读教材中更是高频率地出现"子曰"、"诗云"等字眼,束缚了学习者思维的发展。所以,阅读者受到的教育大多和过去区别很小,其阅读水平和素养无法有突破性的发展,有些僵化的学习者甚至会止步不前。这样就导致了对于阅读教学的未来价值考虑得不足,教师们只是一味地沿袭传统的教学内容和教学方式,只考虑到当前社会的安稳发展,缺乏着眼于未来的长远眼光。

三是重文化的传承而轻文化的创新。儒家文化在古代社会中的影响深远,传承广泛,而不同时期阅读教学中对前朝各代教学方法和内容的传承,是儒家文化得以发展的一个重要原因,从阅读教学的方法来看,无论是先秦时的孔子,还是宋时的朱熹,都要求学生在阅读学习中善于思考,勇于提问,孔子提倡"不耻下问",朱熹提倡"然熟读精思既晓得后,又须疑不止如此,庶几有进。若以为止如此矣,则终不复有进也"(《朱子语类》)。从阅读教学的内容来看,经书的教授几乎是每个时代都有的,汉朝的阅读教学的教材,主要有《孝经》、《论语》、"五经"、"诸子"及其他。魏晋南北朝时期的阅读教材也主要是《孝经》、"五经"以及其他一些儒家经典读物,到了隋唐五代,"九经"是其主要阅读教材。经书的具体内容不外乎就是要求人们重视道德修养,与人为善,从而创造和谐的社会关系。相比于文化的传承来说,阅读教学的文化价值很少有创新的一面。中庸之道也是孔子提倡的解决一切矛盾的根本方法,这无外乎就是在整个社会中遵守礼节,追求人与人、人与自然的和谐共处,虽然这些理念能够在一定程度上维持社会的安定,但是却大大降低了人们的竞争意识,也严重地扼杀了人们的创造才能,人们只能依靠道德的规范和约束进行自我修养。这种弊端也表现在阅读教学中:一方面,为了践行儒家德行天下的意识,道德教育成为阅读教学过程中最注重的教学内容,阅读教学忽视了对学生智力、体力以及审美能力等的教育,这就使学生不能得到全面发展,只能接受老师教授的传统文化,学生没有能力对传统文化进行创新;另一方面,当时的社会环境使学生在阅读教学中个性化发展受到压制,只能全盘接受老师传授的知识,造成了对阅读教材的理解"人与亦云"的局面,不可能对文化有所创新。

第二节　文化迷失期阅读教学特点及其价值取向分析

一、文化背景：外来文化的冲击与民族传统文化的迷失

（一）中国传统文化衰败原因分析。任何事物的变化发展都是有原因的，归结起来有内部原因与外部原因两个方面，中国传统文化在走向近代的发展过程中，也受到了内因与外因的影响。从文化内部来看，作为中国传统文化代表的儒家文化在明朝末期已经走向衰落，儒家文化由于其强大的惯性力量，保持着对人们思想的绝对控制，文化在向前推进的过程中，作为文化主体的人，成了文化传承的机械接受者和传送者，即"人"作为一个群体，已经把按照儒家文化约定的规范行动当作了一种理所当然，而人们不再去思考为何这样做，人作为文化的主体，已经失去了创新文化的能动性。这种文化状态持续发展的结果，只能是使文化逐步走向僵化和衰落。而常态文化的发展，文化的主体不仅仅是文化的接受者，更应该是文化的创造者，正是因为这种个体的创造，每一个文化主体才成为独一无二的文化人，这种文化人有着自己鲜明的思想和个性，是文化发展中最活跃的要素。每一文化个体的创造，都是在原有文化基础上的创新，离不开原有母体的文化，也离不开原有文化创造的文化环境，因此，这许许多多新的文化内容不是外在于这一文化的，而是在继承这一文化基础上的发展，它赋予了原有文化新的内容，并保持着鲜活的生命力。反观明清时期的儒家文化，正是缺失了这种文化的创新能力，出现了自身

发展无力的症状。

中国传统文化走向衰落的外因主要是封闭僵化的文化政策。外部因素是促进文化发展的主要动力之一，清代中期以后开始采取闭关锁国的政策，断绝与外界其他国家和地区的文化交流，盲目而自大地坚持自己就是世界文化的中心，使得中国传统文化无法通过合适的渠道获得自身发展所需要的外部营养元素。回顾中国文化发展的历史，凡是文化繁荣期都和这一时期开放的文化政策密不可分，文化的开放必然会带来外来文化新鲜的气息，这些文化元素是促进一个民族文化发展必不可少的新鲜血液，它有效地改造原有文化中与时代发展不相协调的部分，并与原有文化融合为一起，是促进文化整体发展的重要动力。清中后期封闭的文化政策，严重束缚了中国传统文化的发展，加速了它走向衰落的进程。在中国传统文化走向衰落的同时，西方资本主义文化却在快速发展，特别是经过工业革命以后，这种西方文化以强大的物质力量和科技实力为支撑走上了疯狂的扩张之路。中国相对独立的民族文化在国力足够强大的时候，可以借助这种物质力量的保护得以延续并发展，然而一旦这种保护力量不足以抵抗外来力量强有力地撞击的时候，民族文化受到冲击也就不可避免。

（二）外来文化的冲击与民族传统文化的迷失。中国传统文化的迷失过程，先后经历了两个大的阶段，第一个阶段从1840年的鸦片战争到1919年五四运动之前，这一阶段是中国传统文化与外来文化激烈的交锋期；第二个阶段从五四新文化运动到20世纪80年代文化大讨论，这一阶段是中国文化的迷失期，在这半个多世纪的时间里，中国传统文化不再起到主导作用，而外来文化则占据着中国文化的许多领域，整个文化呈现出一种无序的混乱状态。

　　从汉武帝"罢黜百家，独尊儒术"时起，儒家思想就取得了意识形态上的统治地位，成为中国传统文化的核心，随着社会的变迁，历经两千余年的中国传统文化虽然发生了一系列的变化，但始终没有发生文化的危机。中国封建经济结构和政治制度的稳定性，是中国传统文化保持稳定的基础，鸦片战争以前，中国封建社会的经济结构和政治制度没有受到过任何强大力量的冲击，也保障了中国传统文化的相对稳定。

　　爆发于 1840 年的鸦片战争，使封闭而稳定的中国传统文化受到了前所未有的冲击，传统文化第一次发生了自身的危机。鸦片战争，改变了中国原有的经济结构和政治制度，资本主义势力的入侵，使小农业和手工业相结合的封建经济遭到破坏，同时动摇了建立在封建经济基础之上的封建专制制度，中国已由封闭的封建社会沦落为半殖民地半封建社会，经济与政治的改变，必然会深刻影响到与之密切相关的中国传统文化，要求一种反映社会变化的新的文化与之相适应。同时，西方文化作为一种外域文化，也随着西方殖民者的入侵而涌入中国，与中国传统文化发生了激烈的碰撞，明朝中后期以来中国封闭保守的传统文化所形成的种种弱点和弊端，在西方强大的文化面前，显得弱不禁风，中国传统文化受到强烈冲击，产生了民族文化的危机。

　　一些开明的知识分子希望通过制度的变革来彻底改变落后的中国。制度的变革可分为改良阶段和革新阶段，主张改良的维新派鼓吹实行君主立宪制度，宣传西方资产阶级的学说，提倡民权，批判封建专制制度，代表人物有康有为、梁启超等，他们在努力创造一种"不中不西、即中即西"的文化，其方法就是用西学来解释中国的传统文化，其实，他们所宣扬的儒学已不再是传统意义上的儒学，而是体现资产阶级思想和观念的"新学"，这一时期的新文化,无论在内容还是在形式上,都不是从封建主义的旧文化中脱胎出来的。

戊戌变法失败以后,维新改良的政治主张在中国逐渐被抛弃,革命的思潮成为时代主流,一大批西方社会科学著作如卢梭的《民约论》、孟德斯鸠的《法的精神》、斯宾塞的《社会学原理》以及《美国独立宣言》等,先后被翻译并在国内传播开来。许多中国的思想家也开始用自己的著作宣传革命思想,如邹容的《革命军》、陈天华的《狮子吼》和《猛回头》,还有大量发表在报刊上的革命文章等,无不表达了新的资产阶级思想,代表着新的文化已经成为一种独立的形态登上历史舞台。

辛亥革命的胜利,标志着资产阶级制度革命的胜利,但国人根深蒂固的文化观念依旧没有改变,在这一时期,新文化运动应运而生,新文化运动也标志着中国文化变革进入到更加深入的观念层面。陈独秀、李大钊认为,对国民性的改造,就是要割除旧的价值观念和道德观念,建立一种与共和制相适应的价值观念和道德观念,而这种观念的根本点,就是人性的解放、科学和民主。鲁迅的《狂人日记》、郭沫若的《女神》等,都是一种追求个性解放的呐喊。新文化运动的先驱者们认为,要培养国民民主和科学的意识,从而形成一种新的价值观念和道德观念。新文化运动标志着中国文化已经在观念层面上发生了深刻的变革,它也是中国文化由传统向近代转变的分水岭。

从鸦片战争一直到五四新文化运动以前,中国传统文化经历的是一次次与外来文化的交锋和一次次的败退,而五四新文化运动以后,中国传统文化则完全处于迷失之中。五四新文化运动中高呼的"科学"、"民主"的口号,正是对西方文化内容的诠释,而民族传统文化则成了"落后"、"愚昧"的代名词,五四文化运动,把中国传统文化彻底地推下了历史的舞台。在五四以后的民国时期，在对待外来文化与民族传统文化的态度上，存在着几种不同的主张，一种是文化保守主义，包括五四时期的"新东方文化派"、20世纪30年代的"本位文化派"和现代新儒家学派，他们主张中体西用，以传承民族传统文化为己任，华化、儒化西方文化，始终以民族文化为主体；一种是文化西化主义，以胡适、陈序经为其代表人物，完全反对本民族传统文化，主张全盘西化，认为传统文化是导致近代中国贫穷落后的原因，只有抛弃本民族落后的传统文化，全盘接受外来先进的西方文化，中国才能得以发展，民族才有希望；还有一种是拿来主义，代表人物是鲁迅，主张对外来文化首先要拿来，拿来之后，"或使用，或存放，或毁灭"。这三种主张代表了当时中国知识分子对待民族传统文化与外来文化关系的不同态度，属于理论层面的探讨。但随着社会形势的发展，广大的留学生成为传播西方文化的主体，大量西方思想、著作的引进，对西方文化的宣传起到非常重要的作用，马恩哲学和苏联无产阶级文化就是西方文化重要的组成部分。正是在中国各种先进文化主体大力的鼓吹和宣扬下，外来文化终于把民族传统文化拉下了历史舞台。

1940年2月毛泽东发表了《新民主主义论》，对中国自鸦片战争以来一百年的中华文化做了总结，把这一时期的新文化概括为"民主的科学的大众的"文化，并对五四前后的文化做了区分，五四以前的文化，是旧民主主义文化，而五四以后的文化，则是新民主主义文化。"民主的科学的大众的"文化提出，对新时期中国文化的建设起到了重要的作用，但也存在着许多问题，如文化论争的政治性倾向突出，而论争的学术性不强等。中国文化并没有完成从传统文化向现代文化的转型，中国文化的正常发展受到外部条件的影响而继续低迷。

1966 年在中国大地上兴起的"文化大革命",是中国文化史上的一场浩劫,是对已经迷失的中国传统文化的又一致命打击,中国传统文化彻底失去了主流文化的地位。

二、阅读教学的特点:"文"、"道"分离

阅读教学中文化价值的失位,其原因可能有很多方面,但我们更应该从阅读教学本身要素中去分析和发现问题,无论是在阅读教学的目标、阅读教材还是阅读教学方法上,都存在一个明显的问题,那就是阅读者主体地位的缺失,阅读教学不再是以人为本,阅读活动变成一种外在于读者的行为,阅读目标不再是对读者的"文"化,阅读材料也不是为了实现"文"化而组织的,教学方法也不是要求学生对内容理解的基础上自我涵化,并付之于行动,读者不再是文化的继承者和革新者,变成了为了实现一定社会目的的工具,阅读教学也是围绕着完成这一"工具人"的目标来进行的。

（一）从阅读教学培养目标来看,自语文学科独立设科以后,阅读教学已不再是以人为本,而是以外在的知识作为教育的基准。我们知道,我国古代的教育属于一种综合性教育,并没有把科目分得那么清楚,它是以人为根本出发点,以人的全面成长作为教育的最终目标,教育内容是为人的成长服务的,而独立设科本身就是以外在的知识体系为基准点,人成了知识内容的接受者和承载者。在依照知识体系分科设立的这些科目中,原来承载着文化育人使命的阅读教学,落在了"修身"、"读经"之类的科目中,而新设立的"词章"或"国文"主要是探究各类文章以及诗词歌赋的作法,是以语言教育为其根本目标,至于阅读教学中的文化育

人,这时已经和语言教育分离了,古代阅读教学中的文以载道、文道结合,在"语文"学科设立之初就已经被拆解。清末民初的白话文运动,从表面的形式上来看是解决书面语与口头语相统一的问题,但其背后还存在着语言的实用性与语言中文化的传承的问题。白话文在"文"、"言"论争中的胜出,其实就是语言实用性或工具性成为阅读教学的主要价值。"早在'五四'白话文运动前,影响遍于全国的《教育杂志》就连续发表了《言文教授论》(庾冰作)、《论教授国文当以语言为标准》(潘树声作)等当选征文,不仅提出了逐步推行国语的必要,而且还在国文教授中强调了说话和听话训练的重要,把国文教授的实用性提高到前所未有的重要地位。"①此后在抗战时期不论是在国统区还是解放区,阅读教学的目标除了进行语言教育之外,都是在向学习者灌输革命思想。新中国成立后阅读教学的目标还是以工具性为主,与"培养社会主义事业的建设者和接班人"这一大的教育目标相一致,阅读教学成为思想政治教育的工具。

　　(二)从阅读教材方面来看,语言实用性取代了文化教养性。这一时期的阅读教材根据特点可以分为三个阶段:第一阶段是20世纪初,标志是癸卯学制以及壬子、癸丑学制的颁布;第二阶段是20世纪初到20世纪40年代末,标志是1922年新学制的建立;第三阶段是新中国成立到"文革"结束,标志是历次政治运动对阅读教材的冲击。这一时期的阅读教材,突出表现在文言文与白话文所占的比重问题上,文言文代表着传统文化的传承,注重教学的教养作用,而白话文虽包括文学作品,但整体上还是明显地注重

①李杏保、顾黄初:《中国现代语文教育史》,四川教育出版社2000年版,第9页。

语言的实用性效用,阅读教材在三个阶段表现出不同的特点。1904 年实行的"癸卯学制"中,初小包括读经讲经和中国文字,高小、中学有读经讲经和中国文学,在颁布的《学务纲要》中规定"中小学堂,宜注重读经,以存圣教",还规定"学堂不得废弃中国文辞,以便读古来经籍"。1912 年教育部颁布《小学校令》,取消读经讲经科,与本国语言教育相关的课程均命名为国文。这一时期的阅读教学,虽然剔除了中国语文教育的核心内容——读经,但文言文还依然如故,阅读教材的主体变化不是很大。五四运动前后,提倡白话文的呼声日益高涨。1920 年颁布训令:"自本年秋季起,凡国民学校一二年级,先改国文为语体文,以期收言文一致之效。"1923 年《中小学课程标准纲要》规定:小学的阅读、作文均改用语体,初中文言、白话兼学,高中阅读兼有文言、白话两类。从那时起,白话作品正式进入中小学教材。如 1937 年出版的《初中国文教本》第一册和第二册,就有大批著名现代作家的作品被收录进来,包括鲁迅的《致郑西谛书》、郭沫若《天上的街市》、冰心《慈爱的结束》、朱自清《背影》、丰子恺《从孩子得到的启示》、胡适《一个星儿》、王鲁彦《雪》等。在教材的编写体例上也有很大的变化,从选文型向单元型转变,如 1932 年孙俍工编著的《国文教科书》,采用的编写体例是:以文章作法为中心,让每个单元都围绕某一种写作方法来选择课文,使之成为具有读写双重训练功能的复合式单元,这些单元串联起来,构成读写结合的教材体系。由于教材的文白混编,教材中文与白孰为主、孰为次的问题一直争论不休。但经过多次社会文化运动的冲击,白话文的主体地位逐渐确立,而文言文则退居次要位置,甚至有些学者还讨论"文言文要不要学"。叶圣陶就曾经说过:"关于中学里教不教文言文,我们少数几个朋友曾经商谈过,得到几个想法,现在简单说说。一个想法是中学里不教文言文。什么理由呢？回答是：绝大多数中学毕业生只要把现代语文学通学好就可以了，往后他们在工作中在进修中都用不着文言文。"①即使撇开文言文要不要教这一问题，从叶圣陶的话中我们可以清晰地判断出当时教育家对阅读教材明显的工具性认识。

新中国成立初期，人民教育出版社编出的第一套全国通用教材，十分重视思想教育，带有强烈的政治色彩，课文的经典性因过多时文的加入而有所削弱，文言文比例过低，初中不选，高中仅有 32 篇，各类文章杂乱地编在一起，缺乏系统性。"这几套语文课本，小学的、初中的、高中的，在语言教学方面缺乏计划性、系统性，也就是科学性。"②从 1956 年到 1958 年，全国实行汉语、文学分科教学改革实验，新教材特别是文学课本很受师生的欢迎，但由于政治的原因，实行仅一年半的汉语、文学分科教学被叫停。1958 年以后人民教育出版社出版的中学课本，内容中充斥着大量的时政文章，如 1958 年版高中第一册，就有毛泽东《中国人民政治协商会议第一届全体会议开幕词》、臧克家《毛泽东向着黄河笑》、《通向共产主义社会》、王愿坚《粮食的故事》、《永不掉队》、刘少奇《个人和集体》、《毛泽东会见留苏学生》、鲁迅《记念刘和珍君》等，语文课中政治思想内容偏多。1959 年中共中央教育工作会议决定以语文学科为重点，提高教学质量，教学编写工作获得了新的发展，提高了文言文的教学程度，课文质量也得到提升，但 1966 年"文化大革命"的到来，阅读教材遭到了灭顶之灾。

---

① 叶圣陶：《大力研究语文教学　尽快改进语文教学》，《语文教学通讯》1978 年第 Z1 期。
② 蒋仲仁：《语文教学三十年》，《教育研究》1979 年第 4 期。

　　（三）从阅读教学方法来看,外部的语言训练和篇章分析取代了学习者对文化的涵化和践行。白话文一开始就是为提高学生的语言能力而被编入教材的,对白话文的教学当然是以语言训练为主要方法,但对于一些文学作品,却又往往上成了机械的分析课,"红领巾"教学法是个典型的例子,对于所有年级的任何文章都采用"谈话法"、"表解法",套用"红领巾"教学模式:阅读课大讲"时代背景"、"作家传略"、"人物性格"、"艺术手法"等,肢解了完整的文学作品。在文言文的教学上,也存在着严重的问题,文言文教学总体上包括三个方面:一是教学标准过高脱离实际,如北新书局 1934 年的高中国文教材要求:一年级以墨家为主,兼及儒家;二年级以道家、法家为主,并完成儒家;三年级以文化为中心,一方面收束一二年级,一方面扩大学术范围。"这一套课本,不像是学习中文的读本,而是中国文化史读本了。这样的读本非国学专家不能教,非大学文科的学生不能读。"[1]对于中学生而言,好像是什么都读了,"但究其实际,等于什么都没读"[2]。在教学总体设计上也不合情理,初中仅用一半左右的课时从头开始学习文言,要达到阅读"平易古书"的目标,是不可能做到的,即便是"养成了解一般文言文之能力"的目标,也勉为其难,教学目标过高而脱离实际。二是文言文的教学目的以语言能力的训练为主,如建国初期的高中语文教材把阅读文言文的目的定为"使学生明确地了解文言与现代口语的同异,养成阅读文言参考书的初步能力",1960 年中学语文课本把文言教学目的定义为"培养学生阅读潜近文言文的能力",到 1963 年,中学语文教学大纲又提出,初中要

---

①浦江清:《论中学国文》(上),《语文学习》2004 年第 3 期。
②浦江清:《论中学国文》(上),《语文学习》2004 年第 3 期。

"为获得初步阅读文言文的能力打下必要的基础",高中要"具有初步阅读文言文的能力"。由此可见,学习文言文的目的不是为了学生文化的成长,而是进行语言能力的训练。三是以讲解分析取代诵读涵泳,脱离文言教学的特点。古代阅读教学对诵读非常重视,"少不讽诵,壮不论议,虽可,未成也"(《荀子·大略》)。孔子讲"诵诗三百",荀子讲"始乎诵经,终乎读礼"。到了魏晋以后,由于文言和白话分流,学习文言的难度增大了,更是注重对文言的诵读,宋元时就特别重视"熟读精思",一直延续至明清。20世纪初,新学堂不断地涌现,它们不同于传统的私塾,而更注重对文言的讲解,传统的诵读方法受到很大冲击。文言的讲解一般分为三个方面:其一是"字字落实",就是把每一篇文言文的每一个字要逐个翻译出来;其二是"掌握规律",就是掌握文言实词虚词、使动意动、名词动用等规律;其三是从文言文中学习"实用文"的写作方法。老师上课把大部分时间都花在这三个方面。这种重讲解轻诵读的教学方法,其弊端是显而易见的。"只是获得每篇文章内容所述说的一些知识,而这些知识又是各各独立不相联贯的,转不如读史地还可获得系统的知识,一学期过去了,那些不相联贯的知识也淡忘了,于是读如不读,这就是忽略诵读的弊病。"①

三、阅读教学价值分析:社会本位的工具价值取向

阅读教学最根本的价值是文化价值,而在中国传统文化迷失一百多年的时间里,阅读教学并没有起到文化育人的作用,或者说阅读教学的文化价值一直没有得以体现,而真正发挥作用的,是社会本位的工具性价值。在不同的历史时期,工具性价值又有

---

① 周振甫:《技能的训练和理论的研讨》,《国文月刊》1946年第48期。

不同的表现形式,大体可归纳为语言教育的工具、革命斗争的工具和思想政治教育的工具。这种教学的工具性有时单独起支配性作用,有时则会两种工具性交叉在一起共同指导阅读教学实践,无论形式如何,都改变不了这一时期阅读教学社会本位工具价值的特点。由于阅读主体需求的多元化和阅读教材属性的多样性,阅读教学的价值也是复杂多样的,但不论在什么条件下,文化价值都是阅读教学的内在价值、主要价值,而其他价值包括工具价值在内只能是阅读教学外在价值、次要价值,这一点是不可被否认的。工具价值取代文化价值成为阅读教学的主要价值,反映出文化价值的失位与工具价值的僭越,从阅读教学过程中教学目标的确定、教学内容的组织以及教学方法的选择等方面反思价值取向中出现的问题,分析问题产生的原因,有助于实现阅读教学文化价值的复归。

（一）清末民初阅读教学语言工具性的价值取向。1904 年,清政府颁布了《奏定学堂章程》,又称"癸卯学制",标志着语文教育从传统的经史子集的综合教育中独立出来,成为一门独立的学校教育科目,阅读教学也从此掀开了新的一页。"癸卯学制"后,阅读教材发生了较大的变化,在此之前,全国没有统一的正规化教材,"学制"颁布后,商务印书馆刊印的《最新初小国文教科书》作为小学阅读教材,《高等小学国文教科书》则重在反映国内外政治、经济、科学等新学的内容,每册教材还都附有教授之法,在中学课程中,"读经讲经"这门课程主要是用过去的儒家经典,没有单独另编教材。1908 年刊印由吴曾祺选编的《中学国文教科书》,则是按照文学史逆推的方式即时代由近及远来编排选文的,全书共分五册,选文共 700 余篇,多以应用为主,注重经世文字,而非藻美的词赋,旨在启发学生经世效用,可谓清末不错的阅读教学教材。

　　清末时期的白话文运动对现代阅读教学的发展也起到了极大的推动作用。晚清白话文运动离不开国内政治、经济发展大环境的需要,新兴的革命者需要用通俗易懂的文体向普通民众宣扬他们的思想与主张,这一需求不可避免地会深入到阅读教学之中。早在 1887 年,被誉为"诗界革命"领军人物的黄遵宪就提出了语言与文字合一的问题,提倡"我手写我口"的创作理论,对以后的白话文运动影响巨大。梁启超既是白话文运动的鼓吹者,更是实践者,他的诗歌作品都冲破传统格调形式的束缚,语言浅显通俗。晚清的裘廷梁第一个提出了"崇白话废文言"的口号,成为白话文运动的主将,他在《苏报》上发表《论白话为维新之本》的文章,认为文言"愚国"、"愚民",为白话运动鼓吹呐喊。白话文运动对促进阅读教学的通俗化起到了极大的推动作用。

　　这一时期工具性阅读教学的特点。在国文学科独立以前,阅读教学内容来自经学、史学、文学等经典著作,阅读这些经典著作的过程,既是学习语言的过程,同时又是一个文化成长的过程。人是教育的出发点,阅读教学的目的是培养完整的个体。教育的分科设置,其关注的重心不再是人,而是外在的知识,各种科目本身就是自然科学影响下的产物。人不再是教育的出发点,而是外在知识的接受者。教育也不再是以培养完整的人为己任,而是根据社会的需求用知识填充被教育者,产出一个个拥有知识而非拥有文化的个体。在国文这一科目中,传统的语文教育被肤浅地、片面地归结为功用性的语言教育,这也成为以后阅读教学"文""道"分离的主要原因。在白话文运动中,错误地把文言与中国传统文化中的糟粕对应起来,以为文言的东西就是落后的,就是应该反对的,就如同国文学科中对"读经讲经"的评价一样,简单地将其教学内容和儒家文化联系起来进行批判,其实,问题并不在于"文言"和"经"本身,根本原因在于中国传统文化在发展过程中的迷失。社会的发展是一个有机的整体,在某一个特定的社会发展时期,总会要求一定的文化内容和形式与之相适应,而中国传统文化在向现代文化的过渡中出现了中断现象,即没有从本民族传统文化中汲取优秀因子快速向前发展,同时也没有从外来文化中吸取优秀元素推动本民族文化的前进,这种文化的中断在阅读教学中表现出来的就是"文"、"道"的分离。

（二）五四新文化运动时期阅读教学语言工具性的价值取向。如果说是白话文运动推动了"国文科"的设立,而国语统一运动则直接推动并影响了"国语科"的设立。1917年全国教育联合会形成了《推行国语以期言文一致案》的决议,主张将国文科改为国语科。1920年,教育部在《国民学校令》中将有关"国文"的用语改为"国语",并在《国民学校令施行细则》中规定了国语的要旨:"在使儿童学习普通语言文字,养成发表之能力,兼以启发其智德。"这意味着"国语科"正式设立了,"国语科"的设立是继"国文科"之后中国现代语文教育史上具有里程碑意义的大事。

国语科中有关阅读教学的课程纲要体现出阅读教学语言工具性的价值取向。1923年教育部公布了小学、初中和高中的国语、国文的课程纲要,其中对阅读教学做了较为详细的要求。《小学国语课程纲要》从主旨、限度、程序和方法四个方面对国语教学提出要求,在"主旨"中,要求学生在联系运用语言文字的同时,要涵养感情、德性,并启发想象、思想,引起读书的兴趣;在"限度"中,将初级小学与高级小学分开,分别包括语言和文字两个方面的要求,在"文字"上又分别对读文、作文和写字分别提出要求,其中"读文"就是针对阅读教学提出的具体要求,初级小学在"语言"

上要求:能听国语的故事演讲,能用国语做简单谈话;"文字"中对"读文"要求:认识 2200 个通用文字,能使用注音字母,能读语体的儿童文学书,能用字典阅读生字 5％语体的儿童书报等;高级小学在"语言"上要求:能听国语的通俗演讲,并能用国语演讲;在"文字"中的"读文"要求:识字在 3500 字左右,儿童文学书读累计12 册以上,能用字典看生字在 10％的语体文等。初级中学《国语课程纲要》中有关阅读教学的目的包括:使学生能看平易的古书和产生研究中国文学的兴趣。在内容中要求阅读教学的要旨为充分联系运用文字的能力,并涵养文学趣味,同时了解语体文,进而了解文体文,由浅及深,为高级中学国语课程打基础。并对"精读"和"略读"做了较详细的要求:精读选文要由教师选定一种书本详细诵习研摩,大半在课内直接讨论;而略读丛书则是由学生自修。在"最低限度"中要求:阅读普通参考书能了解大意,能欣赏浅近文学作品。高级中学针对国语课和国文课,分别有《公共必修科国语科学程纲要》和《必修科本科特设国文科学程纲要》,在《公共必修科国语科学程纲要》中,将纲要分为甲项文学欣赏和乙项文字制作两部分,"文学欣赏"分别对"最近文字"(散文文字、小说、剧本、新诗)和"古代文字"(古诗优点、古诗进化、韵文的美质)作了要求;而乙项"文字制作"则对论辩文、记载文提出了具体要求。对阅读教学的要求主要在《必修科本科特设国文科学程纲要》的"文学概论"中,既包括文学概说、中国历代文学变迁,也包括近代世界文学发展趋势等。以上的这些"纲要"都反映了五四新文化运动时期文学革命和国语运动的结果,是现代语文教学的纲领性文件,对以后的阅读教学产生了深远的影响。

　　这一时期的阅读教学,明显地表现出为语言教学服务的工具性阅读教学特点。由于受到五四新文化运动的影响,国语独立设科以及阅读教材和教学方法,都是以语言学作为其理论背景和基础而形成的,处处体现出语言学的特点和要求。文化育人功能虽然也会提及,但已经完全隐藏在语言教育的背后,而且显得支离破碎,苍白无力。这时的阅读教学,无论从教学目标的设定,还是从教学内容、教学方法以及教学评价等方面,都明显地体现出语言工具性的特征,"文"与"道"已完全分离。

（三）战争动乱时期阅读教学革命工具性的价值取向。20世纪三四十年代是我国一个战争动乱的时期,教育不可避免地会打上时代特点的烙印,阅读教学也处处体现出了动员战争和革命的工具性特征。这一时期由于国民党和共产党在思想政治上的对立,教育领域也出现了两个不同的阵营,各自持有不同的教育理念和主张。1929年8月国民政府颁布了中小学课程《暂行标准》,在教学内容上体现出了政治性的要求,在选材标准上提出"包含党的主义和策略,或不违背党义",反映了国民党政府在思想文化方面的禁锢与控制。1932年,教育部在修订原来《暂行标准》的基础上,颁布了正式审定的《课程标准》,1936年,国民政府根据社会形势的发展变化对课程标准又进行了修订,颁布了《修正中学课程标准》,前后比较"暂行"和"修订"的课程标准,可以看出"修订"后的标准增加了"了解固有文化"和"唤起民族意识"的目标要求,这和日本的入侵,我们要加强爱国教育和热爱自己的民族这一国内形势的要求有关。同时,在教材内容上重视"党义文选",在选文上增加"党国先进言论"的比重等,体现出政治上加强思想控制的要求。

由于形势的需要,解放区的教育,也突出体现了政治性要求,国文教育处处反映了为政治服务的特点。国文教材是在教育的"社会化、政治化、劳动化、实际化"原则的指导下编写的,在思想内容上,国语教材着眼于学生拥护党、拥护红军、拥护苏维埃政权;憎恨帝国主义、国民党反动派和封建地主的压迫;增强政治觉悟、培养高尚的革命品德等。其中影响较大的中学语文教材是1945年5月由胡乔木主编完成的《中等国文》,所选范文可分为文艺文和实用文两大类,但更侧重于实用文。在所有选文中,普通文占48%,说明文占20%,应用文占16%,文艺文占16%,从这一点上可以看出,教材的政治性和实用性的突出特点。《中学国文》集中反映出解放区阅读教学在教学目标、教学内容等方面,都是根据国内形势变化的要求和革命斗争的需要,表现出明显的政治性、实用性的特点。

为革命战争服务的工具性阅读教学特点。20世纪三四十年代是一个战乱时期,先是国共两党在政治、思想、文化、军事等领域的斗争,接下来是抵抗日寇侵略的抗日战争,最后是国共两党全国范围内的国内战争,这一时期的阅读教学明显地体现出为革命战争服务的时代特点。在对学生语言能力的培养方面,各个时期、各个地区都有明确的要求,体现阅读教学语言工具性的特点:在政治思想教育方面,国统区与解放区有着完全不同的要求,如国统区在选文的选编上增加"党国先进言论"的比重,重视"党义文选";而解放区则有拥护党、拥护红军、拥护苏维埃政权,憎恨帝国主义、国民党反动派和封建地主的压迫等选文要求。虽然在教学目标和教学内容等方面存在巨大差异,但从阅读教学的功能来看,这一时期的阅读教学明显带有为革命服务、为政治服务的特点,即成为革命战争服务的工具,而在文化育人功能方面则起到微乎其微的作用。

（四）新中国成立后阅读教学语言工具性与政治工具性的价值取向。新中国成立后,为了巩固新政权,意识形态发挥了对其他各领域的指导作用,在教育领域的阅读教学自然也不例外。教学中出现了牵强比附思想政治教育的状况,教师把语文课上成了政治课,而当时的《红领巾》教学法正是这一时期教学特点的体现。《红领巾》教学法教学基本步骤依次为:时代背景、作者介绍、段落大意、中心思想、写作特点,使阅读教学有了一套相对固定的程式和方法,不论什么类型的课文,都套用分析的模式和方法,不能根据课文的特点和学生的学情加以把握教学。当时的教材的内容由很多政治教育类的课文组成,在进行"主题思想"的归纳时,不可避免地会把语文阅读教学导向思想政治教育的方向。阅读教学的工具性特征,导致教师对课文共性的分析代替了学生个性的理解,塑造了学生一元化的思维模式和顺从接受的行为方式。

汉语、文学分科时期的阅读教学工具性价值特点。1956 年 4 月,教育部颁发了《关于中学、中等师范学校的语文科分汉语、文学两科教学并使用新课本的通知》,要求语文学科从当年秋季开始实行汉语、文学的分科教学,使用新编写的教材,从此以后,分科教学开始在全国推行。教育部颁布的《初级中学汉语教学大纲(草案)》规定文学教学在教学过程中还要完成思想教育的任务,特别是内容方面有批判现实主义作品和以苏联为主的社会主义现实主义作品的规定,教学也就摆脱不了意识形态的束缚命运。当时由于受到政治大气候的影响,随着中苏关系的恶化,本来学术方面的理论探究,再次受到政治的干扰,特别是 1957 年"整风"、"反右"之后,语文教学方面的问题讨论转变为对语文分科教学指导思想的批判,汉语、文学分科教学由于政治方面的原因在刚开始起步就夭折了,再次证明了语文阅读教学政治工具性的特点。

　　语文教学大讨论及教学改革时期的阅读教学价值特点。汉语、文学分科教学被终止以后,语文阅读教学纯粹沦为政治教育的工具。在教学内容上,大量文字质量不高的政论文被选入教材,特别是反映大跃进和合作化运动的政论、社论、新民歌等,都成为阅读教学的内容,语文教学质量下滑严重。语文教育大讨论正是在此背景之下展开的,这次讨论的主题就是语文教育的目的和任务是什么的问题。讨论虽然没有形成一致的共识,但讨论的内容被逐渐引到关于如何提高语文教学质量这一问题上来。正是针对这次语文教育的大讨论,教育部 1963 年颁布了《全日制中学语文教学大纲(草案)》,指出"语文是学生学习各门学科必须首先掌握的最基本的工具",确定了语文的语言工具属性,把语文从前一阶段思想政治教育工具的泥淖中解放出来。但从实质上来看,其并没有根本改变政治教育工具的宿命,比如对选材的要求上,虽然强调文质兼美,但又强调"就思想教育而言,应该注意选取有助于培养坚强的革命后代的文章"。由此可以看出,《大纲》颁布后的语文阅读教学,依旧是思想政治教育的工具。

　　政治动乱期的阅读教学。"文革"时期,全国统编的阅读教材一律停止使用,改用各省自编的教材,内容完全成了服务政治的附庸,各类阅读教材几乎成了政治读本。对文章的解读则是采用简单粗暴的批判形式,背离了阅读教学应有的规律,这时候的阅读教学价值取向已经不是其本体的内在价值,而完全是外在的附属价值。

第四章　当代文化转型期阅读教学价值问题的思考

　　中国文化目前正处在一个转型时期,转型期的文化呈现出不同的时代性特点,"所谓文化转型是指在某一特定时期内,文化发展明显产生危机和断裂,同时又进行急遽的重组与更新"①。文化转型也意味着对文化的新的建设,中华文化在经历一个多世纪的迷失之后,终于走上了艰难重建的道路,文化的重建是一个系统而又艰辛复杂的过程,它需要全民族有识之士为之付出不懈的努力,除此之外我们别无选择。文化的重建,首先是回归本民族的文化,中华五千年的传统文化,是中华民族赖以生存和发展的精神食粮,它孕育了一代代聪明善良勤劳智慧的中华好儿女,事实证明,离开了本民族的文化,中华民族的发展就会失去动力和方向。回归本民族文化,除了解决认识上的问题以外,还有更多的操作层面的问题需要解决,就中华文化而言,它在发展的过程中经历了一个断层期,我们平时所说的中华传统文化,往往是指中国古代时期的文化,它是一种反映农耕文明的伦理文化,而世界文化已经从反映封建时代文明的文化发展到工业时代文明的文化,现在又发展为信息时代的文化,而我们的传统文化在封建

① 乐黛云:《文化转型与文化冲突》,《民族艺术》1998 年第 2 期。

时代后期就已经中断了，其主流地位被外来文化所取代，本民族文化虽在某些方面获得一些进步，比如物质文化等，但就整体而言，中华文化并没有获得系统而全面的发展，并没有发展成为适合本民族和时代需求的现代文化，因此，民族文化由传统发展到现代化问题是我们进行文化重建的一个重要任务。同时，任何一个民族文化的发展都不是在封闭的条件下进行的，都会受到其他外来文化的影响，特别是世界经济的全球化以及互联网技术的飞速发展，已经让各民族的文化都走上了世界的大舞台，文化的多元化和全球化已经成为事实，如何在这一文化背景下既保持本民族文化的独立性，同时又汲取其他外族文化的先进元素用以发展本民族文化，成为我们文化重建的又一个重要任务。文化转型期的阅读教学，必须与时代发展的需求相结合，即必须服务于文化重建的时代任务，这就要求阅读教学在进行文化价值的选择时，一方面要考虑到文化的"传统化与现代化"的问题，同时又要考虑文化的"全球化与民族化"的问题。

第一节　文化特点：多元文化并存与民族文化的重建

一、多元文化的并存与融合

经济的全球化带来了文化的全球化，随着科技的迅猛发展，世界各国经济的发展已经跨越了地域的界限，向着经济全球化的方向迈进，不同国家不同地区之间经济相互依存、相互渗透的程度不断加强，全球成为一个大的自由竞争的世界市场，各生产要素在全球范围内进行流转与配置。随着经济全球化的不断加强，世界各个国家和地区的联系也日趋紧密，资金、技术、人员等经济要素的流通成为必然，这种经济的相互依赖、相互影响，必然会带来文化的沟通与交流。一个国家的发展是指这个国家经济、政治、文化等各个要素的综合发展，各个要素之间是相互影响又相互制约的，经济全球化带来一个国家经济的快速发展，必然会对文化的发展产生深刻的影响，经济和文化从来都不是割裂开的，经济的全球化必然会带来文化的全球化。

　　除经济全球化对文化发展的影响外，互联网技术的发展对世界文化的传播与渗透也起到更为直接的作用，是促进文化全球化的直接动力。互联网技术是 21 世纪最伟大的发明，它把人类从传统工业时代带入信息时代。利用网络技术，每个人都可以通过网络获取相关的信息，世界任何一个角落发生的事情，都可以在最短的时间内让全球人都能够了解到。互联网技术彻底改变了传统的文化传播渠道和方式，它把世界各个国家、各个民族的不同文化通过网络传播给几十亿的网民。任一区域的人们不仅生活在现实的本民族文化氛围之中，同时，还可以通过网络接触并了解到更多其他民族和地区的文化，世界各种文化可以同时展现在世人面前。文化全球化其实就是世界文化的多元化，任一文化形式突破了原来的地域限制，都可以通过网络得以向世界各地传播，有了更好的发展空间，这也使得世界上各种文化在网络构成的"地球村"上共同存在。世界不再是原来的以地域为主的一个一个文化群体的组合体，而是各种文化形式相互渗透、相互依存的多元文化共存的文化体。

　　多元文化并存是人类文化多元化需求的必然结果。一种文化的诞生，总和某个发展阶段的民族对自然、对社会的认识密切关联。在一个具体的发展阶段，人们由于受到自然环境、认识水平和能力等各种因素的制约,对自然社会的认识总会受到一定的限制,因此,一种文化从产生伊始就存在着某些缺陷,后虽经过不断地修正和发展,但还会存在着这样或那样的问题,世界上并没有完美的文化形态。文化的发展也存在着内在动力和外在动力,当一种文化能以一个开放的形式接触外部文化,从中汲取外来文化优秀的成分,并用以发展成为自己文化的一部分,则这一文化会有着强大的生命力,同时会得到较为快速的成长,我国文化史上几次文化的繁荣都和民族融合有密切的关联。多元文化并存,可以让各民族文化在相互渗透中汲取其他文化中优秀的元素,用以发展本民族文化。特别是在当今时代,世界上人们的联系日益加强,人们共同面对的问题也越来越多:全球污染问题、疾病问题、气候问题等,都需要人类携手共同解决,需要凝聚各民族的集体智慧。而各民族创造的光辉灿烂的文化是人类智慧的源泉,世界需要多元文化的并存,人类对文化多元化的需求也需要文化的多元并存。

多元文化的发展还会受到其他因素的制约。各民族多种文化并存是人类文化需求多元化的必然结果,但各种文化的发展并不是完全自由自主的。从经济全球化的角度看,不同经济体在经济全球化中的地位是不同的,西方发达国家利用自己领先的经济地位,向落后国家输出本国文化。他们一直认为自己的价值观念是最优越的,并在全球范围内推行其思想意识、价值体系、文化观念,最终形成了强势文化和弱势文化、中心文化和边缘文化之分。特别是以美国为首的"西方文化"凭借其强大的经济、科技、教育等实力,欲在全球实现"西化",即以西方文化为核心的文化全球化,而部分民族的文化则在一次次的文化交锋中被冲击和同化,其民族文化的个性逐渐消失。因此,面对世界文化的多元化,中华民族一方面要保护自己民族的文化特性,防止被外来文化过度冲击而失去自我;同时又要不断地借鉴外来文化取长补短,汲取外民族优秀文化元素用以发展本民族文化,使中华文化永葆青春活力屹立于世界文化之林。

二、当代中国民族文化的重建热潮

当代中国民族文化的重建,是当代中国社会发展到一定阶段的必然要求。自 1840 年鸦片战争开始,中国传统文化受到西方外来文化的强力冲击,民族文化发展出现了断层现象,可以说是物质文明的落后直接导致了中国近代文化遭受冲击。自 20 世纪改革开放以来,中国经济获得了飞速的发展,综合国力日益增强,中国在国际上的地位也迅速提升,物质文明的发展使中国国民的自信心得到极大的提升,民族的自豪感也不断得到复苏。在社会转型期的中国,虽然物质生活有了极大的改善,但国人较为普遍存在的精神世界空虚、信仰缺失、道德失范、价值迷失等问题也非常严重。社会上存在着物欲泛滥、理想主义沉沦、重利轻义、重物质轻精神等普遍的社会现象。国人精神家园的缺失,严重威胁到物质文明的持续发展。同时,在近代史上给世界带来巨大进步的西方工业文明,在发展的过程中,也出现了严重的问题,造成人与自然、人与社会以及人与自我之间的异化,曾经被中国文化学者奉为圭臬的西方文化越来越受到世人的诟病,而西方文化本身在解决这些问题上的无力乏术,更让人们的目光转向了东方,并希冀从古老的东方文明中找到解救西方文化的灵丹妙药。在这一时代背景下,中国民族文化的重建成为必然,对本民族文化的认同和追寻成了当代知识分子不可推卸的历史使命。

民族文化的重建,自 20 世纪 80 年代的"文化热"就已经开始,文化热的思想基础是当时知识分子的人文意识形态。经过十年的动乱,中国进入了改革开放时期。改革需要人文知识分子的参与,正是在这种背景下,参与改革的知识分子终于走出了那段"非人"的历史,开始了对"人"的重新追寻,对人的本质、价值、存在意义的探寻,成为那一时代的思潮,从人道主义与异化问题,到哲学、美学、文学领域对人性的倡导,都离不开一个大写的"人"字。"人"的问题,实质上是一个文化的问题,因为人始终离不开文化的规定性,对人的无穷追问,也就是对文化的不断求索。"文化热"在发展的过程中,明显地表现出两个阶段的不同特点,在1985年以前,是以西方文化影响下的文化现代化时期。随着开放政策的实施,国门开始重新打开,伴随着经济领域技术、资金的引入,外域文化也同时涌入国内,隔绝了半个多世纪的西方哲学、文学思潮被饥渴的中国知识分子贪婪地吸吮,并把这些成果迅速转化为民族文化发展的文化素质,因此,这一阶段的文化建设明显地带有西方文化痕迹。而1985年以后,"文化热"则越来越显示出文化本土化的特征,这主要是因为文学领域开始的"寻根文学"的影响。文学中的"寻根"意向最早显现在诗歌领域,在"朦胧诗"中经常求助于本土传统文化资源及其象征符号,而20世纪80年代后期,这一意向在小说中形成思潮,虽然寻根文学的倡导者对所寻之"根"的认识并不一致,但无论是所谓正统文化的儒家或道家,抑或是非正统文化的民间文化,都指向中国本土文化这一倾向没有分歧。寻根文学作为一个创作现象,其本身并没有太大的影响力,而恰恰是它背后的文化动向引起了社会的广泛关注,可以说20世纪80年代中后期兴起的传统文化热,正是在其影响下涌现的,文化回归传统,民族的文化重建拉开了帷幕。

　　"国学热"是一种要求重建民族文化的强烈期盼。在20世纪

80 年代"文化热"的影响下,"国学热"在思想文化领域异军突起,而且持续升温,对国学的重新审视、全面评估以及各种国学机构的建立,正是当代中国民族文化重建的显著表现。1992 年,北京大学成立中国传统文化研究中心,这本来属于校园学术的研究动向,还未具有后来复杂的"国学"意识,但是,接下来《人民日报》、《光明日报》、中央电视台等多家官方媒体给予了充分关注,《人民日报》还分别发表两篇关于国学热的文章:《国学,在燕园又悄悄兴起》和《久违了,"国学"》。官方媒体将国学热上升到建设文化主旋律的高度,既是评论,也是引导。在第二篇文章中,甚至将"优秀传统文化"融入"爱国主义"意识形态。此后,中央电视台、凤凰卫视等多家媒体陆续推出一系列国学讲座,有力推动了"国学热"的兴起。2000 年,北京大学将中国传统文化研究中心更名为国学研究院。2004 年 9 月,在北京举行的"2004 文化高峰论坛"上,70 余位文化界、学术界的代表发起"甲申文化宣言",呼吁社会各界重视国学;2005 年北京大学开设"乾元国学教室",同年 9 月中国人民大学成立国学院;2005 年 7 月,中国政府宣布在世界上建立 100 所孔子学院,用以宣传中国文化;2005 年 9 月,中央电视台直播山东曲阜首届全球联合祭孔仪式,国家主席习近平在人民大会堂发表重要讲话;2004 年文化学者蒋庆推出《中华文化经典基础教育诵本》,主张对 12 岁以下的青少年推广"读经"运动,台湾学者王财贵首倡全球"儿童读经教育";在中央电视台《百家讲坛》的引导下,大众对国学的热情不断高涨,于丹的《于丹〈论语〉心得》、易中天的《品三国》都受到读者的狂热追捧。各种少儿国学班、读经热、汉服热如雨后春笋般涌现。"国学热"反映出中国政府、文化机构、文化学者、普通大众对中国传统文化的再次认同,以及对建设当代文化的热切期盼。

　　核心价值观的提出,标志着当代民族文化建设正式进入到实质阶段。2006 年 10 月,中国共产党在十六届六中全会中第一次明确提出了"建设社会主义核心价值体系"的命题,并明确了社会主义核心价值体系的内容,学界也开始对社会主义核心价值观展开深入探讨。2007 年 10 月,中共的十七大进一步指出了"社会主义核心价值体系是社会主义意识形态的本质体现"。2011 年 10 月,中共十七届六中全会强调,社会主义核心价值体系是"兴国之魂",建设社会主义核心价值体系是推动文化大发展大繁荣的根本任务。2012 年 11 月,中共十八大报告明确提出"三个倡导",即"倡导富强、民主、文明、和谐,倡导自由、平等、公正、法治,倡导爱国、敬业、诚信、友善,积极培育社会主义核心价值观",这是对社会主义核心价值观完整的概括。2013 年 12 月,中共中央办公厅在印发的《关于培育和践行社会主义核心价值观的意见》中明确提出,以"三个倡导"为基本内容的社会主义核心价值观,与中国特色社会主义发展要求相契合,与中华优秀传统文化和人类文明优秀成果相承接,是凝聚全党全社会价值共识做出的重要论断。如果说"国学热"是学界对当代民族文化建设的一种自发的反应的话,那"社会主义核心价值观"的提出则是执政党和政府对文化建设的内核框架设计和行动动员。

第二节　　文化转型期的文化价值冲突

　　当代中国正处在一个向现代化转变的社会转型过程中,社会的转型必然会对社会内部诸构成要素的发展带来深刻影响,作为中国社会中重要构成元素——中国文化,也处在转型过程之中,文化转型带来价值主体的变化和价值观念的多元化,价值冲突也就不可避免。我国传统文化以农耕自然经济为基础、以伦理道德价值观为主导价值观念。而我们正在建设中的以工业社会化大生产为主体的社会主义市场经济为基础的现代文化,当然不可能再以伦理道德作为主导价值观念,必然呼唤一种与时代发展要求相一致的新的价值观。在这一时期,原有的主导价值观地位已失,新的主导价值观还未完全建立起来,人们的思想和行动失去了引导和规范,各种文化方面的问题也随之产生。文化失范是文化转型期最为显著的文化问题,它指的是由于主导价值观念的缺失而引起的文化秩序的混乱无序状态。目前社会上年轻人身上出现的信仰危机、道德观念淡薄、精神生活空虚等,以及由此引起的各种"反常"行为方式,如消费至上、娱乐至上、盲目追星以及各种网络暴力等,都是社会转型期价值冲突在社会生活中的具体表现。价值冲突实质上是价值观念的冲突。"当价值观念肯定一种价值而否定另一种价值,选择一种价值而放弃另一种价值时,两种价值才会在观念中产生冲突。"①价值冲突是文化转型过程中的必然现象,如果能得到正确的化解和引导,价值冲突后主流文化价值观念的形成,又会对社会文化的深化和发展起到很好的推动作用。

一、价值冲突的特征表现

　　文化转型期文化价值冲突的表现纷繁复杂,概括起来主要表现在以下三个方面。

　　一是传统文化价值与现代文化价值的冲突。文化转型期的

---

① 兰久富:《社会转型与价值冲突》,《北京师范大学学报》(社会科学版)1999
　年第 3 期。

文化价值冲突突出表现为传统文化与现代文化之间的价值冲突，任何时期的社会发展都不可避免地需要面对这一对价值观念之间的冲突，但在文化转型期，这一问题会成为文化发展的主要矛盾，让人们在传统文化与现代文化的价值冲突与碰撞中寻求对文化价值的重新定位。传统文化价值是指文化转型之前在社会文化发展中一直发挥着支配性作用的价值观念，它对人们的价值选择会起到重要作用；现代文化价值是指社会进入信息化时代以后形成的以自动化、信息化为主要特点的文化价值观念，它不满足于自身从属的地位，向传统文化价值发起挑战。目前的现代价值观受西方价值观影响较大，体现出西方现代价值观的一些特点。传统文化与现代文化之间的价值冲突主要表现在三个方面：第一是人与自然的关系上，传统的价值观念是天人合一，人与自然的和谐相处，而现代的价值观则是人定胜天，人是自然界的主人，人只要发现自然的规律，就可以征服自然并为人所用。在遭到自然的惩罚以后，人们逐渐意识到自己所犯的错误，开始改变对自然的对立态度，又重新走上人与自然和谐相处，共生共荣的发展道路；第二是人与群体的关系上，传统价值观以集体为重，个体必须服从于集体，而现代价值观则追求人之个性的全面发展；第三是人与自身的关系上，传统价值更重视对非功利性道德价值的追求，而现代价值则更重视对功利性价值的追求。这三组矛盾构成了传统文化与现代文化的主要价值冲突，在此基础上形成了两种较为极端的价值认识：一种是完全否定传统文化价值，认为传统文化价值已经不适合现代社会，应该用现代的文化取代传统文化；另一种则认为传统文化价值一直是促进社会稳定发展的主导力量，还应该在当下的社会发展中继续发挥主导性作用。两种认识互不相让，这种价值冲突会随着双方力量的此消彼长而不断变化,在没有形成新的主导价值观以前,冲突会异常激烈。

二是本土文化价值与外来文化价值的冲突。我国的文化转型期除了存在传统与现代的文化价值冲突外,同时还存在本土与外来的文化价值冲突。当下的社会是一个开放的社会,国家与国家之间,民族与民族之间都是相互关联、相互影响的,以前较为封闭的文化环境已经被打破,社会要发展就必须适应这个开放的时代,本土与外来文化的冲突也就不可避免。本土与外来文化的价值冲突,从宏观视角来看,表现为一元价值与多元价值的冲突,我国从古代到当下,都是以一元价值作为指导思想的,重视集体的作用,提倡大一统的思想。我国传统文化从古至今一直没有被中断,汉民族一直没有被外民族所消灭,都是与这个一元价值有直接的关系。而外来文化则是以个体为中心的,追求价值的多元化是一种必然,他们不理解思想和行动的整齐划一,认为文化本来就应该是丰富多彩的,是多元的,而且这种多元文化是可以共存的。本土与外来文化的价值冲突,还表现在本土一元文化与外来多种文化的冲突。外来文化作为一个集合体,共同组成了一个多元文化整体,必然反映出多元文化的特征。从微观视角来看,本土与外来文化价值的冲突,实际上是一种人之思维方式的冲突,具体讲有三对思维方式的对立:中国传统文化的直觉思维与外来文化的理性思维,求同思维与求异思维,整体思维与逻辑思维之间的冲突。正是因为这种思维方式不同,导致他们对外部世界的认识态度和观点不同,认识世界的结果当然也会不同,文化价值的冲突也是不同思维方式导致的结果。

三是个体的精神价值与功利价值的冲突。文化转型期,对个体自身来说也存在着价值的冲突,主要表现为功利价值与非功利价值的冲突。功利价值是指一个人从实惠的出发点来考虑问题,注重行为是否会为自己带来物质利益的功用;非功利价值则是超越了功利价值层面的认识,表现为对精神生活的追求。人生活在社会之中,首先必须要有基本的生活需要,即对功利性方面的价值需求,这是正常的,但如果仅仅停留在物质层面,而不去超越物质上升到精神层面,就可能会导致片面地追求物质享受,使正常的物质价值畸形化;相反,如果仅仅追求精神生活,而忽视物质生活的基础性作用,也会导致生活品质的下降,因为人毕竟生活在现实的社会之中。如在某一个时期所提倡的"越穷越光荣"就是对功利价值的无视。一个人对功利价值与精神价值的选择,往往表现在对"义"与"利"的态度上,古代重义轻利,导致科技发展的落后,而现代重利轻义,造成一些物欲横流,道德感沦丧的社会问题。

二、价值冲突的根源分析

文化转型期价值冲突的原因,主要有以下三个方面:首先是价值主体的多元化及其差异性存在。我国正处在从传统文化向现代文化的转型过程中,这就出现了传统文化的价值主体与现代文化的价值主体,同时,由于全球化发展,中国传统文化受到外来文化的冲击,出现了中国传统文化价值主体与外来文化价值主体,就个体而言,每一个个体都是不同的价值主体。如果只是这些不同的价值主体,他们还不会产生价值冲突,而各种价值主体之间的差异性存在,才是导致价值冲突的根本性原因。就群体的价值主体来看,传统与现代、本土与外来价值主体之间存在着巨大的观念差异,他们所持的价值观念有些是直接对立的;就个体的价值主体而言,每一个个体都是文化的发展者和创造者,他们身上所体现出来的文化样态、文化气质和文化精神各不相同,文化价值观念也存在很大的差异。

　　其次是外来价值观念的影响。中国传统文化经过几千年的发展,文化内涵虽然发生了很大的变化,但其文化的内核始终保持着原有的特点。这也是一个民族文化区别于另一个民族文化内在质的特点。以西方文化为代表的外来文化与中国传统文化在各个方面都存在着较大差异,在经济全球化发展的今天,外来文化凭借各种渠道渗透到中国传统文化的各个领地,并且拥有了一定数量的受众。特别是年轻一代的文化个体,由于受到中国传统文化的影响较小,同时接受外来文化的渠道也便捷,因此受西方文化影响较大。他们所持价值观念与中国传统价值观念也有很大差异,这种差异也会导致年长与年轻群体之间以及不同年轻群体之间的价值冲突。

　　再次是社会主导价值观念的缺失。在文化发展的任何阶段,价值观念不可能是单一的,它始终是多元的,但在这些价值观念中,它们所处的地位是不相同的,有的处于主导地位,而其他的价值观则处于从属地位。特别是在社会稳定发展期,起主导作用的价值观念其地位也非常稳定,这也保证了价值之间虽然有矛盾,但不会产生大的价值冲突。而在文化的转型期,原来的主导价值观被否定,不再发挥主导性作用,而新的主导价值观还没有形成,由于没有了价值选择的依据,这时整个价值选择方面处于一种混乱状态,各种价值观之间的矛盾和冲突不断。"社会主导价值观念的阙失意味着社会失去了统一的价值标准,再加上价值主体的多元化和多种多样价值观念的并存,社会的价值冲突日益剧烈。"①直至形成新的主导价值观,整个社会文化的发展才能再次趋于稳定。

三、价值冲突的调适策略

对价值冲突我们应该有这样一个正确的认识:一方面,从肯定的视角来看,文化价值冲突在文化转型期的存在是正常的,它是文化内部矛盾运动的结果。价值冲突会促进新旧价值的交替,从而形成新的价值体系,促进文化的发展。另一方面,从否定的视角来看,价值冲突会带来价值选择的混乱,如果没有合理的调适,可能会引起文化发展的停滞。"人们面对这种冲突表现出价值困惑实属正常,但是,如果任这种困惑长时期存在,甚至自行发展,对于价值冲突的任何一方来说都会造成不必要的损伤。"②因此,对价值冲突进行适度的调适非常重要。

(一)各种文化价值观的相互吸纳与和谐发展。价值冲突源于价值主体的多样性,而多个价值主体的存在,并不意味着它们之间是互不相干的独立的主体。正是这种多样主体的存在,为不同主体间的对话与协调提供了可能,同时多元价值的存在,也使价值冲突各方的协调成为可能。

首先要尊重价值的差异化存在。在全球化的今天,各种文化的接触已成为必然,不同文化与文明之间的差异愈发凸显。只有正确对待这些差异,才能处理好各种文化之间的价值冲突。差异是事物存在的基本形式,同时也是事物发展的前提和动力。没有

---

① 姜锡润、王曼:《论社会转型时期价值冲突的根源与价值观重建》,《武汉大学学报》(哲学社会科学版)2005 年第 2 期。

② 吕本修:《价值冲突的效应与调适》,《理论学刊》2014 年第 9 期。

差异,就意味着同质化,也就意味着发展活力的缺失。正是因为各种文化之间存在着差异性,才推动了文化与文化之间的冲突与融合,促进了文化的整体发展,文化差异可谓文化发展和文明形态嬗变的直接动力。"在今天的全球化进程中,文化差异性意味着文明多样性,承认并尊重不同民族的文化差异,也就是承认其他民族存在的合理性。因此,承认并尊重文化差异,是化解文化冲突的前提。"①

其次要加强交往与沟通。之所以会出现文化的激烈冲突,是和不同文化主体之间的极端态度分不开的,持极端文化态度的人一般都比较固执和保守,不愿意与他人交往,更不愿意听从别人的意见改变自己的观点。这样的做法只会带来文化发展的动力不足,最终导致文化僵化直至衰落。不同文化之间需要加强交往与沟通,这种交往与沟通就是一种对话。这种在差异基础上不同主体之间的对话,是一方在表达自己观点的同时,能够更好地倾听另一方的观点,然后反观自己的主张,找出两者之间的差异,通过思考,做出必要的改变。改变的结果,就是一种新的观点的诞生,这种新观点是在自己原有主张的基础上融合了另一方对话者的部分观点,是对原有观点的丰富和发展,对话的双方对对话的内容都获得了新的理解和认识。不同文化之间的交往与沟通也是如此,通过这种交流,不同文化主体之间增进了了解,认识到对方哪些地方是落后的,应该舍弃的,哪些地方是优质的,应该汲取的,并且互相以对方的优秀文化元素为资源,实现优势互补,化解不必要的文化冲突。

再次是促进不同文化的和谐发展。文化的和谐发展,表现在

---

① 陈少雷:《文化价值冲突及化解》,《社会科学家》2015 年第 3 期。

两个方面:一是承认其他文化存在的合理性。激烈的文化冲突,往往是以自己的文化取代其他文化为出发点,这实则是一种排他性的认识,这种认识是极其片面的。每一种文化都有其存在的价值,各种文化是可以共存共荣的。二是保持自身文化的独立性,即做到和而不同。各种文化之间的交流与融合,并不是要取消各种文化自身的个性,我们提倡的和谐是在文化多样性和差异性基础上的和谐,而不是单质化的同一。

(二)主导文化价值观的确立。"主导价值观是在人们的价值观念体系中处于主导、支配地位,充分反映时代精神的价值特征,体现整个价值体系的基本价值取向,凝聚人心,统摄其他价值观念,反映现实生活和社会发展的基本内在要求和趋势,规范行为,稳定秩序,为人与社会发展提供统一的价值目标和价值导向的核心价值观。"①主导价值观具有统摄性、普遍性和理想性的特点。文化价值的冲突和主导价值观的缺失有着直接的关系。在文化稳定发展时期,发挥主导作用的文化价值地位比较稳定。在文化转型期,主导价值观受到了冲击,其主导性地位已不复存在,整个文化体系失去了价值评判的依据,文化的冲突也就不可避免。

重建主导文化价值观,一是要对中国传统文化和现代文化进行整合,即对中国农业文化、工业文化和信息文化的整合。我国目前同时存在着农业文化、工业文化以及以信息化为主要特点的后工业文化。三种文化形式都有自己不同的价值诉求,同时自身也存在着弊端。它们从不同的角度冲撞、困惑着广大的中国民众,造成价值选择的障碍。对待中国传统文化与现代文化的正确

---

① 陈士兵:《论社会转型时期的价值冲突和主导价值观的确立》,《黑龙江教育学院学报》2006 年第 1 期。

态度是对它们进行整合,那种相互排斥的态度是不足取的,整合两种文化形式就要以传统文化中优质文化为主体,摒弃传统文化中不适合当代社会发展需求的那部分内容,同时汲取现代文化中的合理元素,对它们进行从形式到内容的深度融合,这种融合不是对它们简单的量的相加,而是真正起到"化学反应",使之生成一种新的文化形式和内容。这种新的文化对原有的几种文化形式又能起到很好的推动作用,它是在继承原有文化形式基础上的一种文化创新和发展。

二是要建立以中国一元价值为主导,其他多元价值为辅助的多元并存的文化价值体系。我国从历史到现在都是坚持一元的价值思想,而全球化让我们又不得不面对多元文化价值的冲击。在目前的中国,一元价值思想其实就是一种集体主义的价值观念,而多元价值思想则更多地表现为一种个体主义的价值观念。社会转型期面对着一元集体主义价值受到的冲击,社会上也出现了要不要某一种价值作为指导思想的困惑。事实上,个人多元价值和一元集体价值是可以统一起来的,因为集体是由个人组成的,个人不能离开社会集体而独立存在,我们既要尊重个性自由,尊重个人利益,同时个人价值的实现又是以集体利益为社会条件。我们目前所坚持的一元价值思想,不应否认或排斥多元价值思想,更应该本着百花齐放、百家争鸣的宽容态度,尊重不同形式的价值观念,努力把社会价值与个人价值统一起来。主导文化价值应该是一种"人民本体论"的体现,一方面它是一种集体主义价值观,同时它又把集体和个人结合起来,集体尊重、保护并发展个人正当的多元价值观点,而个人价值只有与集体价值结合起来,其价值才能得到保障,才有可能得以实现。

三是积极探求建立一种更具有普遍性的文化价值体系。主导文化价值观念作为一定时期内社会民众进行价值选择的标准和依据,其内容并不是一成不变的,它会随着文化的发展而做出必要的调整,而调整后的价值观念更具有适应性,经过长时间多频次内容的不断调整,主导文化价值观会变得越来越具有普遍性的特点。普遍性价值是在各种不同形式的价值之间寻求共同点、契合点,力图使冲突的各方实现一种价值的融合,这种融合既尊重了各方价值主体的诉求,同时又是对原有价值内容的创新和发展,用它来指导社会价值的取向和评价,各方价值主体都会认可并接受,因此它更具有普遍性意义。这种普遍性价值体系并不意味着统一性和同质化,相反,它是建立在多元价值主体之间尊重、理解、宽容、对话基础上的创生,它是一种在个性基础上的共性价值观念,对更广泛的价值主体都具有指导性作用。这种普遍性的价值体系不是一朝一夕建立起来的,它需要经过较为长期的价值冲突之后,内容和形式才逐渐得以沉淀并慢慢形成。也许在某一个具体的时间节点上,它还不具备普遍性的特点,不为某些价值主体所接受,但其发展的方向无疑是向着各种价值和谐共存、共同发展这一目标迈进的。

第三节　文化转型期阅读教学的新探索

20 世纪 70 年代末,阅读教学在各个方面做出很大的调整,在阅读教学的观念和教学目标方面,在对教材内容的选择方面以及在教学过程中对文本解读方面,都做了许多有益的探索。这一时期的阅读教学,可分为两个大的阶段:第一个阶段从 1978 年到 2000 年,是阅读教学的恢复与建设时期;第二个阶段从 2001 年至现今,是人文教育的探索期。

一、阅读教学的恢复与建设

　　1978 年 4 月召开的全国教育工作会议,标志着教育工作重新回归其本质,阅读教学终于可以根据自身的特点和规律来探索教学途径和方向了。叶圣陶、吕叔湘、刘国正、张志公等一大批语文教育家纷纷发文,历数阅读教学中存在的弊端和问题,并对如何实施阅读教学发表自己的看法,这些都为语文教育政策的制定及阅读教学理论体系的形成做了很好的铺垫。1978 年 2 月和 3 月,教育部先后颁发了《全日制十年制学校小学语文教学大纲(试行草案)》和《全日制十年制学校中学语文教学大纲(试行草案)》。大纲认真总结了新中国成立以来中小学语文教学的经验和教训,重新明确了语文学科的性质、目标和任务,并对阅读教材与教学方法提出了原则要求。1992 年 6 月,国家教委在原有 1988 年"初审稿"的基础上,正式公布了《九年义务教育小学语文教学大纲》和《全日制初级中学语文教学大纲》的"试用本",教学内容减低了难度,小学阶段不涉及文言问题,也不正面涉及文学问题;初中文言教学分量不大,占课文总数的 20％左右,且要求也不高,只提到"了解内容"和"顺畅地朗读",要求背诵的内容也不多。文学部分提到"初步具有欣赏文学作品的能力",但大部分内容又是以"实用文体"为主。整体来看,《大纲》符合全面提高学生素质的精神,在思想性、科学性、可操作性和可检测性上较以往有了很大的提升,受到了广大老师和教研人员的一致好评。1996 年问世的《全日制普通高级中学语文教学大纲》(供试验用),变实用文体为核心为文学为核心、文言为重点,建立了包括文章、文学、文言及文化的多元教学体系,安排了现当代文学作品和中国古典文学作品的理解、欣赏和评价内容。下表中的数字是最初教材构想中的单元数目：

1997 年人教版高中语文教材单元配置表

年级	现代文理解、评价（含文化论著）	现当代中外文学欣赏、评价	中国古代文学理解、欣赏
高一	6 个		6 个
高二		6 个	8 个
高三文科	5 个	4 个	4 个
高三理科	2 个	2 个	1 个
高三实科	3 个	2 个	

（引自刘占泉：《汉语文教材概论》，北京大学出版社，2004：120）

　　每次教学大纲的颁布，都极大地鼓舞了广大语文教育工作者对阅读教学研究的热情，各种语文教研刊物相继开办，发表的学术论文不计其数，从 1980 年到 1989 年十年时间里，仅编写出版的各类"中学语文教学法"就有四十余种。对于专门阅读教学的研究也更加深入，1980 年著名心理学家潘菽主编的《教育心理学》问世，论述了有关语文教育的心理学问题，对于从心理学角度研究语文教学具有开创性价值。1983 年，钟为永的《语文教学心理学》出版，从心理过程的视角论述了学生学习语文的心理活动规律和语文教学的科学方法；第二年朱作仁的《语文教学心理学》出版，该论著以培养能力、发展智力为重点，论述了语文教学领域中的心理学问题；1986 年，谭惟翰的《语文教学心理学》出版，论著提出了语文教学心理学的学科体系建设。在语文教学心理学研究的基础上，阅读的心理学问题也逐渐引起人们的重视，早在 1982 年，韩雪屏、张春林和鲁宝元就联名发表文章，呼吁建立一门"阅读学"，建议把阅读过程中的心理活动规律作为研究的重点。从那以后,阅读学的建立和发展取得了明显成效,出现了一大批阅读方面的论著,有张之的《读书的艺术》、顾晓鸣的《阅读的战略》、高瑞卿等的《阅读学概论》、马登龙的《阅读概说》、董味甘等的《阅读学》、王继坤的《现代阅读学》,对阅读方面的研究越来越深入。1991年,由曾祥芹和韩雪屏共同主编的"阅读学丛书"出版,包括"阅读学原理"、"阅读技法系统"、"文体阅读法"、"古代阅读论"和"国外阅读研究"五个方面,内容极其丰富,可谓中国阅读学研究的集大成者。

这一时期的阅读教学研究虽然取得了很大的成绩,但这都没有改变工具性教学的本质,这种工具性教学造成人的片面发展和人的异化,产生社会上人文精神的危机。1993年,王晓明等人在《上海文学》发表了《旷野上的废墟——文学和人文精神的危机》,引发了全国范围的关于人文精神的大讨论。四年以后,1997年《北京文学》先后发表了《女儿的作业》等三篇文章,公开对当时的语文教学提出批评,再次引起了全国的语文教学大讨论并在社会上持续发酵。

二、人文教育的探索

作为语文教育大讨论的结果,2001年教育部颁布了《全日制义务教育语文课程标准(实验稿)》,明确指出"工具性与人文性的统一,是语文课程的基本特点",并根据这一课程性质的定位,对语文课程的教育目标、教育理念、教育内容、教育评价等各方面做出很大的调整。阅读教学也从此走上了工具性、人文性相统一的新的教育阶段。新课标指导下的语文阅读教学,呈现出新的教学气象,课堂教学开始关注学生个性、情感等人文精神的发展,注重学生综合素养的全面提高;改变以往单一的讲授式教学,而采用以学生为主体的自主、合作、探究相结合的多种教学方式；开始鼓励并尊重学生对文学作品进行多元化解读；认识到美育之于学生的重要作用，并根据文学作品的人文内涵，在课堂教学中进行了对话教学、审美教学、体验教学、陶冶教学等新的教学方式的探索和实验。

这一时期的阅读教学改革，呈现出这样两个特点：一是参与改革的人以文化学者和文艺工作者为主，因为对语文教育的批评首先是由他们发起的，他们也就当仁不让地成为这次改革的主力军，而真正的教育专家则沦落为看客；二是大量的文艺理论被引入阅读教学中，如何在教学过程中解读文本成为核心内容。新时期的语文阅读教学虽然比之以往有了很大的改观，但新的问题也随之产生，文艺理论指导下的阅读教学，忽视了教育本身的特点和规律，虽然取得了一定的成绩，但这种貌似繁荣的阅读教学背后，出现了"泛语文"和"反文本"的现象。"泛语文"就是泛化了语文的内涵，对语文作无限的延伸，"反文本"就是取消了文本的确定性。它表面看来是"人文性"教育，或者叫"创造性阅读"，实际上它会把语文教育的实质性内容从内部掏空，使语文教育空壳化、空洞化、空虚化。这种教学表面上看是在进行一种人文价值的教育，关注学生情感、个性、生命的总体生成，其实他们存在一个共同的失误：忽视语言的重要作用，脱离文学本体的第一要素——语言来组织教学，这就使得文学作品中的人文内涵，成了没有躯体可依托而四处游荡的灵魂，而所谓的审美教学、生命教育也就变成了一种说教，这种阅读课只是一种人文精神的说教课。这一阶段的阅读教学，由于受到社会方面的干预以及文学研究领域关于人文精神发展的影响，教学开始重视文化育人的功能的发挥，并走向了人文性教育的道路，开始重视作品中"道"对于人的文化成长的作用,以作品中的人文内涵来组织教学。但是由于片面地强调了"道"的作用,而没有注意"文"与"道"的和谐统一,造成"道"无"文"为依托,终于变成了有名无实的"人文教学",这种"泛语文"和"反文本"现象,使阅读教学变成了人文说教的工具。

一些教育专家开始从文化的视角来研究教育问题,如刁培萼的《教育文化学》、郑金洲的《教育文化学》,以及《课程与文化》、《文化变迁与教育发展》、《中国传统文化与教育》、《文化的传递与嬗变——中国文化与教育》、《教育学的文化性格》、《传统文化与教育现代化》、《文化与教育》、《亚文化与教育演进》、《中国基础教育的文化使命》、《中日民族传统文化与教育现代化的比较研究》等著作,都是从文化的视角,来探讨文化与教育之间的关系,探讨教育更为本质的文化问题。曹明海教授的《语文教育文化学》与《语文教育文化过程研究》,开启了文化视角研究语文教育的帷幕,为阅读教学的文化价值研究提供了必要的理论支持。然而,文化是一个极其庞杂的范畴,要完成阅读教学中的文化育人问题,需要在前人研究的基础上不断地作理论与实践的探索与创新。从文化价值视角研究阅读教学问题,也正是在这一背景下展开的。

第四节　文化转型期阅读教学文化价值取向的思考

文化转型期的阅读教学不同于文化稳定期,在文化稳定发展期,整个文化系统较为成熟,阅读教学可以从成熟的文化成品中挖掘文化养料,完成以文化人的教学任务。而在文化转型时期,由于缺少完整而又成熟的文化体系,没有现成的文化养料用于教学,在这一背景下阅读教学首先必须组织对文化的建设,在文化建设的基础上,再实施阅读教学,阅读教学必须把文化建设与文化教育结合起来进行,这是由文化转型期的时代特点决定的。阅读教学中进行文化教育,可以从两个方面来考虑:一是站在时代发展的角度看,新的社会发展时期对阅读教学提出新的要求,这表现为民族文化的现代建设以及培养现代文化人的问题;二是从历史的角度回看阅读教学发展历程,从古代、近代及现代阅读教学中总结经验和教训,用以指导当下的阅读教学,使阅读教学活动能够沿着一条正确的道路发展。这包括阅读中学习者处于一种什么样的地位,以及如何正确地解读教材中的作品,实现阅读教学的文化价值。鉴于此,当下阅读教学文化价值取向,可以按照这样一个思路进行:一是从较为宏观的视角明确阅读教学与文化在这一阶段的相互关系,确定阅读教学的文化使命;二是完成现代文化人的目标设定,这也是对传统阅读教学经验教训的总结,传统阅读教学是以社会价值为本位的,总是忽略了个体的"人"才是教育的出发点和目标。只有确定了什么是符合时代发展要求的现代文化人,阅读教学才可能确定文化育人的培养目标,而现代文化人主要表现在应具有怎样的文化价值观念上;三是对课程设计的重新思考,课程设计要考虑到社会、学科知识以及学生三个要素的需求,而不能再固守原来社会本位的一元论的课程设计理念;四是在教学方法方面如何实现传统文化价值的现代化问题,即怎样对文化经典做时代性阅读。作为阅读内容的文化经典其承载的文化元素是固定的,但不同时代对阅读教学的要求又不会相同,新时期如何通过这些文化经典实现阅读教学目标,就必须用批判性的态度对文化经典的价值做出解构与重构。

一、阅读教学与文化的关系及其文化使命

（一）文化转型期面临的文化问题。中国文化是中华民族数千年的智慧结晶，中国传统文化是汉民族先辈传承下来的丰厚遗产，哺育了一代又一代的中国人，它曾长期处于世界领先地位，但是，如今它却遭到了国人的怀疑甚至否定，面临着严峻的生存危机。文化的危机，主要是由两个方面的冲突造成的：一是传统文化向现代文化转型的过程中出现的问题，即文化的"传统与现代"带来的问题；二是中国文化面对世界文化的冲击造成的文化本土化问题，即文化的"民族化与全球化"带来的问题。

首先，来看传统文化的现代化问题。文化有继承性，又有时代性，它应该随着时代的发展而变化。文化的发展，既包括其自身内部各要素的矛盾运动而引起的发展变化，又包括由于外部因素的影响而引起的变化。回顾代表我国主体文化的儒家文化的发展历程，我们会发现，文化的发展史正是一部儒家文化自身的发展变化和儒家文化与外来文化相互融合的文化变迁史。这种文化的与时俱进，也是我国文化在漫长的封建社会一直领先世界其他地域文化的原因。但是，从明朝中期以后，由于政治上的高度集权、思想上的过度僵化，致使文化发展无力。再加上盲目实行封闭的对外政策，以及由于文化的长期繁荣形成的自我文化中心的心理，在思想上抵制外来文化并拒绝对自我文化进行变革，终于导致文化的僵化，并最终被西方文化超越。这种文化的僵化，反过来又影响了政治、经济的发展。从某种意义上说，清朝末期我国之所以会沦为半殖民地半封建社会，从更深的层次上看，不是由于西方列强的坚船利炮，而是由于我们文化的落后所致。可以说，从 19 世纪中后期起，当时的仁人志士就开始了探索中国文化发展的道路,五四以后的新文化运动,把科学和民主引入中国文化之中,丰富了中国文化的内容,但是,在"打倒孔家店"的口号下,传统文化被无情地抛弃。新中国成立后,在马克思主义指导下的社会主义文化成为我国的主流文化。但是,在"文化大革命"的十年动乱中,文化遭到彻底地破坏,传统文化更是受到否定和颠覆,中国处于文化的"真空"之中。回顾近代以来我国文化变迁的历史,我们发现,文化的危机实质上是中国传统的农业文化向现代的工业文化进化的问题,在这个过程中,如何对待中国的传统文化,成为问题的核心。可惜的是,无论是持"复古主义"文化观,还是"折中主义"文化观,抑或是"全盘西化"文化观,都是以二元对立的观点来看待中国文化与西方文化,没能找到中国文化发展的正确道路,也没能解决如何正确对待中国的传统文化问题。

其次,再来看中国文化的民族化问题。20世纪的后半期,人类社会进入了一个新的文化转型期,在短短的三十多年里,世界发生的巨变是过去任何历史时期都无法比拟的。电脑被广泛地应用到生产和生活的各个领域,使人类生存的空间发生急遽的变化,世界进入到了信息化时代;经济全球化使不同的国家之间、不同种族之间、不同民族之间的人们交往日益频繁,人们相互依赖的程度大大提升;高速发展的互联网、电讯、多媒体、信息高速公路深刻改变着人们的思维方式、生活方式、交往方式以及生存方式。这一切都为人类各种文化的交流、融合、转型、发展创造了条件,同时,这种文化的敞开与"亲密接触",也带来了文化的撞击,造成原有文化秩序的混乱。如何对待本民族的传统文化以及如何确立新的文化范式,成为每个国家、地区和民族不得不面对的严峻问题。中国文化在从传统文化向现代文化转化的过程中,本来就没有处理好如何对待传统文化和如何建设新的时代文化的问题,又遭受到世界文化转型带来的冲击,因此,出现文化危机现象也就不可避免。

(二)阅读教学与文化的相互关系。阅读教学与文化的关系,表现出两种形态。其一,阅读教学与文化之间呈现出一种相互依存、相互制约的关系。这出现在文化相对稳定的发展时期,这时的阅读教学与文化之间,是一种相对平衡的关系:一方面阅读教学与文化两者本身都在进行着发展变化,同时,两者中任何一方的变化又会对另一方的发展产生影响,促进其也发生相应的变化。从文化方面来看,随着人类社会实践活动的不断发展,人类的社会文化也会不断地发展变化;同时,各种文化之间相互交流、相互融合,也会促进文化不断地发生变化。这种文化的变化又会要求教育做出相应的调整,以使新文化特质得以传递和深化,新文化对教育的内容、教育的方式等方面产生新的影响。从阅读教学方面来看,教学的内容必须符合教育者认识事物的客观规律,不是所有的文化形式不经过教育者的加工就可以直接被作为教育内容的,它必须符合人类认识事物的心理规律,即必须经过教育者的选择、整理和提炼的教育内容才可以用于教育。同时,所实施的教育内容还必须符合受教育者的身心发展规律,要根据受教育者的特点对教育内容做出加工和改造。这种在教育中对文化的加工和整理,本身就是对文化的一种推动和发展。阅读教学与文化之间因为自身和对方的发展总会打破它们之间的平衡关系,但这种不平衡又会很快地得到恢复,因此,这一时期文化与教育之间的关系总体来说是一种动态的平衡关系。

其二,阅读教学与文化之间又呈现出一种割裂关系。这种关系出现在文化受到激烈冲击的文化转型时期,这时阅读教学与文化之间的动态平衡被打破,关系出现割裂,教育与文化会走向艰难的重组与建构的道路。在文化转型期,由于原有的文化被否定,而新的文化形态又没有被确立,因此会出现文化的"虚位"现象。转型期的文化对教育产生了严重的影响,由于文化制约着教育的目标、内容和方式等方面,文化的缺失使教育失去发展的方向,造成教育秩序的混乱,如新中国成立以来语文教育先后出现了思想政治教育、语言工具教育和泛化人文教育的现象,都是与文化的缺失有着直接的关系。建立适合本地域、本民族特点的,反映文化发展趋势的新文化是这一时期的迫切要求,而在文化重组与建构过程中,发挥主要作用的,就是教育。

阅读教学文化价值的取向,在不同的文化发展时期表现出不同的特点,在文化发展的稳定时期,阅读教学和文化紧密相连,成熟的文化模式和体系不仅为阅读教学提供了丰富的内容,更为其提供了教学的灵魂。阅读教学的过程,不仅是学生获得语言知识和提升语言能力的过程,更是民族文化得以传承的过程和受教育者获得文化成长的过程。这一时期的阅读教学的教学目标、教学内容以及教学方式等都非常明晰,实现了工具性(文)与人文性(道)高度融合。而到了文化的动荡期,原来的文化受到冲击,新的文化形式和体系没有形成,此时的阅读教学与文化出现了背离现象,阅读教学因失去文化的支持而变得肤浅和形式化,教学目标、内容和方式都出现了偏差,阅读教学变成了一种传递内容信息和语言形式的工具性教学,在价值的取向上,完全表现出一种工具性的价值取向特点。

(三)文化转型期阅读教学的文化使命。面对着文化转型期严峻的文化问题,阅读教学只有树立正确的文化发展观,才能适应文化现代化的发展趋势,构建反映本民族特点和时代发展要求的崭新文化。一是必须继承本民族的优秀传统文化。一个民族文化的创新和发展,离不开这一文化的母体,它是在汲取母体文化养分的基础上发展演化的。那种完全脱离原有民族文化而建立起来的新文化是没有根基、不稳固的。从文化的传承和发展看,各民族都有强烈地保存自己文化传统的趋向,这种趋向"与人类一定领土范围内的社会生活方式有关,因为特有的文化不仅是相同民族互相认同、互相帮助的重要标志,而且是各民族在世界民族之林中表现民族自我的重要标志,是造成一个民族自尊心、自豪感的重要精神力量"①。我国几千年的文明历史,创造了光辉灿烂的民族文化,在这些文化之中,有些内容因时代的变迁已不适合当代社会发展需要,我们对此要舍弃;而有些内容依旧闪耀着人类不朽的光辉,是我们建设时代文化必不可少的养料;还有一些内容需要我们对其进行相应的改变后才能进入现代文化的熔炉。在对待传统文化的态度上,我们绝不能不做分析地一概否定,这也是目前阅读教学面对的最为严峻的问题。

　　二是必须积极吸纳国外一切先进的文明成果。事物的发展离不开内因和外因的共同作用,文化的发展也是如此。近代中国贫穷落后的历史已经说明,对外来文化持一种排斥的态度是行不通的,只会致使本民族文化发展乏力,最终导致文化的枯萎、僵化甚至灭亡。当今网络时代拉近了世界各个国家和民族之间的距离,每一个民族要面对着其他外来文化的冲击,如何汲取外来文化的精华以充实本民族文化,加强本民族文化在世界文化中的地位,这也是阅读教学亟须解决的问题之一。但是,汲取外来文化

---

① 傅维利、刘民:《文化变迁与教育发展》,四川教育出版社 1988 年版,第38 页。

的文明成果,并不是不加分析地全盘接受,外国文化中也有一些不适合我国文化特点的内容,甚至还有一些文化的垃圾,我们一定要谨慎对待。

三是必须不断地对文化进行创新。建设先进文化固然离不开文化的继承,但更重要的是对文化的创新。文化是社会实践的产物,也必然随着实践的发展而发展。民族文化和外来文化都是彼时彼地的创造,人们不能简单地照搬照抄到此时此地,必须结合时代的特征和新的社会实践需求不断进行创新,唯此才能构建超越前人,反映时代精神,与先进生产力相适应的先进文化。从我国和人类文化发展的历史看,封闭、僵化是文化走向衰亡的重要原因。我国文化之所以能够绵延几千年而不消亡,除了因为中华文化的深厚底蕴外,更得益于自身善于吸纳和融合各种文化的创新能力。面对今天的文化问题,我们更需要对传统文化和外来文化做出大胆的吸纳、创造和更新。

二、现代"文化人"之文化价值观的设定

传统阅读教学最大的问题,就是个体"人"的缺失,整个教学过程都是以社会需求为主导。阅读教学对现代文化的建设,首先必须对一些文化观念做出设定,这样在教学中进行文化价值选择时才能有相应的依据,才能确定阅读教学对人的培养目标以及如何选取文化教材作为教学内容等。而现代文化人的内涵不是从外显的表征看出来的,它属于意识范畴,表现为一种文化价值观念。现代文化人的文化价值观念一般包括人生价值观、道德价值观、生命价值观、科学价值观、环境价值观等,这里我们主要从相对重要的前三个方面来探讨现代文化人应具有什么样的文化价值观。

　　（一）人生价值观的确立。"人生价值观即是人生价值的观念反映，是人们对人生价值的根本看法和态度，是人们在对自己的人生价值自觉或不自觉地进行评价的过程中形成的。它也是人们对人生目的、意义的基本观念，是人们对自身生活道路、生活方式选择的基本理念，是人们对人生活动进行评价的基本依据。"①人的存在是一种有价值的存在，人生的价值要处理好几组关系，包括自我价值与社会价值、潜在价值和现实价值、创造的价值和享受的价值，对这些关系的不同态度，就形成了不同的人生价值观。我国古代一直重视集体主义人生价值观，强调群体利益高于一切，为了群体利益可以不惜牺牲个人利益。这种价值定位有利于维护整个社会的稳定，形成了"先天下之忧而忧，后天下之乐而乐"、"人生自古谁无死，留取丹心照汗青"爱国爱百姓的家国情怀，但同时让个体表现得共性十足而个性缺失。改革开放以后，在经济建设大潮的冲击下，个人主义人生价值观又成为意识的主流，"人不为己，天诛地灭"的思想指导着个体的社会实践活动，甚至为了个人利益可以损害社会或他人的正当利益。在创造的价值和享受的价值之间，古代对个人价值的考量是以个人所创造的价值为标准的，"立德、立功、立言"成为最高的人生价值标准，而这些都是指向个体对社会或他人创造的价值的。现代社会中，追求享乐的价值观念取代了创造价值的观念，把追求自身物质、肉体的需求作为生活目标，追求眼下生活的享受和快乐，有些还表现为拜金主义和拜权主义，以此为自己的享乐生活服务。

　　确立现代正确的人生价值观，就要处理好几组关系。一是要处理好自我价值和社会价值的关系。现代年轻一代对自我价值

---

① 刘济良等：《价值观教育》，教育科学出版社 2007 年版，第 44 页。

的理解过于偏颇，以为自我价值就是一切以"自我"为中心，为了实现自我价值可以完全不顾及其他人或社会的价值。殊不知每个人都不是孤立地存在的，个人自我价值的实现更离不开他人的协助以及社会大环境的支持。社会由无数个个体组成，纯粹的个人是不存在的，从人的本质来看也是表现人的社会性上。因此，我们一方面鼓励建立正当的自我价值观念，但同时又要认识到自我价值与社会价值的关系，在实现自我价值的过程中，不断为社会价值的实现及他人的发展提供必要的帮助，使二者相互促进，和谐发展。二是要处理好物质价值和精神价值之间的关系。人是文化的动物，这就决定了每一个个体既有偏重于肉体的物质生活，同时又有着偏重于精神的文化生活。在古代对人的教育上偏重于精神世界的建设，表现为"重义轻利"，而随着现代国家对经济建设越来越重视，年轻一代重物质轻精神的倾向日益明显，普遍表现为以金钱作为衡量人生价值的标准，缺乏高尚的精神生活，更没有崇高的人生理想。事实上，物质生活与精神生活是不可分割的，一方面我们要追求更高品质的物质生活，同时又要树立崇高的理想，追求更有意义的精神生活，创造更丰富的精神价值。三是处理好创造价值和享用价值的关系。现代社会不是封闭、自给自足的，而是一个共建和分享的社会，我们每天都在享用着他人所创造的价值。学习的汉字是古人创造的文化符号，言语作品是他人创造的精神财富，我们的吃、住、行等各种生存的必需品都是他人创造的财富。没有社会群体中一个个个体创造的价值，我们几乎无法生存。一个人的成长在初始阶段往往都是以享用他人创造的价值为主，因为在进入社会之前，学习阶段的个体创造价值的能力还极为有限，但这并不妨碍树立创造价值的意识。有了"人人为我，我为人人"的观念，才可能在具备一定能力的时候,积极主动地去创造价值,回报他人与社会对自己前期的价值的馈赠。但创造价值的过程是艰难的,有时还是非常痛苦的,正因为如此,现代许多年轻人更愿意享用价值,而不愿去承担创造价值的责任,这就要帮助他们认识创造价值与享用价值之间的关系。如果人人都不去创造价值,那人人也就没有价值可以享用,同时又要树立远大的目标和锻炼坚强的意志力,在创造价值的道路上砥砺前行。

　　(二)道德价值观的确立。道德价值是指人们的道德实践活动对个人、群体和社会所具有的意义,而道德价值观就是一个人对有关道德价值所持有的观念和态度,"是指个体对事物做出是否具有道德价值的判断时所持有的内在尺度⋯⋯在实际社会生活中,个体追求何种道德生活、崇尚何种道德信条、接受何种道德规范、作出何种道德判断和道德评价、欣赏何种道德行为、选择何种道德行为、如何实施其道德行为,以及产生何种道德情感体验等,这一切无不受到个体的道德价值观的支配、调节和控制"①。一个人的道德价值观对其道德活动有决定性作用,有什么样的道德价值观,就会信奉什么样的道德信条,坚守什么样的道德规范,做出什么样的道德行为。一个社会或国家要维护其和谐稳定的发展局面,从外在的方面是通过法律的约束,从内在的方面则是通过道德规范的力量。特别是对于我国这样一个有着几千年伦理道德传统的国家来说,树立现代发展需求的正确的道德价值观,对指导人们的思想和行动尤为重要。我国古代传统的道德价值观过于强调个人对集体的顺从,国家层面强调"忠",家庭层面强调"孝",已经不再适合新时代发展对道德价值新的要求。而现

---

① 李红:《道德价值观的结构及其教育模式》,《教育研究》1994 年第 10 期。

代社会又因为道德价值观的缺失造成一系列道德行为失范的问题，都让我们看到建立现代道德价值观的必要性和紧迫性。

现代道德价值观的建设，包括多个方向和多个层面，一是要继承中国传统美德。道德价值观的建设不是凭空想象臆造出来的，它是对原有的民族传统道德价值的继承和发展。我国古代的许多封建伦理道德内容已经不能适应现代社会发展的需要，但这并不是完全否定传统的道德价值，在这中间还有很多值得汲取的优秀的道德元素的营养，这也是建设现代道德价值所必须依赖的内容基础，失去了这些传统美德，我们的道德价值观就会失去民族性的特点，甚至还会因水土不服而无法生存，以中国传统美德为根底建构起来的道德价值观才会更适合中国的土地。二是要提升个人道德品质。一个人的道德修养决定着这个人的道德行为的优劣，我国古代就注重对个人道德修养的培养，知识分子要以"君子"的标准来要求自己，并对"君子"的内涵做了丰富的阐释，并在践行中提出要"慎独"，以内在的修养指导自己的言行。这些对个人道德品质的标准要求以及完善修养的方式，对中国两千多年的道德建设产生了深刻影响，对现代个人道德品质的建设依然具有借鉴意义。当然，对"君子"标准的设定应具有时代赋予的内涵，摒弃古代"忠"、"孝"中不合时宜的元素，增加个人有关人性的关怀以及对生命意义终极拷问的普世性内容。中国进入现代社会以来，对古代道德价值采取完全否定的态度，又没有建立新的道德价值标准，同时，在教育中多把教育对象作为一种工具对待，后期用思想政治来代替道德建设，这对个人的道德品质修养造成了很大的破坏，因此，新时期对个人的道德价值建设任务艰巨而且刻不容缓。三是社会公德的确立。社会公德是全体社会成员在公共活动中都应该遵守的最基本的行为准则。我国古代对社会公德的建设历来不是非常重视,公共性活动缺乏较为统一的标准,完全依照较为强大的个人道德修养来维系群体活动,一旦内在的个人道德修养建设遭到破坏,社会公德更是无法得到保障。近代由于没有建立较完备的道德体系,社会公众活动多依赖于外在的法律来维系,这是一种体制不健全的表现。在现代社会生活中,各种不文明的行为处处可见,人们似乎对此已经见怪不怪了,但这种缺失社会公德约束的行为一旦走出国门来到国外,受到的质疑与批评就会显得格外的刺耳,一些外国人还特意为中国游客贴上了某种标签,甚至明确表达出不欢迎的态度,这些都和我们当下社会公德体系的缺失有关。好在人们对此已经开始觉醒,认识到问题的严重性,主动开始建构社会行为的相关准则,并能以此来约束自己的行为,这都为下一步社会公德体系的建立做了很好的铺垫。

　　(三)生命价值观的确立。生命价值观就是人们在对生命做深入了解的基础上对人之生命意义的认识。人的生命是宝贵的,我们都应该珍惜自己的生命,同时人之生命又是丰富的,它不仅包括自然生命,同时又包含精神生命,这说明了生命价值的复杂性。什么样的生命才更有价值,在一定条件下如何处理自然生命与精神生命的关系等,都是需要考虑清楚的问题。"生命中最有价值的事,莫过于生命本身。"①我国古代社会重视集体价值而忽视个人价值,所以作为个体形式出现的生命价值,经常会作为被牺牲的对象,同时,古代社会重视人的精神生命的价值而忽视自然生命的价值,人们经常会因为尊严、名声、脸面等原因而不惜舍弃自己的生命。近代以来,虽然受西方文化的影响,个人价值也

---

① 王定功:《生命价值论》,教育科学出版社 2013 年版,第 82 页。

越来越受到尊重,但由于文化惯性的力量,以及教育中对个体生命价值的误导,个人的生命价值始终并未得以彰显。我们也经常痛心地看到,许多年轻的生命因没有正确生命价值观的指导而夭折,那些对生命无知而肤浅的认识让人不禁为之扼腕叹息,同时也更凸显出建构现代生命价值观的重要意义。

　　建构现代生命价值观,一是要认识到生命的有限性,敬畏生命。生命对我们每个人来说只有一次,是不可重复的。而且生命是有限度的,最终都将走向死亡,正因为生命的这种有限性,才更显得它的珍贵。我们每个人都应该珍惜生命,敬畏生命的伟大,在有限的时间里活出自己的风采,不可浪费时间,更不要随便舍弃自己的生命。二是要认识到生命的独特性。每个人的生命都不是父母生命的简单复制,都是独一无二的,都具有独特的生命风格,而正是这些独特的生命,构成了这个丰富多彩的世界。我们不要一味去羡慕别人生命的优势,而应该发现自己生命的特点,过自己与众不同的人生。三是要认识到生命的创造性。人的生命不是生而注定的,它是未定性的、敞开的,它有无限发展的可能,人类的不断进步与发展,都是由生命的创造性决定的,创造性也是生命的基本特征。人类的种生命就像是一个长长的链条,每一个链条都是那个时代生命的凝结,它既承接了上一个时代的种群生命,同时又在前人的基础上做了创新,每个人都应该积极主动地创造自己的生命意义,推动人类生命不断向前发展。四是要认识到生命的超越性。生命是有限的,但同时是无限的,这是因为作为自然属性的生命是有限的,而作为精神属性的生命是无限的,正是这种有限与无限的结合,造就了人之生命的超越性。我们虽然要珍惜自己的自然生命,但又要认识到精神生命的重要意义,在一定条件下,为了群体利益,为了追求更为崇高的精神生活,我们可以不惜牺牲自己的自然生命,去换取比此生命更有意义的价值,这时候个体的自然生命虽然已经结束了,但其精神生命却完成了价值的超越。相反,在某些条件下过于珍惜自己的生命,表现为贪生怕死,看不到生命的超越性,也是我们要反对的。

三、阅读教学文化课程的设计:由单一到多元

阅读教学文化课程的设计,要做到个体、社会与学科需求的统一。这既是传统阅读教学经验教训的启示,也是现代课程设计理论研究的结果,更是现代社会对阅读教学的时代要求。不论什么学科、什么形态的课程,最后都是由特定的人或团体来完成设计的,而具体的人或团体又总会有自己的价值观点,会站在自己特定的立场上对课程做出选择,这就不可避免地会产生课程设计因私人的偏好而与理想课程之间出现偏差。为了解决这一问题,泰勒建议在对教学目标做出选择时,需要一种综合性的教育哲学来指导这些判断,并认为"任何单一的信息来源,都不足以提供能让学校为教育目标做出全面且理智的决定的基础。每种来源都具有某种可取的价值。在规划任何综合性课程计划时,必须考虑到各种来源"①。因此,对教育目标做出明智的抉择,必须要考虑到三种因素:对学习者本身的研究,对现代校外生活的研究和学科专家对目标的建议。同时,他还建议用教育哲学(办学宗旨)和学习理论(学习心理学)作为两个筛子,对提议的目标进行过滤。泰勒的课程原理对世界各国的课程研究产生了深刻的影响,他的课程研究范式仍然在课程领域中占支配地位。

---

① [美]Ralph W. Tyler 著,罗康、张阅译:《课程与教学的基本原理》,中国轻工业出版社 2008 年版,第 5 页。

　　"20世纪中叶以后,课程研究领域发生了很大的变化,课程改革运动极为活跃,相应地,课程设计模式和课程理论也不断出新。归纳起来主要有:强调以学术为中心的学科结构课程理论;强调以社会问题为中心的社会改造课程理论;强调以学生发展为中心的学生中心课程理论。"①学科本位课程理论强调把知识作为课程的重要内容,重视知识体系的完整性,把学术性作为课程的基本形式;社会本位课程理论认为课程应该帮助学生学会参与制定各种社会行动,在社会方面得到发展;学生本位课程理论主张编制课程时应该以学生的能力和态度、动机和需要、兴趣和爱好为依据。这也可以概括为社会本位的工具价值取向、社会本位的文化价值取向和个体本位的文化价值取向三种课程理论观点,三种课程理论在指导课程实践的过程中,都遇到了自身难以解决的问题,各执一端的课程理论也很难占据教育领域的主导地位,人们更希望各种课程思想能够融合起来,编制出理想的课程模式。

　　"课程价值的类别是由课程价值关系的主体承担者即人的需要决定的。换言之,课程价值关系的主体承担者即人的需要是划分课程价值类型的依据。如前所述,人对课程的需要可分为社会的需要和学生的需要两大类,因而课程的价值应分为社会价值与个人价值两大类。"②我们就从课程的个人价值和社会价值入手,来探讨课程各要素之间的相互关系。社会、学科本位的课程,可以说是重在强调一种社会价值,而学生本位的课程,则重在强调一种个人价值。事实上,社会、学科、个体之间的关系,一方面,它

①施良方:《课程理论——课程的基础、原理与问题》,教育科学出版社1996年版,第14页。
②廖哲勋:《课程学》,华中师范大学出版社1991年版,第262页。

们存在着矛盾,任何一方的发展有时会给另外一方带来负面影响,造成其他一方的停滞或是片面发展。从社会本位的课程看,社会包含政治、经济、文化等各个领域,内容包罗万象,而社会的进步与发展,要求它所包含的所有领域一同进步与发展。从学科本位课程来看,反映人类认识社会结果的学科知识也是极其庞杂的,特别是随着人类对世界认识的不断深入,人类的知识体系将会进一步得以丰富。这些人类智慧结晶的知识要得到继承、传播和发展,在课程设置上都会有所体现。而作为具体的个人来说,在社会的发展和文化传播的进程中,个人只能参与某一具体领域的实践活动,他本人只能在某一个方面获得发展和进步,往往得不到全方位的发展和锻炼,甚至还会出现人的片面发展甚至是人发展的异化。从个体本位课程来看,自由而全面的发展是每一个个体的基本权利,课程的职能就是要为每一个学生提供有助于个人自由发展的经验,把学生的自我实现视为一种基本需要。但是每一个体的发展都离不开社会这个大的环境,个体的发展不可能不受到具体的经济、政治、文化及意识形态的影响,如果只关注个体的成长而忽视了社会的进步和发展,这种教育也会受到社会的干预。

另一方面,社会、学科知识和个体三者之间又是相互依存、相互促进的统一体。无论是社会还是学科,它们整体的发展都是各个具体领域发展的结果,都离不开具体的个人参与,是个人实践活动的结果。而个体的全面发展,是社会和学科发展和进步的前提,只有个体潜能的全面发展,才能真正发挥出个人的创新意识,为社会和学科的发展提供必要的动力支持。同时,社会是人存在的形式,人的发展又离不开社会。社会的发展进步,又会促进个体的成长和完善,在政治、经济、文化比较落后的社会,人自身的发展也会受到影响,对自然、社会、自身的认识都会受到一定的限制。马克思始终认为,人的全面发展是"人以一种全面的方式,也就是说,作为一个完整的人占有自己的本质"①。而人的全面发展又是一个历史的进化过程,它受到各种社会条件的制约,最根本的条件是发展生产力,实现经济基础的质的变革以及整个社会的质的改造。因此,每一次社会的变革,都会推动个体从片面到全面发展的进程,都是对自己真正的"占有自己的本质"的一次靠近。

社会、学科和个体三者之间对立统一的关系,为我们设置理想的课程模式提供了认识的角度。在设置课程的过程中,如果过于强调某一种因素对课程设置的制约性作用,就很有可能造成各因素之间的对立,从而最终影响课程的正常实践。课程设置要追求一种理想的课程模式,但是理想的课程模式具体是什么样子,这很难进行描述,它需要在今后的课程实践中逐渐去认识,但我们最起码知道,在这个理想的课程中,社会、学科和个体三者之间一定是一种和谐的、统一的关系,它既关注个体的全面发展,同时又重视社会、学科的进步。

阅读教学文化价值是社会、学科、个体本位课程观的整合。从社会角度看,阅读教学就是通过对言语作品的教学,培养学生热爱祖国的语言和文字,养成民族的个性和品质,使民族精神得以传播和发展。从学科知识角度看,阅读教学就是对文化具体呈现形态的文字和言语作品的学习,通过教学,使祖国语言、文字一代代传延下去。从个体角度看,个体通过对语言的学习,不断被

---

① 中共中央马克思恩格斯列宁斯大林著作编译局:《马克思恩格斯选集》,第42卷,第123页。

"文"化，人逐渐摆脱"物"的状态而走向高级的"人"，从而完成自我的完整性建构。不论是社会还是学科，要得到继续发展，必须通过人来完成，而正是通过语言这一介质，使文化与人得以结合，文化通过语言作用于个体，个体学习语言的过程就是文化得以传播和发展的过程。而个体在接受文化的过程中，又是个体不断完善，逐步走向成熟的过程。个体在"文"化的过程中，同时完成了两个方面的任务，即个体的发展和民族文化的传承。

四、文化价值的时代性阅读：文化经典的解构与重构

用于阅读教学的内容是由一篇篇作品组成的，而这些作品大都属于文化的经典，分属于不同的时代，是时代文化的经典。而我们当下的阅读就是与这些他时代的作品作一种跨时代的"接触"，这必然面临着阅读的时代性问题，具体来说就是对这些文化经典所涵文化价值作新的解构与重构，以适应新时代对阅读教学文化育人的需求。

从文化经典本身来看，它既具有时代性价值又具有永恒性价值。每一个作家都生活在一定具体的时代，对时代本质的深切感知和思索，是作家创作的源泉，正因为如此，俄国作家赫尔岑说"伟大的艺术家不能不属于他那个时代"。每一个时代都有着不同的政治、经济、文化以及伦理规范、审美标准等，这一切都会深深地影响着作家的创作，其作品自然会或隐或显地表现出这一历史时期的社会生活、文化风貌与时代精神。"不仅文学的生命之根和活力之源来自时代的土壤，而且文学的思想光耀与艺术灵韵也来自时代的旋律。任何疏离或舍弃时代精神，所有作家和所有文学创作都将注定一事无成。"①作家创作出来的作品,都是他所处时代生活的反映,对生活的体验越深,其作品立意也就越深,很难想象一个没有丰富生活体验的作家会创作出优秀的作品。经典作品同时也会反映一定时期特定社会的文化风貌,作家在作品中通过对自然风貌、社会人物的描述,反映出他所处时代的文化气息,有些经典作品还通过对人物形象的创作来反映一定的时代精神。经典作品之所以能成为经典,除了具有时代性之外,更具有永恒性价值,它源于生活又远高于生活,经典作品对现实生活的反映往往只是一种表达的背景,而真正要表达的是一个意义世界,它可能包括对生命价值、人生意义的追问,或是对亲情、爱情的思索,这也是人类历史中不断探讨的永恒问题,带有普遍性意义,牵涉人之终极关怀,具有永恒性意义。

时代性阅读,就要求对跨时代文化经典的价值进行新的解构与重构。几乎所有作品都是为了那个时代的阅读而创作的,虽然会想到作品可能会流传于后世,但适应同时代的阅读是首要的,作者也是基于这一出发点来创作作品的。这样就会产生一个问题,作品一旦流传于后世,就会存在基于此时代的创作和他时代的阅读之间跨时代阅读的问题,而进入阅读教材的绝大多数文化经典都是前代人创作的结果,如何进行跨时代阅读是必须要面对的问题,而跨时代阅读问题的实质就是如何对文化经典价值作时代性的解构与重构。阅读教学中对文化经典价值的解构与重构,可以从三个方面来考虑:一是学生的需求是有时代性的,每一名阅读者都是具体社会的一个成员,都受到这一社会思想意识形态、审美习惯、价值取向的影响,表现出鲜明的时代趋向性特征。

---

① 胡良桂:《文学价值的时代性与永恒性》,《理论与创作》2011 年第 1 期。

同时,教育机构作为社会需求的执行代表,对文化经典的阅读价值也会有一定的预期,这种预期也反映出社会文化对经典作品价值的当下诉求。二是对文化经典内部价值作必要的区分,文化经典既包含时代性价值又包含永恒性价值,对于永恒性价值,我们可采取继承的方式,主动接受前人文化创造的成果,同时也要在此基础上不断地丰富和发展,因为前人的思考必定受当时各种社会条件的限制,而当下的社会条件已有了较大的发展,可借用思考的手段也更为丰富,需要我们在前人思考的广度和深度上做必要的延伸。对于文化经典的时代性价值,也需要我们做细致深入的区分,对两个时代之间能够相融的价值,我们要慎重地做鉴别,分清楚哪些可以直接为我所用,哪些必须加以改造,取其精华,去其糟粕,然后才能吸取进来;而对于那些不相融的部分,我们要以批判的态度,认识其对于传统文化的发展带来的反面作用,指出其危害性,在阅读中作为反面教材案例,教育学生引以为戒,同时帮助他们树立正确的价值观念。如古代有关重义轻利以及近代以来重利轻义观念内容的作品,我们必须做正确引导,在破中有立,最终实现价值的解构与重构。三是要站在历史发展的角度正确认识文化经典不同时代的不同解读。凡经典作品在不同时代都会有不同的解读,这些解读连同经典作品本身构成了一个整体的意义体系。我们的阅读活动如果仅仅停留在对经典本身的阅读,那视野未免太过于狭隘了,收获当然也是极其有限的。其实,每一个时代对一部具体经典的解读,其解读结果都是这个经典作品价值的组成部分,都是对这个经典作品原有意义的丰富和发展。作品的意义并不是封闭的、固定的,它需要读者带着自己的"先结构"(海德格尔语),随着读者的"视界"的改变而更新,正如加达默尔所说,作品总是由解释者的历史环境乃至全部客观的历史进程共同决定的。既然如此，我们更不应该忽视不同时代的代表性人物对经典的不同解读，对它们的理解，可以让我们了解到时代变迁和对经典解读的变化，帮助我们更深刻地把握原作品的意义。同时，我们还应该认识到，我们对作品的阅读不能仅仅停留在理解与接受层面上，我们也是作品意义的建构者，应该积极地参与作品意义的建构，这就要求在教学中鼓励学生进行创造性阅读、个性化阅读，为作品赋予时代性意义，这本身就是一种文化价值的创造。

从整个阅读教学的历史看，我们的教学是缺乏批判意识的，导致的后果就是重接受而轻创新。从儒家文化创立早期阶段，一直到隋唐时期，这一时期的阅读教学还能对儒家经典的内容作丰富和发展，但隋唐以后越来越强化对经典的接受与顺从，直至走向了僵化衰落。由此可见，阅读的批判性非常重要，特别是对于经典的跨时代阅读来说，没有批判就没有意义的解构，没有解构也就没有重构，这也意味着只有接受，而没有创新和发展。事实上，批判本身就是一种建构，只有批判，才能找到存在的问题，才能在解决问题的过程中建构作品新的意义。当下的阅读教材中包括大量的古代文化经典，对它们的阅读态度与方法，决定着阅读教学文化价值实现的效果，如果我们缺乏阅读的批判意识，那教学的价值就会出现有效价值和无效价值、过去价值和现在价值的问题，一旦价值取向发生问题，我们培养的人很有可能不是当下社会需要的现代"文化人"，而是一个个顽固不化的现代"孔乙己"。

第五章　阅读教学文化
价值的实现策略

　　研究如何在阅读教学中实现文化价值,可以从三个方面来展开,一是从宏观的文化发展的角度考虑,文化在不同的发展阶段,会呈现出不同的特点,对阅读教学有不同的要求,阅读教学只有顺应这种要求,才能有效实现文化价值,这也是前面两章重点探讨的问题;二是从微观的文化作品层面上考虑,汉语作品本身的特点也会对阅读教学提出应有的要求,不同语言的作品特点不同,对阅读教学的方法要求也会不同;三是从人的方面考虑,人作为文化的主体,他们的思维方式影响着自身的思想和行动,也影响着自身文化成长的效果,汉民族具象性思维方式,要求阅读教学与之相契合的阅读方式。而体悟阅读正是实现阅读教学文化价值的最好方式,这既是对古代阅读教学经验的总结,同时又是体悟阅读特点与汉语作品、汉民族思维方式特点内在高度的一致性决定的。

第一节　阅读教学文化价值的分层目标

　　从学生的文化生成过程来看,大致要经过两个阶段,第一个阶段是以文化接受为主,这时的个体还不太成熟,需要不停地吸收本民族的文化营养,快速成为本民族文化的合格成员,它形成的是个体的民族文化心理结构,表现出共性的特征。第二个阶段是以文化创新为主,这时的个体已逐渐成熟,自我意识逐渐加强,对外来文化要素的选择性也越来越强,当这些文化的要素积累到一定程度时,就会形成自己比较稳定的文化气质,这就是独立的文化人格,表现为突出的个性特征。从个体的角度看,这代表文化个体的真正形成;从社会角度看,它则意味着社会文化得到了创新和发展。

一、浅层目标:民族文化心理结构的初步生成

（一）民族文化心理结构。阅读教学就是让阅读材料中的文化营养融贯到学生的血液中,以此促进学生的文化生成。这一过程是一个生命主体融入文化社会的过程,个体通过接受民族文化,从而成为社会群体中的一员,自己的思想和行为符合本民族文化的要求,生命体成为民族文化主体的一部分。民族文化正是通过这一形式得到了传承和延续,对于个体来说,以"文""化"人的结果,就是个体的文化心理结构的生成。世界上不同的民族在心理特征、价值体系、认识方式和思维形式等方面表现出不同的特征,这种特征正是一个民族区别于另一个民族的文化标识。虽然在不同的历史时期,这一民族在这几个方面的内容会有所变化,但它又始终保持着一定的稳定性,即使是内容的改变也是在原有特征基础上的调整和发展。各民族所表现出来的这种文化的特征,就是民族的文化心理结构。民族文化心理结构"是民族历史地形成的生存条件的内化和民族的观念形态的文化在社会中的人的心理中的凝结沉淀,是由共同的民族文化背景所塑造、陶冶而成的共同的基本人生态度、情感方式、思维模式、致思途径和价值观念诸方面所组成的有机的总体结构"①。

　　文化心理结构本身虽然是一个有机的整体,但是它又可以分为三个不同的层次,每一个层次都有着不同的特点。第一个层次是心理的表层结构,包括社会情绪、理想、风俗习惯、道德风尚、审美情趣等社会心理,相对来说感情色彩较为强烈,最能直接反映社会风貌,属于民族文化中一个较为外显的特征。第二个层次是心理的中层结构,包括经济、政治、道德、艺术、宗教、哲学等方面占据主流地位的思想观念,同时又包括一些亚文化的观念,自身存在着自我变化的内在矛盾,形成文化心理发展的内在动因,中层心理结构是理性支配的层面。第三个层次是心理的深层结构,它属于精神本质的层面,也是文化心理结构的最底层,弥散于其他各层面之中,发挥着支配性的作用。一个民族文化的产生,都离不开对人类心灵深处五对永恒矛盾的解决,即入世与出世、情感与理性、个体与群体、理智与直觉、历史与伦理这五对矛盾,不同的解决方式形成了各民族相互区别的特点,在人生态度、情感方式、思维模式、致思途径和价值尺度五个方面形成了鲜明的民族文化特色。在这五个要素中,思维模式和价值尺度又是最核心的要素,它决定着整个民族所有思想和行动的方向和内容,最能反映一个民族文化心理的特点,所以从一定意义上说,一个民族的文化心理结构就是这一民族的思维模式与价值尺度的内容和特征。阅读教学对学生文化心理结构的生成,也主要是在思维模式和价值尺度两个方面对学生进行文化营养的融合。但是,中国文化目前又处在一个重建的过程中,中国传统文化本身也处在从

---

① 许苏民:《中华民族文化心理素质简论》,云南人民出版社 1987 年版,第
　　3 页。

传统到现代的过渡阶段。传统的思维模式和价值尺度方面有许多内容已经不太适合现代社会发展的需要,有些内容也必须加以调整和改变才能与时代发展相适应。因此,在阅读教学中,我们的任务不是传统文化的传递,而是在传统文化的基础上改造并吸收其他外来文化的优秀成分,建设新时期中国新的文化,塑造学生新的文化心理结构。

(二)阅读教学与民族价值观念的养成。中国传统文化的价值系统主要包括三个方面,分别是在处理人与自然、个人与社会以及个人自我的关系中产生出来的天人关系、群己关系和义利关系的价值观念。下面我们分别审视在处理这些关系中体现出来的价值观念以及其自身存在的缺陷,同时探讨阅读教学如何培育符合时代要求的价值观念。

一是天人关系价值观念的形成。在中国传统文化中,对待人与天的关系上,儒释道三家观念各不相同,儒家的价值取向在传统文化中占据着支配性的地位,儒家要求化自然为人文,并以人道作为社会的基本原则。在对待自然的态度上,儒家表现出了某种重人文而轻自然的倾向,强调超越自然,化天性为德性,达到人性道德上的完美。儒家的这种价值观念,具有片面性和狭隘性,它忽视了对认识对象自然界的探索和改造,具有明显的消极性的一面。正是在重人文轻自然的观念影响下,我国对自然领域的探索和求知一直没有取得非常突出的成绩。除我们所熟知的四大发明外,其他方面很少有值得肯定的地方,在理论研究方面也很少有针对自然世界的论著。而西方社会却一直重视对自然世界本身的研究,成果丰富,并把研究结果应用到生产实践中来,改变了人们的生活并推动了社会的发展进步。特别是以蒸汽机的发明和使用为标识的第一次产业革命以来,西方科技、经济等方面迅速发展起来。反观中国由于采用闭关锁国的政策,经济、政治、科技、文化等方面被西方各国超过,正是存在这种国力的差距,一旦有了战争,中国被动挨打的局面也就在所难免,中国屈辱的近代史也就是这样开始的。当然,西方的重自然而轻人文的观念也存在严重的问题,科技的创新和发展,给人类带来了福祉,同时也带来了灾难,居住环境的破坏、污染问题等都威胁着人类的生存。特别是人文精神的缺失,人类沦落为科学技术的奴隶,两次世界大战都给人类带来了深重的灾难。所以,无论是重人文而轻自然,还是重自然而轻人文,都是不可取的。我们一方面要战胜自然,同时又要敬畏自然,与自然和谐相处。因此,在阅读教学中,我们既要继承传统文化中的人文性内容,把它作为滋润我们成长的文化营养,同时又要看到它的缺陷和不足,要主动汲取域外文化中特别是西方文化中在科技方面的优秀成分,用以弥补我们观念上的不足,只有这样,中国传统文化才能注入新鲜的血液,保持旺盛而长久的生命力。

二是群己关系价值观念的形成。在群体和个体的关系上,中国传统文化表现出来的是重群体而轻个体,个人的思想、行动要符合群体的要求,个人的利益要服从、服务于国家、家族的利益,为了群体利益,可以牺牲个人利益甚至是自己的生命。在这一观念的影响下,在文化领域表现出推崇权威、推崇历史,重视文化的传承而忽视文化的创新。在教育中也是过于尊重教师的地位,学生与老师不能进行平等的对话,对所授知识多采用完全接受的态度,很少对知识和教师提出质疑。这种群己方面的价值观念在对个人的发展上造成了严重的影响,这样的个体是缺乏个性的。由于要求自己不要脱离群体,不要标新立异,不要与众不同,这就很难形成独立的个性,个体只是万千群体中的一个被无限缩小了的分子。个体不能脱离群体,这就无法维持个人人格的完整性,往往会造成在某种环境下言行不一,甚至是"见人说人话,见鬼说鬼话"的分裂人格,导致一个人表现出多种面孔。鉴于此,在阅读教学中,我们一方面继承传统文化中优秀的成分,重视集体利益,反对为了个人私利而损害他人和社会利益的狭隘思想和行为,同时又要处理好继承与创新的关系,反对对历史、对经典的过度权威化,培养学生完整的个性,促进学生全面发展。

三是义利关系价值观念的形成。在义与利的关系方面,中国古代和现代可谓走上了两个极端。在古代一直重义而轻利,董仲舒就认为:"天之生人也,使人生义与利。利以养其体,义以养其心。心不得义不能乐,体不得利不能安。义者心之养也,利者体之养也。体莫贵于心,故养莫重于义。"(《春秋繁露·身之养重于义》)意思是说,"利"满足的是人们肉体器官上的需求,而"义"则满足于人们心灵精神上的需求,两者是缺一不可的。但是,"体莫贵于心,故养莫重于义,义之养生人大于利",可见,个人对"义"的追求应高于对"利"的追求,只有这样,一个人的人生才能获得高度的和谐和最终的满足,也应是人生的基本取向。重义轻利的价值观念在中国历史上产生了深远的影响,特别是在知识分子的个人修养方面,往往把"义"看得特别重要,甚至为了一个"义"字可以舍去自己的生命,而没有"义"则无法在社会中生存。正是这种义利价值观,严重影响了古代中国物质生活的发展。人们不太重视商业活动,不重视经营,以获利为耻,这是一种极其狭隘的观念。然而到了现代,特别是改革开放以后,人们又往往以追求个人利益为一切行为的出发点,特别是在传统文化遭到破坏以后,这种见利忘义的行为愈演愈烈。在教育领域,它主要表现为教育的功利性,学习是为了完成升学的目标,或是能够找到好的工作。

教育背离了根本的宗旨,也远离了它应有的轨道。因此,在阅读教学中,我们一方面反对传统文化中重义轻利的观念,在坚守道义的同时,合理追求个人利益,把精神生活和物质生活结合起来,在努力丰富精神生活的同时,不断提升物质生活的水平,这才是完整意义的人生。对当下见利忘义的行为,也应予以纠正,改变教育功利化现状,使教育回归文化育人的轨道上来。

（三）阅读教学与民族思维方式的养成。中华民族的思维方式是以具象思维为主要特征的思维方式,在这一思维方式的影响下,中国人在致思途径上表现为重直觉思维而忽视理性思维、重求同思维而忽视求异思维、重整体思维而忽视逻辑分析。理性思维、求异思维、逻辑分析都是思维活动中不可或缺的组成部分,它们的缺失会导致思维和行动的偏颇,我国历史的发展已经证明了这一点。因此,在阅读教学活动中,我们一方面要传承民族传统的思维方式,同时又要认识到传统思维中的不足,主动地加以弥补,培养学生适应时代发展的现代思维方式。

一是把直觉思维与理性思维结合起来。中国传统思维把直觉体验视为高于理性思辨的一种主要认知方式,直觉经验往往与情感经验紧密结合,重视对认识对象作整体把握,它的特点是重灵感轻逻辑、重直觉轻论证、重体验轻思辨,它不受程式化的束缚,在思维中灵活而跳跃,有很大的想象空间,因此它对于美学、文学、艺术学等人文学科的发展具有积极影响。但是它也有明显的不足之处,它的思维具有模糊性和笼统性,逻辑不够严密,对事物的认识仅仅停留在表面,无法深入事物的本质层面,形成不了对事物系统的认识和对事物运行规律的掌握。正是在这一思维方式的影响下,古代对于自然科学的研究一直没有能够深入下去,这方面的理论著述也是少之又少,这也导致了社会发展的缓慢,而在人文社科领域却大放异彩,各类著述繁若星河,为人类贡献了光辉灿烂的中华文化经典。因此,在阅读教学中,我们既要继承传统的直觉思维,同时又要学习西方文化中理性思维的优点,有意识地进行逻辑思维训练,提高学生逻辑分析和论证的能力,在抽象概括、分析综合、推理论证上与直觉思维的"顿悟"、"体悟"结合起来,即主动地把直觉思维与理性思维结合起来,这样既有科学的思维又有艺术的思维,对于个体而言可以促进人的全面成长,对于社会而言可以促进社会协调和谐发展。

二是把求同思维与求异思维结合起来。中国人的求同思维与封建社会"大一统"的政治观念相关联,"罢黜百家,独尊儒术"的政策限制了人们的思想,导致了中国人对"自我"的认识建立在一种关系之中,即自己必须与群体之间有一种一致的关系,这样群体、他人才会认可我、接受我,而要取得一致,那就在思维上要求一种"求同"。在求同思维的影响下,教师习惯于把学生的思维引到统一的结果中去,学生在学习的过程中不去积极主动地从不同角度、以不同方法追求未知的结果,大多数人在求知的过程中不敢大胆质疑,不能坚定地坚持自己的主张,在教师和权威面前,他们更多地选择接受和顺从,长此以往,人们身上潜在的创新性思维就会逐渐枯竭,学生们在思想和行动上表现出简单化、趋同化的特征。创新的思想源泉就是求异思维,对学生来说,更需要这种激发他们创造天性、培养他们创新能力和开拓精神的求异思维。求异思维可以使学生在思考问题时往往具有异常、新奇、创新的途径和角度,从而产生出多元的、突破性的新思想、新思维。古今中外的发明创造,无不是求异思维影响下求异创新的结果。因此,在阅读教学中,要大力培养学生的求异思维能力,多提出问题,并鼓励学生以不同视角思考解决问题的方法,鼓励学生对作品的个性化解读,大胆质疑前人的解读结果,从这一方面来说,"曲解"往往是一种最好的解读方式。

　　三是把整体思维与逻辑分析结合起来。中华民族很注重整体性思维,"天人合一"的思想是整体思维的思想来源。在认识事物的过程中,把人的内在感受作为认识活动的出发点,情感因素在思维活动中占据重要地位。对外界事物的认识,是从其外部特征做整体的、综合性的把握,而不是对其内部各要素做细致的、逻辑性的分析。这对于认识活动来说,总会带有模糊性、笼统性和不确定性,它禁锢着人们视野的拓展和研究的深度推进。在阅读教学中,我们反对对作品做肢解性的分析,因为汉语言作品注重整体的把握,任何作为部分的内容一旦离开了整体,就相当于离开了应有的语言环境,也就无法得到其正确意义,所以,整体性解读是对汉语作品的应有要求,这一要求是汉语作品具象思维的特点所决定的。受西方文论和科学主义等因素的影响,阅读教学也有过一段对作品进行肢解分析的解读经历,因为不适合汉语作品的特点而效果低下。这样就存在着汉语作品整体性解读特点和学生逻辑分析思维的培养之间的矛盾,其实,这个矛盾也是可以解决的。我们可以根据汉语作品文体的不同,采用不同的解读方式,对于文学类文体,我们一般会用整体解读的方式,而对于说明文、议论文等文体,我们则可以用逻辑分析的方法解读,既培养学生整体性思维的方式,同时培养他们精细化分析的能力。

二、深层目标:完整文化人格的形成

　　(一)关于文化人格。"人格"一词来源于拉丁文,其原意是"面具"或"脸谱",指在戏台上表演时展示给观众的脸面,代表着戏中角色的身份,向观众显露这一角色的自我本质,于是,"面具"

一词被借用成为"人格"。后来"人格"一词被移植到哲学、社会学、心理学、伦理学等领域,成为这些学科研究的对象,其内涵也逐渐变得丰富多样,不同学科对"人格"的定义也不尽相同。

哲学最早给"人格"一词下了定义,在公元6世纪,哲学家波伊悉阿斯认为人格是真实的有理性的个人的本性,开启了哲学家探讨人格概念的道路。近代洛克认为人格是一个会思考的聪明的存在物,有推理和反省并能考虑自我本身,把人的理性和自我意识作为人格的根本属性,哲学大都从个体的角度来考察人格。社会学侧重于从社会的角度来考察人格,认为人格是一定社会或文化背景的反映。社会学家伯吉斯把人格定义为"人格是决定人在社会中的角色和地位的一切特性的综合"。伦理学通常把"人格"理解为人的品质或品格,特别是在中国,人格一词带有浓厚的伦理色彩。在日常用法中,人格也主要是指人的道德品质,包括一个人的品格、品质、境界、道德水平以及尊严等。心理学中的"人格"一般指的是人的个性,包括一个人的性格、气质、能力等方面,有时候特指"人的性格",平时所说的"人格健全"指的就是一个人的心理人格。综合以上哲学、社会学、伦理学以及心理学的研究,对人格的定义也相对清晰了。"综合起来说,人格是指人成为人的品质和格调,是人的精神面貌的总体特征。"①

人格的形成,一方面是受环境的影响,但起到关键性作用的,是个体心理内部各要素的相互活动。人格是一个人区别于另一个人的标识,是个人所独有的特征。正是每个人内心各要素不同,心理活动的内容不同,才会有不同的心理结果,形成不同的人格。而文化人格则是通过文化活动的影响而形成的人的品质和

---

① 何齐宗:《审美人格教育论》,人民教育出版社2004年版,第43页。

格调，它是个体心理各文化要素综合活动的结果，它是在原有民族文化心理结构基础上的发展。它虽然具有民族文化心理结构的共同特征，但表现出来的是个体身上因超越和创新而产生出来的新的内容。这一内容是这一个体区别于另一个体的独有特征，同时它又是新文化的组成部分，促进了文化的整体发展。文化人格具有自由性、个性化和创造性的特征。

（二）阅读教学与学生文化人格的养成。文化人格包括自由性人格、个性化人格、创造性人格等各个方面。培养学生文化人格，首先是培养学生的自由性人格。自由是人类最为宝贵的品质，也是人类努力追求的目标，教育的根本目标，也是实现人最大限度的自由。培养学生的文化人格，首先就是培养学生人格的自由性。就个体来说，自由表现在两个方面：一是外在的自由，即一个人可以不受外在其他力量的约束做他自己想做的事情；二是内在自由，即一个人有能力做他自己想做的事情。我们所说的人格的自由，主要是指一个人内在的自由，就是一个人能够自我做主，自由地决定自己的行动，自己是自己的主人，自己可以选择自己的命运，决定自己的命运。但自由人格并不是想做什么就做什么，自由不是随心所欲，自由人格也不是放纵自己，个人的自由总是有节制的自由，自由人格也是一种理性的人格。长期以来，中国人的教育中缺失的正是这种人格的自由性，自由在教育中被无情地绞杀了，教育培养的结果就是一个群体的、惯于接受的、没有质疑精神的社会成员。在现代社会，人格认同危机十分严重，他们不知道自己是谁，不知道什么值得做，什么不值得做，什么有意义做，什么无意义做，这些评价的标准都被打破了，人失去了自己的定位，对于自由人格的建构刻不容缓。在阅读教学中培养学生自由人格，一是要留给学生自由的空间，教学的内容并不是完全预设好的,要给学生留下对所读内容思考的空间。学生思考的内容越丰富,其个人的收获就越大,相反,如果整个教学过程都是老师讲授,而学生得不到思考的机会,那所有学生所获得的结果就会相同,教学也就变成了一种知识的传送,学生也就无任何自由可言。特别是汉语言作品本身存在很多"空白点",每一个学生都有可能对此有不同的解读,留给学生足够的空间让他们自由解读极为重要。二是要留给学生自由的时间,阅读教学不能让老师满堂讲解,必须留给学生思考的时间,学生思考得越深入,个人收获也就越大。现在的教学老师往往是为了完成进度,给学生留的时间有限,过早地把结果告知学生,让学生失去了自由探寻的兴趣和机会,这是阅读教学很大的弊端,必须把必要的时间留给学生。三是把阅读的主体地位还给学生,学生是阅读教学的主体,教师起到组织和指导的作用,教师要支持并鼓励学生的个性化阅读,学生应有自己独特的阅读体验和感受,教师知识传输者的角色必须改变。只有这样,学生的自由身份才能保证,学生的自由人格才能培养起来。

其次,是培养学生的个性化人格。学生人格的独特性,即学生人格的个性化。长期以来中国教育最大的问题之一,就是对学生的培养缺乏个性化,有个性、与众不同的学生少之又少,这和我们的教育方式有着直接的关系。个性在心理学中就等同于人格,由此可见个性化对于人格的重要性。没有个性的人格是肤浅的、平庸的,相反,只有与众不同的个性化人格,才充满生机与活力。宋代黄庭坚曾说:"士可百般,唯不可俗。"就是要求一个人的言语和行为必须表现出与众不同,如果一个人跟他人相比没有自己的个性,那一定是一种雷同化人格,模式化的人格,这个人给别人留下的印象也一定是单调死板,缺乏生机活力。每个学生都有自己的优点和长处,在教学过程中,我们应当积极鼓励其发展,这也是教育最根本的理念之一,教育本身就是让学生成为他自己。而我们的教育往往反其道而行之,仅仅是要让学生成为社会需要的成员,对学生的培养,也是培养适应社会的、共性的人,因此,在阅读教学中培养学生个性化人格尤为重要。一是要了解学生的特点,每个学生都有自己的优点,老师只有了解自己的学生,清楚每个学生本身具有的不同特点,才可能做到有的放矢、因材施教,挖掘学生身上的潜能,并让它得到充分的发展。学生身上的优点发挥得越充分,其与他人的不同就会越明显,其个性化也就越强。二是开设适合学生的阅读课程,教材的统一性有时会磨灭学生的不同特点,学校可根据学生的不同特点,开设有针对性的选修课程,让学生的特长、潜能最大化地成长、发展。三是做个别性地指导,老师除了有统一的讲课之外,还要根据学生不同的特点和需求,做个别性的指导,让学生在共性的基础上发展个性,逐渐养成个性化人格。

再次,培养学生的创造性人格。创造是人类本质的体现,创造力是推动社会发展的根本动力。人类社会的发展史,就是人类自身不断创造、不断超越的历史,可以说,没有创造,就没有社会的发展进步。创造力并不是极少数人才具有的天赋,每个人都有创造的潜能,关键是如何把每个人身上的创造力发挥出来。文化的人格,就是一种创造性的人格,在阅读教学中,这种人格创造性主要表现为主体通过感受、想象、理解、体验等活动,对阅读内容及其形象进行再次的创造,形成新的形象。这一形象发掘了原有形象的深层意义,融进了主体的情感,强化了作品的情感素质,丰富了作品原有的形象。这种创造性,是对作品意义的创造,同时又是对自我的创造,个体在创造作品新意义的同时创造了新的自我。反观我们传统的阅读教学，一个很大的弊端就是注重继承而忽视创造，几千年的文化发展史已经证明了这一点。特别是到了明朝中后期，文化发展无力，缺乏动力，都是和文化创造力不足有直接关系。文化的继承只是一种工具和手段，而不是目的，我们要求学生继承以往的文化遗产，其最终目的还是为了创造。教育的根本目的也不是继承已有的东西，而是解放每个人身上的潜力，在继承的基础上创造人类更大的财富。当然，强调创造并不是否定继承，创造也需要前人已有经验的积累，需要借鉴已有的传统，因为创造不是无所依托、凭空而来的，它需要在继承的基础上推陈出新。青出于蓝而胜于蓝，而"青"并不是凭空产生的，一定是以"蓝"作为基础。在阅读教学中培养创造性人格，一是要养成学生的创造意识。每个人身上都有着创造的天性，只要在教学过程中善于引导和开发学生身上的这些创造性潜能，就能把这种潜能转变为现实的创造力显现出来。创造本身并不神秘，每个人都有创造潜力，只要有了创造的意识，就可能时时刻刻迸发出创造的行为。长期以来，由于传统教育重继承而轻创造，学生没有创造意识，缺少对创造的敏感性，这是培养创造性人格最大的障碍。因此，培养创造意识极为重要，既包括了老师的创造意识，也包括了学生的创造意识。二是要提供宽松的教学环境，创造本身需要一个民主自由的心理环境，需要一种无拘无束的交流对话的氛围，这才可能会激起创新的火花，学生不用担心自己的观点不同于老师或其他人，只是敞开了大胆表达，在这一过程中，才会有创新的内容出现。目前我们的学生缺乏创造性，并不是他们天生缺乏创造性的素质，而是教学形式和教学环境束缚了他们创新能力的发展，尽快地为他们创设好的教学环境是教育者应优先解决的问题。

第二节　阅读教学文化价值的实现方式

体悟阅读是实现汉语阅读教学文化价值最适合的方式,这是由汉语形式的特点决定的,同时这一认识也是对中国阅读教学历史经验教训总结的结果。一个民族的思维方式影响着这个民族的语言形式。汉民族的思维方式是侧重于具象的思维方式,受这一思维方式的影响,汉语中字词的构成、语句篇章的组成以及汉语作品的表达方式等,处处体现了这种具象思维的特征。而语言是文化的载体,阅读活动就是通过对语言形式的阅读来获取其蕴含的文化意义的。"阅读是一种从书面符号中获取意义的心理过程"①。这里的"书面符号",就是指构成作品的书面语言。由于语言形式是不同的,作品所蕴含意义的形式也是不同的,所以"获取意义"的方式即阅读形式也会不同。一定的语言形式总是要求与之相契合的阅读方式。汉民族具象思维特征的语言形式,必然要求与之相契合的阅读方式,这就是体悟阅读。从中国阅读教学的历史看,古代的阅读教学一直注重学生主体性地位,无论是学习态度上的立志、居敬,还是阅读过程中的熟读精思、虚心涵泳,再或是后期行动中的省察、力行等,都强调学习者本人对阅读内容的感知、理解、领会及实践深化,这都和体悟阅读的要求相一致。

一、体悟阅读及其特点

(一)体悟的认识。"体"的最初含义是人的躯体、肢体,也可指代全身,后从"体"的本义中引申出其他含义,第一种是事物的

---

① 沈韬:《阅读教学论》,江西高校出版社 2010 年版,第 1 页。

结构、状态、规范等,如个体、形体、字体、体制、体裁等;第二种是对事物的抽象与概括,表现事物的根本、本源、本质,如本体、性体、心体等;第三种是亲近、体会、亲身实践的意思,如体认、体验、体贴、体悟、体现等。"悟"在字面上可解释为领会、觉悟,但它本身又具有深邃浑圆、不可言说的特点。"悟"和"道"有着密切的联系,"道"是一种境界,是不可言说的,"道可道,非常道",古人又有"言不尽意"的观点,所以对"道"的获取也只能通过一种特殊的方式,那就是"悟","悟"是通达人之意义与精神世界的必由之路。"体"与"悟"组合成的词汇"体悟",从词性结构上看,"体"为方式状语,而"悟"则是心理动词,表达一种由身到心的活动过程。也就是通过"悟",达到"道"与"身"融为一体的过程,换句话说,就是外在意义世界与文化生命主体融通合一的过程。故"体悟"可定义为"在一定情境下,主体已有的精神世界与认识对象交互作用,经由体验、觉悟而达到新的精神境界的悟性认识活动"①。体悟具有三个基本特征:一是认识对象的意会性,无法用语言清楚地表达所要认识的对象;二是认识内容的整体性,无法还原出参与活动的意识成分;三是认识过程的跳跃性,无法进行符合逻辑的或严密思维习惯的解释。

　　体悟作为一种广泛存在的悟性认识活动,其认识过程可分为三个部分。第一,意识的沉积。意识可分为三个层次,第一个层次是基于视觉、听觉、触觉等获得信息的感官意识,第二个层次是生命底蕴上沉积下来的最为初级的意象,第三个层次是认识意义世界的理性认识活动的本质意识。在这三层意识的沉积中,悟性认识始终伴随着感性认识和理性认识的整个过程。第二,意识与

---

① 张华龙:《体悟教育研究》,教育科学出版社2009年版,第40页。

意义的潜伏,包括两个方面的内容:一是意识和潜意识的潜伏,意识的潜伏以知识、问题等外显的形式表现出来,而潜意识作为心理内容是以潜伏的状态存在的。二是意义的潜伏,意义是主观精神外化的产物,它虽然存在于生命体之外,却又必须与生命体发生关联才能表现出来,处于有待于认识主体去领悟的存在状态。意义与生命体的结合就是认识主体领会并生成新意义的过程。第三,意识与意义的融通。融通是对意识、潜意识的接通,它是转化的基本方式之一,是一种自我生成、自我创造的活动,包括意义的领会和生成。融通可分为三个阶段,第一阶段是潜伏的潜意识、意识和意义的融通,是融通的初级阶段,生成的是对象的本原意识和自我生命意识。第二阶段是在第一阶段融通的基础上生成的世界观、人生观。第三阶段是在人生观、世界观基础上进一步融通而生成的不受外物约束的自由意境,这也是人不懈追求的终极目标。"这种体验可能是瞬间产生的、压倒一切的敬畏情绪,也可能是转眼即逝的极度强烈的幸福感,或甚至是欣喜若狂、如醉如痴、欢乐至极的感觉。"①

　　(二)体悟阅读及特点。阅读是一种从书面符号中获取意义的心理过程,阅读的结果是读者"获取意义",但不同的阅读方式会有不同的意义获取方式。体悟阅读较之于其他形式的阅读,最大的区别就是意义的生成性。其他形式的阅读往往是从阅读材料中寻找到"意义",是"意义"从书本中转移到阅读者身上的过程。体悟阅读是在读者原有意识、潜意识或意义潜伏的基础上,通过阅读活动的点燃、唤醒等功能,把那种意识或意义激发起来,

---

① [美]马斯洛著,林方等译:《人的潜能和价值》,华夏出版社 1987 年版,第 366 页。

通过一个融通的过程,生成读者对生命、对世界、对价值、对意义新的认识。体悟阅读是一种个体化阅读,它是对个体经验的整合,因此个人的阅读结果也只是个别的、个性化的,不具有普遍性。体悟阅读的旨归是个体精神世界的形成,具体包括两个方面:一是意义的生成,包括事物象征意义的生成、文化生命意义的生成以及生命的转化意义的生成三个方面;二是意义的超越,体悟阅读让意义世界与精神世界得以交融,主观的精神世界获得了客观的认识基础,但这是远远不够的,精神世界还要摆脱客观对象的束缚,超越意义世界,进入自由的境界,而体悟阅读就是要完成个体由意义世界到精神世界的升华。

　　体悟阅读具有以下特征:一是个体性,阅读活动是客观文化与主观精神的统一。在这一过程中,很容易造成一种主客分立现象,即客观文化完成对文化主体的塑造,即主体的客体化,阅读者成为社会文化的一个组成部分,社会文化得以传承,这种的阅读是一种共性阅读。而体悟阅读则是以个体的意识或意义的沉积为基础的,阅读活动唤醒了这种沉积的内容,对意义的生成及精神世界的建构完全是个体化行为。二是意会性,阅读是从客观文化到读者精神世界形成的过程,在这一过程中,存在着许多主观性、非逻辑性的内容,如读者对阅读内容的理解很大一部分要借助于非逻辑的"心领神会"来完成,同时,教师对客观文化的传递,也存在着教师本人对客观文化的主观意会性理解,这也会改变文化本身的客观性,再加上教师表述得言不尽意,让学生又有了意会的机会。对阅读的最高目标精神境界的建构,也不能做客观精细的分析和量化,这一切都只能通过意会来完成,这也是"道"不可言说的特点所决定的。三是内向性,阅读有显性和隐性两种活动同时进行,显性是指阅读中文化知识、文化规范等内容的传递,这种结果是可以用量化的形式来衡量的,是外显的。而体悟阅读指向对读者精神世界的建构,则是非逻辑的、内隐的,它指向读者的心理世界,是不可用外在的形式来衡量的。四是创生性,体悟阅读最大的特点就是对意义的创生,它基于客观文化但又超越客观文化,通过文化的创生形成具有文化创造能力的主体精神世界。它不仅是文化的传承,更是文化的创造,正是有了这种文化的创新,让文化在阅读过程中不再是量的积累和叠加,更是质的飞跃过程。每一名读者对文化的创新都赋予了文化新的生命力,让文化得以不断地推陈出新,在继承的基础上不断发展和传播。

二、体悟阅读与汉语特点的契合

(一)汉民族的具象思维方式及特点。"思维方式是一个综合性范畴,指的是主体在思维活动过程中,在一定的观念、知识和方法论基础上形成的思考、评判对象世界的方式或样式。概括地说,就是主体反映客体的思维过程中,定型化了的思维形式、思维方法和思维程序的总和。"①思维方式具有鲜明的民族性,一种思维方式一旦形成,就会和这一民族整个的文化活动紧密相连,制约并影响着这个民族实践活动的发展方向及其深度和广度。

具象思维与抽象思维是两种基本的思维方式,抽象思维是借助于逻辑,运用概念、判断、推理等思维形式来认识事物本质及内在联系的一种思维方式;而具象思维主要借助直观的形象,运用直觉、灵感、联想、想象等思维形式,把感性材料组织起来,最终形成主体对事物属性、特征及其关系认识的一种思维方式。西方民族偏重于抽象思维,德国哲学缜密的逻辑思维就是一个有力的例

---

① 荣开明等:《现代思维方式探略》,华中理工大学出版社1989年版,第30页。

证。而在中国几千年的传统思维中,虽然也含有抽象的因素,但它更注重直觉、体验、领悟,因此它属于典型的具象思维。"观物取象"和"象以尽意"可概括为汉民族具象思维的表现形式。"观物取象",意即取万物之象,经过类比、比喻等思维活动,把这些表象加工成具有象征意义的符号,以此来反映、认识外在事物及其规律。《周易·系辞》有云:"古者庖牺氏之王天下也,仰则观象于天,俯则观法于地,观鸟兽之文与地之宜,近取诸身,远取诸物,于是始作八卦,以通神明之德,以类万物之情。"这里的"取象",并不是对认识对象的外在形象作简单的模仿,而是对所要认识的事物进行多角度、多层次的反复观察与感受,才完成"取象"过程;所取之"象"也不仅仅是事物表面之直观形象,它是通过对事物纹、理、节等物象特征的概括、提炼,完成对蕴含其中"情"和"道"的象征与表达,即"象以尽意"。由此可见,"观物取象"、"象以尽意"的思维方式,是以事物外在形象为思维的起点及内容材料,通过一连串的思维活动,达到对事物的认识,是一种典型的具象思维方式。后人从《周易》这段有关"观物取象"的论述中归纳出了"观物——取象——比类——体道"的认识论方法。这种运思方式的日积月累,沉淀凝聚为汉民族的具象思维方式,对汉民族的思想意识和实践行为等方面产生了深远的影响,并最终形成了光辉灿烂的中华文化。

　　具象思维具有如下特征:一是形象性,即主体在认识新事物时,要从大脑的记忆中选取储存的材料,通过类比、比喻和象征等手段形成对新事物的认识,所以具象思维一刻也离不开大脑中的形象材料,形象性是其最主要的特征。二是关联性,即在认识事物时,主体是从事物的外在形象入手,通过与头脑中储存的相关联、相类似的形象材料发生联系,通过新旧事物之间的类比,并通过想象、联想等手段来达到对新事物的认识。三是整体性,即在认识个别事物时,不是把认识对象做局部、孤立的处理,而是从整体上加以把握,注重认识对象之间以及对象内部各要素之间的联系。四是主体性,抽象思维总是把认识的对象放在第一位,以认识客体为本位,而具象思维则强调认识主体对客体的主观感受,是以主体为本位的。五是创造性,即具象思维对客观事物具象化的表现不是简单地复制或重现,而是一种创造性的认识和反映,它意味着新意义的创生。

(二)具象思维对汉语形式的影响。一个民族的思维方式影响着这个民族的语言形式,正是各民族不同的思维方式,形成了今天世界上各具特色的语言形式。汉民族具象思维方式,直接影响了汉民族语言的产生、演变和发展。汉语处处彰显着具象思维的特征,无论是字词、语句,还是言语作品,无不体现出汉民族具象思维的运思方式和途径。

汉语中的汉字、词语体现了具象思维的特点。汉字从字形上看,是依形而造字。许慎《说文解字》序中有云:"黄帝之史仓颉,见鸟兽蹄远之迹,知分理之可相别异也,初造书契。"由此推断,最初的汉字都是"依类象形"而创造出来的,后来汉字经过隶变,字形发生了很大变化,但这都没有改变汉字象形表意的性质;从字音上看,汉字是依声而定音,这种依声定音成为汉民族象声造字法,与象形造字法相辅相成,"听声取音"正是汉民族"观物取象"具象思维方式在造字中的具体表现;从字义上看,汉字是以象表意,汉民族在确定抽象概念时,是沿着"观物取象"的运思途径来进行的。汉语词语的构词方式也体现了具象思维的特点,汉语中许多名词、动词,大都是用事物的外在形象来表述的,比如一些名词:斑马、长颈鹿、眼镜蛇、杏眼、虎牙、酒窝、矛盾等,都是用一种形象的譬喻,来代替某一具体事物或一种抽象概念。还有一些动词,如蜗居、龟缩、鲸吞、捧腹、吹牛、吃醋、棘手等,都能呈现出某种特殊的动作形态,形象逼真。汉语中的一些成语、典故,如楚河汉界、胸有成竹、怒发冲冠、卑躬屈膝等,更有着丰富的形象色彩,都具有汉民族鲜明的具象思维的特点,而拔苗助长、风声鹤唳、塞翁失马、愚公移山、指鹿为马等成语,不仅形象生动、通俗易懂,而且含义深刻,承载着汉民族深厚的传统文化意蕴。

汉语的语句、篇章结构组成也体现了具象思维的特点。首先从语句的构造、语序、语法方面看,汉语语句在构造上追求内在意义的完整性,对于语句的结构并不看重,句子成分的缺失是常见现象;在语序构造上,汉语不同于英语,英语总是以谓语动词为中心,把句子的其他成分罗列在主语和谓语前后,汉语则是根据实际动作发生的顺序或逻辑推论上应有的因果顺序,来安排单句和复句,这和主体对外界的感知顺序和思维顺序相一致,体现出汉民族形象直觉的特点;在语法上,汉语语句重视"意合",不重视语句的外在形式,不像英语的语法那样缜密、完整,因此,汉语语法是隐性的、灵活的,是"不讲理"的,它会根据所要表达的意思和环境而变动,这正是具象思维中主体性特征的体现。其次,从汉语篇章的谋篇布局、结构组合上看,也体现了具象思维的特点。英语习惯于开篇即直接点明主题,后面的各个段落也是以点明本段意思的主题句开头,属于一种直线型的篇章组织形式;而汉语在表述过程中则常采用归纳和推理的方式,步步深入,最后得出话题或中心词,篇章布局更像是一种螺旋式的结构。英语的篇章结构非常严整,不仅每一个句子都有独立的意义,而且句子与句子之间联系紧密,逻辑清晰;而汉语篇章结构不那么规整,它注重整体而不追求单个句子的完整性,单个句子的意义只有在整个段落或整篇文章中找到答案,若单独抽出来则往往无法理解其要表达的含义,因此,联系上下文语境来理解语句非常重要,这些特征正是反映了汉语具象思维的运思习惯。

汉语作品的表达方式也体现了具象思维的特点。《道德经》开篇两句"道可道,非常道;名可名,非常名"已经告诉人们,凡意蕴深刻的哲理都不可能用外在语言轻易地表达出来,在我国语言发展史上,就发生过著名的"言可尽意"和"言不尽意"的"言意之辩",对汉语的表达方式甚至汉语的整体发展都产生了深远的影响。汉民族语言在对事物的描述、情感的抒发、事理的推演上,不同于西方民族的语言,西方哲人苏格拉底认为,辩论可以让哲理变得越来越明晰,受这一致思倾向的影响,西方语言在表达上讲求完整而深入,并且重逻辑和思辨,在对事物的论述上要求尽可能地详尽,这正契合了他们抽象思维的特征。而汉语则不注重详尽的阐述,作者会用具象的手法来捕捉事物的形态,然后用一系列相关联的意象营造出一个个意境,引领有共同文化经历的读者走进意境,在与作者的对话中引起心灵深处的触动,进而形成自己独特的阅读体验。汉语作品更注重对形象的选取和营造,外在语言形式完全是为表达内心情感和思想服务的。因此,汉语作品有着自己鲜明的特征:一是形象性,作者总是通过塑造完整的形象来表达情感,形象塑造的成功与否也是判定作品优劣的重要标准;二是含蓄性,作品所呈现的内容往往不是用语言显性地表述出来,而是隐藏在语言形式背后,等待着读者去发掘;三是主体参与性,读者不是作品中信息的简单接受者,而是作品的参与者,读者只有通过品味语言,感受形象,才能走入作品,并进而调动以往的情感体验,实现与作者的倾情对话,最终完成对作品的完整解读。

　　(三)汉语作品心理内向性特点及其对阅读教学的要求。汉民族对外界事物的认识方式不是对象性,而是意向性的。认识活动的重心集中在认识主体内在的心理活动上,用主体的修养代替对客体的认识,内心体验是一切认识活动的出发点。表达过程也是如此,主体并不去刻意描绘外在事物形貌特征,而是从内在心理体验出发,展示自己对事物的感受和思考,这也是具象思维影响的结果。正因为如此,汉语作品特别是汉语文学作品总体上呈现出一种心理内向性的特点。概括说,汉语作品具有语言意象性、情感内指性、意蕴模糊性等特点,分别对阅读教学提出了不同的要求。①

　　一是语言意象性与阅读教学。中国传统思维把自身作为认识活动的中心,若要认识外部世界,首先是认识自身,自身的心理体验是认识其他一切事物的出发点。同样,对事物的表达也是从自身的认识体验出发,把对事物的所感所思以内心的心理流程为序表达出来,而不是过多地纠结对象性事物本身。"言"、"象"、"意"是认识和描述事理的三个主要要素,可分为以下几个环节。一是在认识事物时注重"观物取象",通过自我体认形成心中的"意",这种"意"的形成不是通过抽象思维的概念、判断、推理的方式,而是用形象、联想、想象的方式来完成的。二是立意于象,设象喻理,把对事物的认识以"象"的形式呈现出来,"象"承载着作者对事物的所感所思等各种内心体验。三是微"言"以尽"意",因为"言不尽意",作者的认识是丰富的、无形的,而语言无法穷尽作者所有的感受体验,这里的"言"也不是抽象语言,而是形象语言,

<hr>

① 参见拙作《文学作品教学要把握文学语言的特点》,《文学教育》2011年第1期。

具有比喻、象征、联想等特征,可以表达出抽象的意义。四是阅读时得"象"而忘"言"、得"意"而忘"象"。读者从"言"到"象",再从"象"到"意",完成对"意"的获取过程。在整个过程中,"言"是为"象"服务的,而"象"是为"意"服务的,"象"在作品中起到的作用,一方面它承载着作者给予作品的全部意义,另一方面它又是连接作者和读者的纽带,意义在这里进行传递和激发,因此,作者总是竭尽全力设计好作品的"意象",而读者也总是想方设法走入作品的"意象"世界,"意象性"是汉语作品的一个重要特征。

　　古代汉语作品对意象的营构非常重视,马致远在《天净沙·秋思》中对意象的创设,堪称意象呈现中的经典。作品描写了一位远离故土独行旅人的悲凉心理,但他并没刻意着墨于对这位游人悲凉心理状态的描绘,而是给读者并列呈现出一连串的意象,让读者在感受这些意象中体会到作者所传达出旅者内心的孤独与悲凉。"枯藤"、"老树"、"昏鸦",三者之间虽没有什么连接词,但它们的关系并没有什么混乱。"枯"、"老"、"昏"三字带给读者的心理感受是一致的,那就是一种情绪上的悲凉感。"小桥"、"流水"、"人家",这里不但没有什么悲意,反而给人以活泼、欢快的感觉,这里呈现的正是旅者身在他乡的景象,这不仅没有减轻旅者内心的悲凉,反而更反衬出身在他乡的孤独与失意。接下来的"古道"、"西风"、"瘦马",与前面的"枯藤"、"老树"、"昏鸦"相一致,在情绪上又有了统一性。"古道"是指现已经废弃的道路,往日的热闹、喧嚣已不复存在;"西风"就是指秋风,而秋风往往会让人联想到萧瑟、肃杀的景象;"瘦马"让人想到的是骨瘦嶙峋、有气无力的老马。这三个景物的出现,在原来静止的背景画面上作了进一步的延伸,一匹老弱的瘦马,一个孤独的行人的出现,更深化了原来的悲凉情绪。"夕阳西下",改变了原来意象的并列呈现,表达上出现了变化,但以景寓情的方式并没有变,映衬着西下的夕阳中的孤独、缓慢行进的身影,旅者内心的那种漫无目的、没有归宿的心理显得更加苍凉。最后一句"断肠人在天涯"直抒胸臆,点明"秋思"主题,"断肠人"和"天涯"把这种凄凉的情绪推向了顶点。如果没有点明主题、直抒胸臆的最后一句,作品的呈现会显得过于平淡,缺少情感的升华,反过来说,作者一开始就作细致入微的心理描绘,而没有前面的意象呈现,不论心理描绘的程度如何,作品都会显得平淡无奇。正是因为前面的各个意象的出现,把读者带入到一种预设的情境中,在不断地渲染、强化下,最后的直接抒情才能起到画龙点睛的作用,而这正是这一作品成功的关键所在。现代的汉语诗歌、散文在表达上也经常用意象呈现的方式把意与象、情与景结合起来,都起到了很好的艺术效果。

　　二是情感内指性与阅读教学。汉语作品大都是作家情感的一种语言化的表现。索绪尔把记录事物的语言分为两个部分,一是能指系统,一是所指系统,认为语言既有指称功能,同时又具有表现功能。人们对客观世界的认识也分为两种态度:一种是理性的,它偏向于对事物第一性的认识,表述语言多是运用语言的指称功能,要求语言真实而准确;另一种态度则是偏于感性的,它偏向于对事物第二性的认识,认识的结果表现为主观的情感,注重语言的表现功能。作家以自己感性的态度认识世界、体悟人生,积聚了深刻的心理体验。这种心理体验往往是模糊的、无形的、杂乱的,而语言的发展却越来越走向抽象,指称功能大大增强,表现功能却逐步削弱。这就使作家遭受到一种"表达的痛苦",即要用抽象化、概念化、指称化的语言,来表达内部世界模糊的、无形的、杂乱的心理体验。如何用语言来表达复杂而丰富的思想,这是每一位作家都要面对的问题。

　　受传统具象思维方式的影响,汉语作品在表达内心思想时,没有走向语言对表达对象的精细化描述,而是用一种情感化的语言,赋予对象以新的意义,让语言与所指世界形成一种间接的、转嫁的关系,如语言符号"绿叶"所指意思是"新长出来的嫩叶",而它表示的意思却可以转嫁为"新生"、"希望"、"春天"等。作家表达自己内心的情感,不是通过对其进行具体的语言描述来实现的,而是通过语言所蕴含的意义以及变换语言的形式来实现的。我国古代文论也一直注重用语言形式本身来表达思想情感,"文忌显而贵隐",讲究"文近旨远"、"意在文外"、"妙在似与不似之间",都说明语言蕴含意义以及这种语言的组织形式对于汉语作品的重要意义。杜牧《江南春》写道:"千里莺啼绿映红,水村山郭酒旗风。南朝四百八十寺,多少楼台烟雨中。"这首诗用艺术概括的扫描手法,多层次、多侧面、立体性地描绘出了一幅多姿多彩的千里江南春景图,是一首别有境界的好诗。但明代学者杨慎却指责说:"'千里莺啼',谁人听得?'千里绿映红',谁人见得?若作十里景,村郭楼台,僧寺酒旗,皆在其中矣。"①杨慎的解读失误,就在于没有认识到汉语作品内指性的特点。他以生活的真实作为标准,来衡量汉语作品所反映的艺术真实,在文学史上留下笑柄。汉语作品中这种例子还有很多,如李白"飞流直下三千尺,疑是银河落九天"、"白发三千丈,缘愁似个长"、"桃花潭水深千尺"等诗句。这些数字都不是指其本身精确的意义,只是作者内心情感的表达。如不然,对"燕山雪花大如席,片片吹落轩辕台"这样的诗句就更无法理解了。

　　现在阅读教学提倡学生对文学作品进行个性化解读,但解读

①丁福保:《历代诗话续编》,中华书局1983年版,第800页。

效果极不理想,出现了误读甚至粗俗解读文学作品的现象。如对《水浒传》中武松打虎一章,读不出武松过人的胆魄和精湛的武艺,却认为武松打虎是不珍惜稀有动物;把作品中一百多位英雄人物都评价为无恶不作的暴徒,而看不到作品所要表达的造成"官逼民反"的社会深层含义。种种解读现象,都说明学生包括一些老师没有认识到文学语言的这种内指性特征,没有认识到生活真实和艺术真实之间的区别。我们在阅读中切忌犯"自然主义"和"机械分析"的错误,以生活之实去考量艺术之真,而若以日常语言要求其真实准确,则会变得荒唐可笑,这样就永远无法步入文学艺术殿堂。

三是意蕴模糊性与阅读教学。具象思维本身就具有模糊性的特点,这种模糊性表现在思维主体、思维对象、思维方法和思维结果各方面都是模糊的。古代中国人把整个宇宙看作是一个混沌的整体,对事物的认识也是从整体上综合地把握其总体特征,忽视对事物做具体的分析,讲求"只可意会,不可言传",重视直觉体悟,不求真实、精确,"道生一,一生二,二生三,三生万物"、"大音希声,大象无形,道隐无名",这种认识论思想,带有朦胧、笼统的特点,受这一思想影响下的认识活动及对认识结果的阐述也大都带有模糊性的特点。

汉语作品的模糊性,首先是由汉字本身的模糊性造成的。"三"、"六"、"九"等本来表示确切含义的数字,代表的却是笼统的概数"多"的含义,汉语中大量的词语有着不同的义项,如"一"字,在《词源》中有十三个义项,而在《辞海》中有十九个义项。再如"打"字,本义和动手这一动作有关,而在"打车"、"打招呼"、"打情骂俏"中,你根本想不到它和最初的"打"有什么联系。这些字词义项之间有的根本就没有关系,有的甚至意义相反,如同一个

"沽"字,在"待价而沽"中,是"卖"的意思,而在"沽名钓誉"中,则是"买"的意思。正是这些字、词义项在理解上的多种可能性,导致了作品解读中的不确定性和模糊性。汉语作品的意象也大都具有模糊性的特点,在戴望舒的《雨巷》中,所有的人和物都披上了一层朦胧的外衣,雨巷、我、丁香姑娘、篱墙、油纸伞、雨既各有特征,同时又具有多样化的象征意义,狭窄阴沉的雨巷、徘徊独行的作者、像丁香一样结着愁怨的姑娘,这些具有象征性的意象使全诗更加的"朦胧化"。诗中反复使用叠加与组合的表现手法,营造出远与近、飘与飘忽不定的印象,让诗中的意象变得更加模糊。汉语作品的意境也具有模糊性的特点,《文心雕龙·隐秀》云:"夫隐之为体,义生文外,秘响旁通,伏采潜发,譬爻象之变互体,川渎之韫珠玉也。"意即内在的道理不直白地说出来,而是潜藏、引发地表达,内明而外润、辞浅而义深。依据此理论,意境的创设也不是正言直叙、一语道破的,而是委婉曲折、含蓄蕴藉的。作者对意境的创造并不是对自然景物或社会生活的简单复制或摹写,它是一个作者主观意识与外在客观形态之间相互激发的动态过程,在这个过程中存在着境对意、景对情的诱导与激发,同时存在意对境、情对景的观照与渗透,即使是相同的境与景,由于不同人的经历不同和文化背景不同,其心理运动的内容与方向不同,产生的结果也千差万别。同时,不同作者对比喻、象征、渲染、托物言志等表现手法的应用,更使得作品意境具有了模糊性的特点。也正是对这种模糊意境的个性化解读,产生了丰富多彩的阅读审美与鉴赏活动。

第三节　阅读教学文化价值的实现途径

体悟阅读是按照品味—体验—领悟—践行这一过程来实现对作品的阅读的，这一方面是对古代阅读教学经验的继承，同时又是汉语作品内在结构特点所要求的。古代阅读教学把整个教学过程分成了四个方面，即阅读内容、理解意义、自我建构、文化践行。体悟阅读正是对这一阅读教学过程各要素的继承，由外而内，由品味到理解，再到领悟，从而完成对自己文化建构的。除此之外，体悟阅读这一过程同时又是对汉语作品本身的内在结构的契合。凡经典作品其结构往往是分层次的，至于具体分几个层次以及每个层次的内容特征，不同学者持不同观点，但普遍认为好的作品至少有三个层次。第一个层次是显性的语言层，就是由语言按照时间、空间顺序，将人的一切行为以及人的生活环境等要素结合所构建起来的整个大千世界，这是汉语作品基本层次，因为任何作品都离不开人及其生活的环境。第二个层次是隐性的情感层，从这个层次可以看到作者潜在"意脉"的变化、流动过程，它隐藏在第一个层次的背后，但又推动着显性层面内容的变化。第三个层次是意义层，这也是最隐秘的层次，它是作者对意义世界的思考，包括人之价值、生命的意义等一些深刻的道理。与汉语作品的结构分层相对应，体悟阅读也是从三个层次展开的，最后加上践行活动，达到对人的完整性建构。

一、悟形：形形相激

一个人在成长的过程中，会经历许多让他感动的人和事，都会对他的情感成长起到重要的作用。这些情感会储存在人的内心深处，有时不经意间会被触动，而每一次回味都是一次情感课程的复习，它会加深对情感的体验，以及对情感背后人生哲理的领悟。情感作为一种感受和体验，其状态是朦胧模糊、无法用言语形容的，它以内部编码的形式被储存起来。每个人的内部编码不同，储存方式也会不同，但是有一点是相同的，那就是对这种编码使用的标签。这种标签往往是以映像的形式存在的，每当触及这一映像的时候，其背后连接的情感感受和体验就会被调动起来，影响着人的情绪和心理状态。它就像是一张老照片，触动人的回味神经，让人重新走入心理储存的情感世界。汉语作品一个重要特征，就是用创设形象的方式来表达情感和哲思，凡是优秀作家都不惜笔墨来塑造作品中的形象。形象塑造是否成功，也就决定着作品的成败。读者对作品的阅读，就是一个解码、识码和重新编码的过程。通过对作品中形象的感知，会逐步联想到读者储存系统中的内部形象，外部形象会对内部形象有一个激发和唤醒的作用，外部形象背后的情感与内部形象背后的情感在激荡后走向融合，这种激荡是一种情感的高峰体验，而融合的结果是读者情感世界的重新建构，它会变得更加的丰富和深刻。而体悟阅读形象性与联想性的特点，会帮助读者通过"悟"作品之"形"，主动把作品的"形"与读者内在的"形"对接起来，迅速调动起读者的情感体验，让其尽快走入作品的情感世界，在与作者的倾情对话中不断丰富自身的情感世界。所以，对作品形象的感知是读者走入作品并体验情感、获取意义的必由之路，因此，体悟阅读首先要求读者要悟形，即对作品形象做深入感知。

　　一是感知自然景物之形象。有道是"一切景语皆情语"，作者绝对不会只是为了景物而写景物，而感知这些景物就能触摸到"景"背后隐藏着的"情"。如朱自清在《荷塘月色》中把月下的荷塘写得那样朦胧、美丽:轻轻的风,微微的花香,薄薄的云,淡淡的雾,朦胧的光,以及像"碧天里的星星"、"刚出浴的美人"的荷花,"亭亭的舞女的裙"的荷叶,还有微风吹过之后"仿佛远处高楼上渺茫的歌声似的"等形象。正是这些梦幻般的景物,组成了作者心中的"桃花源",和"这几天心里颇不宁静"相互映衬,只有感受到作者呈现给我们的身外的世界,才有可能走进作者的内心"不宁静"的世界。二是感知社会景物之形象。凡传世经典作品一定会和特定的社会大背景有着密切关联,以小的视角来反映社会的演进与变迁,因此,对反映社会的景物感知,直接就能把握作品的主题,领悟作品蕴含的意义。如鲁迅在《祝福》中,第一段简短的几句话"旧历的年底毕竟最像年底,村镇上不必说,就在天空中也显出将到新年的气象来……我是正在这一夜回到我的故乡鲁镇的",看起来是景物描写,其实是交代了故事的时代背景:"大革命"并没有给鲁镇带来什么大的变化,一切还是原来愚昧、落后的老样子。对这一社会背景的了解则会帮助读者更深刻地理解作品主题。三是感知人物形象。作品人物形象在很大程度上寄寓着作者所要表达的情感,对作品人物形象的把握历来是读者必修的功课之一,鲁迅先生笔下塑造的许多人物都有血有肉,如阿 Q、孔乙己、祥林嫂、闰土等,不仅表现出作者赋予他身上的个人情感,有些甚至反映出一个时代、一个民族的共同心理特征,只有透过对这些鲜活人物的形象感知,我们才能更好地读懂作品。需要特别指出的是,在感知作品形象时,一定要把形象放到整个作品之中,汉语作品注重整体的营构,我们切不可对作品作肢解性的分析,任何的形象也只有在整体中才能显示其完整的意义。

二、悟情：以情动情

　　每一部作品都是作者内部多种心理机制协调运动产生的结果，"而创作主体的感知、表象、想象、理解等心理过程无不灌注了情感的因素，于是出现了感知、表象与情感的融合，想象和情感的融合，理解和情感的融合"①。情感不仅是作品创作的动机和影响作品发展的内在因素，更是作品灵魂的体现和判断作品有无艺术价值的依据。读者只有透过作品外在的语言形式深入作品所寄寓的情感世界，与作者展开情感的对话和交流，体会作者所蕴含的丰富而细腻的情感，并最终形成自己独特的情感体验，才谈得上对作品的真正阅读。体悟阅读中的悟"情"，就是通过深入体验作品中的情感，来触动自身的内部情感，在情感的互动中不断丰富自我情感。

　　体验作品中的情感，一是体验情感语言。作品中的一些关键性词语或短句，往往是读者进入作品情感世界的窗口，如《红楼梦》中，宝玉遭父亲痛打一顿回来，黛玉虽早已泣不成声，双眼肿得像水蜜桃一般，但见到宝玉后只一句"你从此可都改了吧！"寥寥几个字，却把她内心的那种担心、不安、心疼、怜惜及无奈等复杂情感隐含其中，脂砚斋评为"心血淋淋，酿成此数字"。再如归有光《项脊轩志》中最后一句"庭有枇杷树，吾妻死之年所手植也，今已亭亭如盖矣"，作者没用一字来写对亡妻的怀念，但那种物是人非、睹物思人的心绪会在读者脑海中久久挥之不去。在这里，树和情已融为一体，物即情，情即物，这就是情感语言所具有的魅力。二是要走进作品的情境。汉民族具象思维的特点，决定了汉

---

①童庆炳：《文学活动的美学阐释》，陕西人民出版社1992年版，第139页。

语作品情感表达是通过含蓄、委婉的方式呈现的。它往往是通过记叙其他事物，创设相关的情境，通过这些事物和情境间接、含蓄地表达出来。如一句"孤帆远影碧空尽，惟见长江天际流"，十几个字就营构出一个江边送友的情境：友人渐行渐远，一叶孤舟终于在视线中完全消失，自己仍迟迟不愿离去。作者未用一字描写朋友惜别之情，但这一画面已经把作者惆怅与不舍的离愁别绪含蓄地表达出来。只有走进这种情境之中，读者才有可能体会到作者寄寓其中的深厚情感。三是要进行角色换位体验。读者应成为作品角色的参与者，与作品人物或作者做角色的换位体验。如阅读朱自清先生的《背影》一文，我们只有把自己摆在作者的位置上，才能体味到朱自清在作品中流露出的复杂情感：在喧嚣的新文化运动中，接受新思想的知识分子往往都会有这样的经历：与自己的父亲——被视为旧文化势力的代表，发生过冲突和抗争，但新文化运动之后，他们开始了理性思考，人性和亲情得以回归。作品看似只是描述父子之间的感情以及儿子对父亲的悔意，其实它更是特定文化背景下一代知识分子心路历程的写照和心声的表达。读者只有走入那一时代，走入作者内心，有了这种角色体验，才可能感受到作者寄寓其中的厚重情感，领会作品背后深厚的文化意蕴，真正地读懂作品。

　　例文导读：朱自清《背影》的文化意蕴解读①

　　一、教学解读的质疑："父子感情"——主题还是题材？

　　《背影》可谓我国现代散文中的一篇精品佳作，作者在不足一千五百字的短小篇幅中，用质朴而细腻的笔触，回忆勾勒了父亲充满温爱的背影，让读者感受到一种情真意切的父

----

① 参见拙作《〈背影〉的文化意蕴解读》，《语文建设》2011年第2期。

子深情。正因为如此,历来对《背影》的教学解读,都是以"体会作品所展现的父子深情"这一解读要求来展开的,即认为"父子深情"是作品所表达的主题。

《背影》自 1925 年诞生至今九十多年的时间里,被各类语文教材列为重要的教学篇目,这种待遇是极其少见的。"这篇短文被选为中学国文教材,在中学生心目中,'朱自清'三个字已经和《背影》成为不可分割的一体了。"①朱自清病逝时,各类刊物对其报道的标题有:《一代文宗溘然长逝——朱自清的〈背影〉去矣》、《长向文坛瞻"背影"》等,可见朱自清与《背影》在现代文学史中的重要地位。一篇描写父爱的作品,如何能产生如此重要的影响?"父子感情"的主题能承受起《背影》在现代文学史中显赫的地位吗?

二、父子冲突的剖析:在文化背景中探寻作品的深层意蕴

《背影》在用温情的语言表达父子深情外,字里行间也流露出作者曾经对父亲的言行不以为是的态度,这可以从作者几处的心理活动描写中看得出来:第一处,当父亲决定亲自为自己送行时,作者写道:"其实我那年已二十岁,北京已来往过两三次,是没有甚么要紧的了。"第二处,当父亲跟脚夫讲价钱时,写道:"总觉得他说话不大漂亮,非自己插嘴不可。"第三处,当父亲又嘱托茶房照应儿子时,文中写道:"我心里暗笑他的迂……难道还不能料理自己么?"对这些心理描述,如果不做深入地推敲,很可能就只会把它们当作一种衬托,来显现父亲对于"我"无微不至地关怀,其实,作者是在

---

① 苏双碧、陈梧桐:《吴晗文集》(第四卷),北京出版社 1988 年版,第 121 页。

反复而又含蓄地表露他与父亲之间存在的矛盾与冲突。

　　朱自清与父亲的冲突是确实存在的,而且是非常尖锐的。朱自清大学毕业后于1921年到扬州任教,父亲凭借与校长的私交直接将他每月薪金取走,"这种专制式的家长统治激怒了朱自清。一个月后他愤然离去,到外地执教"①。后来他带着妻儿回家,父亲则不准他进家门。父子之间的矛盾在朱自清的两篇文章中也有所体现:在《笑的历史》中,他通过一个少妇的口吻透露:"你有了事以后,虽统共只拿了七十块钱一月,他们却指望你很大。他们恨不得你将这七十块钱全给家里!"在《父母的责任》中,他直接写道:"以我们的标准看,在目下的社会里——特别注重中国的社会里,几乎没有负责任的父母!"都折射出朱自清与父亲之间尖锐的矛盾冲突。

　　朱自清父子之间的冲突,如果仅仅以为是家庭经济上的冲突,那未免太过于肤浅了,它实则反应的是一种中国新旧文化的冲突。"五四"时期,中国文化经历了一场深刻的变革,来到北京大学读书的朱自清当然会受到新文化运动的影响,他参加创办了学校的《新潮》刊物,主张进行"伦理革命",痛斥封建家庭为万恶之源,呼唤个性解放。作为新文化运动推动者的朱自清,与旧文化势力维护者的父亲之间的矛盾冲突,当然是非常尖锐的,而且是不可避免的。他们父子之间的冲突,已不再是简单个别性的父子冲突,而更具有普遍性的意义。父子冲突是一代知识分子文化斗争心路历程的缩影,它实则代表着一种传统文化与现代文化的矛盾与冲突,

①关坤英:《朱自清评传》,北京燕山出版社1995年版,第165页。

凝聚着"五四"时期知识分子的特有情结。

三、子对父的忏悔:文化喧嚣过后的理性沉思

在《背影》中,朱自清更多的则是在表达一种深深的忏悔之意。作品写于1925年,记叙的则是1917年父亲送"我"北上读书时所发生的事情。文章共分7个小段,除了第一段和最后一段外,中间五段都是按照时间的顺序描述了8年前的情景,但在两处直接加入了他写作时的感情:一处是父亲与脚夫讲价钱时,自己总觉得父亲说话不够漂亮,非自己插嘴不可,回想当时的情景,朱自清写道"我那时真是聪明过分";另一处是父亲嘱托茶房好好照应"我"时,"我"却暗笑他的"迂",朱自清在这里感叹:"唉,我现在想想,那时真是太聪明了!"这两处都能够明显看出作者的悔恨之意。在文章最后一段,作者直抒胸臆:"他少年出外谋生……家庭琐屑便往往触他之怒。"可以看出作者对父亲以前的行为是理解的,言下之意,是"我"以前就应该体谅到这一点,不该与他发生冲突。接着又写道"他待我渐渐不同往日。但最近两年不见,他终于忘却我的不好,只是惦记着我,惦记着我的儿子。"作者用一句"我的不好",再一次表达出他们父子之间的矛盾冲突责任在"我"。正是有了以上对父亲的理解及深深的悔意,最后作者在读到父亲的来信时,才会有"在晶莹的泪光中,又看见那肥胖的、青布棉袍黑布马褂的背影"。作者这时的流泪,与其说是对父亲的思念,不如说是对父亲深深的忏悔之泪。

朱自清的忏悔以及对父亲态度的转变,不仅反映出他情感的变化,更是反映了一代知识分子内心思想的变化。轰轰烈烈的"五四"新文化运动,虽然取得了不可磨灭的成就,但是在同封建传统文化论战的过程中,这些新文化运动的先驱

们也逐渐发现,对一种文化的改造并不像推翻一个政权那样,通过革命的形式在短时间内就会取得成功,它要经过一个漫长的、渐变的改造过程。中国传统文化有着悠久的历史,在中国的土地上可谓根深蒂固,有着深厚的土壤。若想在短时间内彻底改变它,只能是一种不切实际的幻想,如果认识不到这一事实,则必然会招致失败的厄运。在经历了新文化运动的喧嚣之后,知识分子对运动本身开始了深刻反思,这在他们之后的一些作品中可以体会出来。鲁迅先生1926 年出版了他的第二部小说集《彷徨》,从书名上我们就可以体味到他在文化运动中内心感受到的一种迷茫。《孤独者》中深恶一切礼仪的魏连殳也会表现出"都可以的";《伤逝》中的子君"我是我自己的,他们谁也不能干涉我",其结果如何? 只能是悲哀地死去,而涓生最终也彷徨无路。这也是鲁迅先生对新文化运动的深刻反省。朱自清对父亲态度的转变,也反映了在经过文化论战以后,他内心思想所发生的变化。《背影》用表现父子感情的方式,表达了作者对父亲的忏悔之意,从更深一层的意义来看,它实则是表达了"五四"时期的知识分子对新文化运动这一历史性文化现象所作的理性反思。因此,作者用"背影"为题,更具有时代性意义,寓意深刻,发人深思。

四、《背影》的文化解读之于阅读教学的启示

文学作品蕴含着深厚的文化内涵,它是帮助学生精神生命成长的丰富养料。然而,我们在解读过程中却往往会忽略这一点,仅仅从作品表面入手,而不能触及它的深层意蕴。《背影》中父爱只是作品的题材,而作品实际上表达的则是作者对"五四"时期新文化运动的理性反思。季羡林先生在谈

到如何解读《背影》时,也主张把它放到文化的背景中:"要想真正理解这一篇文章的涵义,不能不从中华民族的文化,中华民族的历史谈起","若只拘泥于欣赏真挚感人的父子之情,则眼光就未免太短浅了"①。

《背影》之所以会在中国现代语文教育史和文学史中占据如此重要的地位,是因为它是对特定时代知识分子心理情结的真实写照,是一种历史的沉淀物。阅读这篇文章,就能透过一个家庭父子之间的冲突而触摸到一个时代知识分子的心路历程,触摸到这个时代文化交锋所留下的历史足迹,同时给世人以启迪与警醒。这样一篇闪耀着时代光辉的优秀作品,如果仅仅从父子感情的角度来解读,而不能把它放到深厚的文化背景中去探寻其蕴含的文化意蕴,不能不说是一种遗憾。

三、悟道:道明理清

优秀的言语作品不仅是作者情感的宣泄,同时又是他们对生活、对世界、对人生的深层感悟,是情感和理念的艺术融合体。"凡是优秀的作品,都是把深刻的理思饱含在浓烈的感情波涛里,通过感情抒发来表达某种特定的思想和理念,寄'理'于'情'中。"②"因为作家在创作中表达某种理念和思想时,不可能不伴随着情感的波动,而在抒发感情时,也必然要和他的思想理念相交织。"③这种"思想"或"理念"正是作者所赋予作品的意义和灵

---

① 季羡林:《季羡林说朱自清散文〈背影〉》,《名作欣赏》2003 年第 3 期。
② 曹明海:《文学解读学导论》,人民文学出版社 1997 年版,第 253 页。
③ 曹明海:《文学解读学导论》,人民文学出版社 1997 年版,第 252 页。

魂。因此,我们阅读作品,不仅要体验作品中的情感,更要顺应作者情感发展的过程,去领悟作者寄寓于作品中对自然、对社会、对生活和对人生独特的体验,从作品的意义中领悟到自身存在的意义。悟"道",就是通过作品意义的领悟,实现对自我人生意义的建构。

领悟意义,首先是对作品蕴含意义的理解。人的生活是有意义的,而人对意义的获得,绝大部分是通过对言语作品的理解获得的。汉民族对世界所有的认识和理解,都是通过语言的形式储存下来的,因此可以说,汉语不仅帮助我们认识了这个世界,更帮助我们认识自身存在于这个世界的意义。"理解"则把语言中的潜在意义转变为人之真正意义,"因为语言已经拥有了历史、传统、文化,而人在掌握理解语言时,就理解了历史、传统和文化的意义,与它们建立了意义关系,这种意义关系在世界中对人具有了定向的性质"①。读者在理解作品意义的过程中,始终是保持一种敞开的态度,把自身的体验融注到作品的意义中,在对他人世界的理解过程中,必定会引起对自身意义的反问,进而进一步认识自身,认识自身存在的意义。

领悟意义,同时又包括对作品意义的建构。阅读不是读者对作品作单方面的对象性阐释,它不仅关注作品,更在意读者在阅读活动中的存在,真正的阅读正是阅读者的阅读,阅读者在阅读活动中发挥着主动性、创造性的作用。读者总是用自己的兴趣、情感和意志同作品做双向的交流活动。读者的这种能动性和创造性,必然会极大地丰富作品的意义,因为读者的头脑中并不是

---

① 金生鈜:《理解与教育——走向哲学解释学的教育哲学导论》,教育科学出版社1997年版,第45页。

一块白板,在全面把握作品之后,读者原有的个体精神必定会同作品所呈现的意义世界产生某种交流,这个交流活动其实就是一个领悟的过程。事实上,每一位读者个体精神世界的形成,也都是通过与外在的客观精神世界不断交流、不断领悟而逐渐建构成形的。因此,阅读活动是一种意义的建构活动,它一方面建构着作品的意义,同时又是读者自身意义的建构。也只有通过这样的阅读活动,汉民族优秀的文化营养才能融贯到读者的血液中,完成一次次文化对人的化育过程。

例文导读:悲剧爱情作品的生命观教育①

中学语文教材与课外阅读材料中,选入了许多篇悲剧爱情方面的文学作品,这都是对学生进行生命教育的极好素材。在教学中,我们应帮助学生认识到爱情之于生命的重要意义,同时更让他们认识到生命的丰富性,从而树立正确的生命观,不断追求生命的永恒意义。

一、生命的遮蔽:只见爱情不见生命的教育

悲剧被誉为最高的文艺形式,悲剧作品在揭示生活本质、剖析人性方面较之其他题材的文学作品更深入透彻,因而具有更加震撼人心的力度。而爱情悲剧作品,因其反映了爱情的悲壮这一人类永恒的主题,一直受到学生们的偏爱。中学语文教材和课外阅读材料中向学生们展现了刘兰芝与焦仲卿、罗密欧与朱丽叶、子君与涓生等许多悲剧爱情故事,也让他们在阅读中结识了繁漪、杜十娘、翠翠、安娜等许多为爱情献身的女性,这都会对他们的情感世界产生深远的影

① 参见拙作《珍视生命,向死而生——谈悲剧爱情作品的生命教育》,《高中语文教与学》(人大复印资料)2011年第10期。

响。在教学中,我们一方面要帮助学生剖析爱情悲剧产生的原因,加深他们对人生、社会和生活的感悟能力,树立正确的爱情观,更重要的是认识到悲剧作品本身所具有的警世作用:让他们树立正确的生命观,认识到生命的可贵,从而珍视生命,避免悲剧的重演。

　　生命是教育之本,是教育存在的根本性依据,离开了生命,无论多么重要的教育,都会因为失去了根本,而丧失教育的本真。"教育的进行意味着生命的展开和成长,教育没有外在的目的,教育的直接目的就是生命。"①然而,在教学活动中,我们的确存在着只见爱情,不见生命的教育。从教育施教者方面来看,教师在教学过程中,对生命缺乏起码的关注,忽视了爱情悲剧作品是进行生命观教育的极好的素材,不能挖掘作品背后的生命意蕴。对作品的解读上,则过多地体现在探讨爱情悲剧产生的原因上,或是从社会的角度,如探讨刘兰芝和焦仲卿的爱情悲剧是由于封建家长制造成的,或是从人性的角度,如分析繁漪"最具《雷雨》的性格",唯独忽视了对生命的关注。可以说,生命处于遮蔽之中。

　　中学阶段是人生发展的特殊时期,也是青少年生理、心理成长的重要时期。由于生理、心理的急剧变化,他们对爱情充满了好奇,同时又具有一种朦胧感和神秘感。种种的朦胧和好奇,往往促使青少年迫切寻求答案。而教材中的爱情故事,便成了他们最初的启蒙老师,对于爱情悲剧作品,如果得不到生命观的正确引导,他们从作品中学到的不是对逝去生命应有的惋惜,而仅仅是欣赏悲剧人物为了爱情而牺牲生

_____

① 冯建军:《生命与教育》,教育科学出版社2004年版,第140页。

命的行为,甚至幻想着自己有一天也会像作品中的悲剧人物一样,为了感情而不惜付出一切,这样才能显示自己的"伟大"。这种对爱情悲剧作品只见爱情,不见生命的态度,一旦遇到感情方面的挫折,很有可能会发生当代的悲剧。

二、生命的澄明:爱情之于生命意义的理性思考

如果从生命的角度来解读悲剧爱情作品,我们发现,爱情悲剧产生的原因,往往是和女主人公没有认识到生命的丰富性有直接的关系,她们把爱情等同于生命,一旦失去爱情,生命之花也就随之凋落。安娜将爱情看作自己生命的全部,"我要爱情,可是却没有,那么一切都完结了"。最后卧轨自杀也就成为她必然的选择。子君把爱情和小家庭的幸福视为生命的支柱、生活的目的和归宿,"只为了爱,——盲目的爱——,而将别的人生的要义全盘疏忽了"。当她失去爱情与家庭的时候,她也就失去了人生的目的和归宿,生命也就随之结束了。那些殉情者往往是将爱情等同了生命,可作为一名理智者决不能将爱情等价于生命,生命的存在,不是仅仅为了爱情,生命存在意义应该远远超越单纯爱情的内容,对生命意义的追问,也是爱情悲剧作品教学的重要内容。因此,对悲剧爱情作品的教学,我们不仅要帮助学生认清爱情之于生命的意义,树立正确的爱情观,更要让他们认清生命的复杂性、丰富性,从而正确地对待自己的生命。

首先,要帮助学生认识到爱情之于生命的重要意义。生命是复杂的,它包含着丰富的内容,而爱情则是生命中重要的要素之一,人的生命因为有了爱情而变得精彩。一个人的生命如果缺少了爱情,那这样的生命将是不完整的生命。人的生命是自然生命和精神生命的有机体,自然生命的规定

性,要求人与动物的本能生命一样,当生命体进入成熟期以后,会自然地对异性产生一种性的需求,这是生命体的一种本能需求。爱情是人的生命中最美好的东西之一,爱情可以教会一个人学会如何去理解他人、宽容他人,养成忠诚、专一与执着的品格;爱情还可以使人精神愉悦,体会什么是幸福,享受快乐的人生;爱情还可以给人以激情,让人变得勤奋,懂得追求,养成对家庭、集体、社会的一种责任感。所以说,爱情是人生中最美好的事物,没有爱情的生命是一种缺憾的生命。针对青年学生的特点,不失时机地对他们进行爱情观的教育,也是教育的主要内容之一。

其次,要帮助学生认识到人之生命的丰富性。分析爱情悲剧产生的原因,传统上都是从历史的、社会的角度来进行的,直到现代才逐渐开始从人文的角度来分析,但往往也是仅从人的性格方面着手。事实上,从悲剧人物的生命观着手来探讨悲剧产生的原因,使我们更能看到悲剧产生原因所具有的共性方面的特点:那就是悲剧人物都没有认识到生命的复杂性,过于看重爱情在生命中的作用,或者片面认为爱情就是生命的全部。造成悲剧的根源,便是将爱情等价于生命,把爱情当作人生唯一的价值,为爱情而放弃了生命。爱情之于生命无疑是重要的,但它并不是生命的全部。人的生命是自然生命和精神生命的有机体,人的精神生命不仅使人同动物区别开来,而且也使人的生命变得极大地丰富。爱情是人生命中追求的重要内容之一,它不是生命的全部内容,一个人要实现自我的价值,追求生命的意义,除了有这种爱情之外,还应该有更高的追求,那就是对事业的不懈追求,得到社会的认可,从而获得他人和社会的尊重。

三、生命的超越：追问人之生命的永恒意义

首先，生命意义在于人之精神生命的追求。我们知道，人的生命不同于世上其他任何物种的生命，它是一种双重的存在，它既是一种物性的自然生命的存在，又是人类所独有的精神生命的存在。而人之所以为人，主要是因为具有精神生命，人的精神生命使人完成了对自身肉体生命的一种超越。"一个种的全部特性、种的类特性就在于生命活动的性质，而人的类特性恰恰就是自由的自觉的活动。"①而这种"自由自觉的活动"，就是人类所特有的精神生命的体现。正是人的精神生命，使人类从动物本能的存在变为一种文化的存在，精神的存在，不断追求自身生存意义的存在。我们赞扬那种追求高尚的精神生活，为人类创造丰富精神财富的人们，蔑视那些碌碌无为、苟活于世的生命的同时，又必须清醒地认识到，人的生命是自然生命与精神生命的有机体，二者是不可分割的。我们在追求高尚的精神生命的过程中，一定同样要珍惜我们的自然生命，那些用牺牲自己自然生命的代价来追求精神生命的做法是一定要慎重的。一个人的生命价值是以自然生命为基础的，没有了自然生命，人的精神也就没有了依托。

其次，生命意义是一个人的无限性对有限性不断超越的过程。人是现实性的存在，现实性规定了生命的有限性，自从人类产生以来，就没有长生不老的人，人的生命总是有限的。但是，人对生命价值的追求却又是无限的，人永远不满

---

① 中共中央马克思恩格斯列宁斯大林著作编译局：《马克思恩格斯全集》，第42卷，第96页。

足于自身的现实状态,永远对自己说"不"。一个人活着总会有自己的目标,人就在追求自己的目标中前进着,也许在某个时间他会达到自己的目标,但这个目标仅是他人生中的一个阶段目标,而不是终极目标。一个人永远也不可能达到终极目标,直至生命的结束,他还是在追求的过程之中。从这个角度说,人的生命是一个不断超越的过程,是一个无限超越有限的过程,在这个超越的过程中,人才会逐渐地认识自己,认识生命的价值,去探索生命的终极意义。

再次,生命的意义还在于追求一种崇高的美。悲剧是激发人们奋勇前进的力量,恩格斯曾把悲剧定义为"历史的必然要求和这个要求的实际上不可能实现"之间的冲突。悲剧冲突根源于两种社会力量、两种历史发展趋势的尖锐矛盾,以及这一矛盾在一定历史阶段上的不可解决,因而导致悲剧。爱情悲剧是人们在追求爱情自由的过程中,遭到了外在势力的阻碍,因而引发矛盾。悲剧实质是一种崇高的美,它通过丑对美的暂时的压倒,反而强烈地展示了美的最终的、必然的胜利,因而具有激发人们奋勇前进的力量。爱情悲剧作品之所以具有这种美感,并不是因为作品本身的爱情悲剧故事,而是它反映出来的与阻碍爱情自由的旧势力作反抗斗争的精神,这种精神能让人们思考爱情的伟大、旧势力的邪恶,从而激发人们奋勇前进的力量。仅仅为了自己的爱情就付出生命,这不具有悲剧美。由此可见,人的生命意义,只有在同阻碍民主进步的、阻碍社会发展的旧势力的斗争中才能彰显出来。这样的生命已超越了有限时间的规定性,而具有了永恒的意义。

四、践行：内化自觉

体悟阅读一个很大的特点就是实践性。体悟之"体"本身就是体会、亲身实践的意思，汉语作品中的"道"不同于外在的知识，它直指人的内部精神世界，对它的获取不能用简单接受的方式，而是通过"悟"的形式触摸到人的心灵深处，形成一种文化的自觉意识沉淀下来，有时会外显为一种特定的文化规范，指导着个体的实践行动。践行对阅读教学文化育人目标的实现尤为重要，一方面它影响着教学的效果，人之文化过程是否有个体亲身的实践参与，与简单的文化规范的接受相比较，其效果大相径庭；另一方面它又是阅读教学所追求的目标本身，阅读教学所培养的"文化人"，归根结底是能够自觉地按照一定的文化要求践行的社会成员。只是了解文化规则不是阅读教学培养的目标，自觉实践才是目标的实质。古代阅读教学很是重视学生的践行，因为只有践行才能真正检验出学生是否真的完成了文化育人的活动，同时，践行活动也会加深、丰富、固化学生已获得的文化涵养。可见践行之于阅读教学文化价值实现的重要意义。

体悟阅读的践行，一是要把自己的文化价值感悟表达出来。人们对感悟的东西往往停留在一个没有完形的状态，可以说这个时候感悟的结果还不够完整和深刻，如果这样就草草结束了，其教学的效果当然会大打折扣。如果我们引导学生把这种感悟表达出来，这就促使他们做更深一步的思考，把原来不稳定、不深刻的地方想得更加透彻，丰富了原有的内容，甚至还会有创新性的内容出现，因为表达的过程既是一种回顾，也是一种创造，更是一种固化。二是引导学生做角色互换体验。阅读教学的内容也未必都能对接上每一个学生的情感经历，引发学生的情感体验，特别是有着不同时代、年龄、文化背景差距的文化内容,就很难接近学生的心理接受区,应鼓励他们做角色互换的体验活动,让他们在演绎角色的过程中,体验出在一定情境下角色本身应有的情感、作者要表达的情感以及自己超越作品之外独有的情感体验。不仅是课堂上,学生参加学校里举办的一些社团活动,也会把他们平时所积蓄的情感调动起来,起到很好的践行效果。三是鼓励学生在生活中践行文化价值。阅读教学文化价值的意义,并不仅仅是为了提升学生文化修养,最终目的还是在社会生活中做文化价值的践行者,因为如若仅限于个人的文化修养,那对于社会文化价值来说意义不大,真正的社会践行,更应该清楚自己应该承担的社会责任,做社会活动的积极参与者、文化发展方向的引领者,只有这样,社会文化价值和个体文化价值才可能得到很好的实现。

结语:问题依然存在,方向已经明朗

文化育人问题是困扰语文阅读教学的一个基本问题,这一问题绝不是凭借着一两篇论文或一两本专著的探讨就能够解决的。文化育人的问题不仅仅是课程认识的问题,即使有了"工具性与人文性的统一"的认识,阅读教学的文化育人问题依然存在;文化育人问题也不仅仅是教学方法的问题,即使有了语文大讨论后各种教学方法的探索,这一问题也还是存在。当下文化育人问题从根本上来说,是文化本身的问题,在文化转型期,由于没有一个成熟的、成体系的现代民族文化,不清楚现代的文化人到底该是怎样,所以阅读教学也就失去了教育的目标,失去了教学的内容。教学方法当然也是迷茫的,即使有较为合理的教学方法的探索,但脱离教学内容的方法总是苍白无力,教学评价亦是无从谈起。

目前我国文化育人的关键是对现代民族文化的重建,而这一时代性任务又绝非语文阅读教学和语文教师的力量能够完成,它需要集合全社会的力量共同努力。阅读教学作为传承和创新民族文化的主要渠道之一,当然肩负着重要的历史使命,既要承担起重建民族文化的职责,同时又要承担起传承民族文化的重任,通过对学生这一文化主体的塑造,推动民族文化的创新和发展。语文教育工作者只有从宏观上认识到这一时代性问题,才能找到文化育人的切入点，自觉把文化问题与教学问题结合起来，把对人的塑造与对文化的建设结合起来，真正发挥教育的时代性作用。

本书虽然对阅读教学的文化价值概念、特点作了梳理，对阅读教学文化价值取向作了历史回顾与分析，但在文化价值的实践方面，明显感觉到研究还不够深入，还存在着不少的问题，概括出来共有三点。

一是在阅读教学过程中如何实现现代文化的建设问题。笔者虽然提出来阅读教学中存在的文化育人问题与现代完整的文化体系的缺失有直接的关系，阅读教学要完成文化育人的任务，就必须首先要对现代文化进行必要的建设，只有这样，才能有较为完整的文化教学内容。但如何建设现代的文化？这是一个时代性问题，单凭从教育角度出发还是远远不够的。虽然国家提出来要建设社会主义核心价值观，但这只是意识、概念层面的要求，具体的内容会比这些概念要丰富得多，庞杂得多。书中也提出了传统文化的现代化以及中外文化的结合，但这也只是一些宏观的探讨，还无法落实到具体的阅读教学中，这需要可操作性的规范作为指导。如果这个问题得不到解决，广大语文教师在阅读教学过程中会依然面对着如何实现文化育人的困惑。

二是在阅读教学过程中如何实现对人的文化培养。这个问题听起来比较奇怪，本书就是研究阅读教学中文化育人的问题，最后反而不知道如何实现对人的文化培养了？这里笔者是特指在价值实现的实践中的一些困惑。本书虽然对"文化人"应该如何做了分开的梳理，比如从人与自然、人与社会、人与自身等方面，来概括汉民族的文化精神，从现代人的文化价值观方面，梳理出人生价值观、道德价值观、生命价值观等内容，最后又从个体文化生长的层次性上，对个体的文化生成分为初期的民族文化心理结构和较深层次的文化人格两个层面，作为阅读教学文化价值实现的分层目标，但这些对人的文化剖析还缺乏较为科学的理论作为支撑。同时，本书提出用体悟的阅读方式去实现阅读教学的文化价值，但体悟如何更具体地实现阅读教学的分层目标，或者说体悟如何实现人的不同层面的文化成长，这个问题在本文中也没有得到解决，这也是教学实践层面最为深入的问题。

三是如何处理阅读教学过程中文化价值与其他工具价值的关系问题。本书重点研究阅读教学的文化价值问题，但阅读教学除了文化价值外，还存在着其他方面的价值，特别是语言工具价值，如何处理好文化价值与语言工具价值之间的关系，本书也没有去论述，但这个问题确实是困扰广大语文教育工作者的一个现实问题。毕竟目前的阅读教学没有把文学教学与语言教学分开，虽然本书的研究所提到的阅读内容主要是指文学作品和古代的一些文化经典，但即使是这样，也还存在着这些作品的语言工具价值的内容，在教学过程中如何处理好两者之间的关系，也需要在本书现有研究基础上作继续深入的探究。

虽然本书从文化价值的视角对阅读教学的文化育人问题作了相应的研究，但这并不能彻底改变阅读教学中存在的问题，阅读教学文化育人的问题依然存在。本书的意义就在于为阅读教学理论研究提供一个新的思路，只要沿着文化价值这一研究方向坚持下去，阅读教学文化育人问题必将会得到解决。本书也只是对文化育人的问题做了简单的梳理，从价值视角提出了一些浅显的观点，所提到的问题也未必那么全面。阅读教学文化育人如何继续深入，还需要语文教育领域的广大同仁孜孜不倦地去研究探索。嘤其鸣矣，求其友声。希望本书能够引起更多的教育同仁认识到阅读教学文化价值研究的意义,有更多的同行投入到这一研究之中,与本人一起探讨现代阅读教学文化育人的问题。本人也将在现有研究的基础上继续对以上提到的困惑和问题做进一步的探究。

参考文献

一、论文

1. 周志超、张文超:《教育价值观的历史评判与现实反思》,《教育理论与实践》1990 年第 3 期。

2. 马凤岐:《教育价值的理论问题》,《北京师范大学学报》(社会科学版)1994 年第 6 期。

3. 周翠君:《坚持个人发展与社会发展相统一的教育价值取向》,《华中理工大学学报》(社会科学版)1994 年第 4 期。

4. 汪堂家:《文化的传承与文字的断裂》,《探索与争鸣》1995 年第 6 期。

5. 扈中平,陈东升:《教育价值选择的方法论思考》,《教育研究》1995 年第 5 期。

6. 陈贤纯:《语言行为与文化心理》,《中国文化研究》1995 年秋之卷。

7. 邹广文:《论文化自觉与人的全面发展》,《哲学研究》1995 年第 1 期。

8. 曾伟:《文化传统影响教育目标的理论分析》,《高等教育研究》1996 年第 1 期。

9. 于洪卿:《论课程的文化内涵》,《教育评论》1997 年第 1 期。

10. 和学新：《课程：教育的文化选择—课程设计的文化学思考》，《教育理论与实践》1997 年第 3 期。

11. 黄楠森：《论文化的内涵与外延》，《北京社会科学》1997 年第 4 期。

12. 谢龙：《传统价值理想和现代人格塑造——兼论中西传统人格塑造比较》，《北京大学学报》（哲学社会科学版）1997 年第 1 期。

13. 许青：《教育的文化价值初探》，《湖北大学学报（哲学社会科学版）》1997 年第 4 期。

14. 张华：《"多元文化教育"的理论范型和实践模式探析》，《比较教育研究》1998 年第 3 期。

15. 马毅：《关于文化界定的再思考》，《齐鲁学刊》1998 年第 2 期。

16. 汪堂家：《"文化"释义的可能性——与建构主义对话》，《复旦学报》（社会科学版）1999 年第 3 期。

17. 李健：《论文化意识与人的全面发展》，《教育理论与实践》1999 年第 1 期。

18. 王鹏伟：《汉语文教育传统与汉语教育的民族化方向》，《教育研究》1999 年第 1 期。

19. 兰久富：《社会转型与价值冲突》，《北京师范大学学报（社会科学版）》1999 年第 3 期。

20. 孙美堂：《文化价值：一种关系的诠释》，《北京理工大学学报（社会科学版）》1999 年第 1 期。

21. 周勇：《论教育研究的文化学路向》，《教育研究》2000 年第 8 期。

22. 檀传宝：《教育是人类价值生命的中介——论价值与教育中的价值问题》，《教育研究》2000 年第 3 期。

23. 王坤庆:《当代教育研究的价值取向与基本方法》,《湖北大学学报》(哲学社会科学版)2000 年第 6 期。

24. 白明亮:《文化的教育思考》,《教育理论与实践》2001 年第 10 期。

25. 邹广文:《21 世纪人类文化发展的价值取向》,《学术研究》2001 年第 8 期。

26. 郝德永:《走向文化批判与生成的建构性课程文化观》,《教育研究》2001 年第 6 期。

27. 丰子义:《全球化与民族文化的发展》,《哲学研究》2001 年第 3 期。

28. 裴娣娜:《多元文化与基础教育课程文化建设的几点思考》,《教育发展研究》2002 年第 4 期。

29. 吴黛舒:《影响教育价值取向的因素分析》,《齐鲁学刊》2002 年第 1 期。

30. 李永伟:《新时期中学语文教学应培养学生的多元文化意识》,《北京教育》2002 年第 10 期。

31. 董标:《教育的文化研究——探索教育基本理论的第三条道路》,《华东师范大学学报》(教育科学版)2002 年第 3 期。

32. 陈新汉:《当代中国价值论研究和哲学的价值论转向》,《复旦学报》(社会科学版)2003 年第 5 期。

33. 徐廷福:《教育价值的回归:从功利到人性完满》,《辽宁教育研究》2003 年第 11 期。

34. 刘济良:《走向人文化的教育——新世纪我国教育的价值取向》,《教育理论与实践》2003 年第 7 期。

35. 万光侠:《人学视野中的人的发展的蕴涵》,《理论学刊》2003 年第 4 期。

36. 扈中平:《教育目的应定位于培养"人"》,《北京大学教育评论》
　　 2004 年第 2 卷第 3 期。

37. 陈章龙:《论社会转型时期的价值冲突》,《南京师范大学学报》
　　（社会科学版)2004 年第 5 期。

38. 郝德永:《从本质主义到生成性思维——课程探究逻辑的后现
　　 代转换》,《高等教育研究》2005 年第 5 期。

39. 吴黛舒:《文化学和教育学中的"文化"研究》,《华东师范大学
　　 学报》（教育科学版)2005 年第 3 期。

40. 魏宏聚:《本质主义与反本质主义:教育学两种思维方式论争
　　 评析——兼作教育学反本质思维的辩护》,《高等教育研究》
　　 2007 年第 5 期。

41. 刘旭东:《论教育哲学的时代转向》,《教育理论与实践》2008 年
　　 第 12 期。

42. 刘楠:《人的文化性与教育的本质特征》,《当代教育论坛》2008
　　 年第 9 期。

43. 李子华:《教育思维方式的现代转向及其实践意蕴》,《高等教
　　 育研究》2009 年第 2 期。

44. 董泽芳,陈新忠:《社会转型与教育冲突》,《教育研究与实验》
　　 2009 年第 2 期。

45. 邢瑞娟,张文生:《浅谈当代中国社会转型中的文化危机》,《福
　　 建论坛(社科教育版)》2009 年第 4 期。

46. 娄立志:《论目前我国教育的主导价值》,华东师范大学 2001
　　 届研究生博士学位论文。

47. 陶红:《教育价值观的研究——关于教育的哲学思考》,吉林大
　　 学 2005 届研究生博士学位论文。

48. 任桂平:《文化视野中的语文课程》,华东师范大学 2006 届研

究生博士学位论文。

49. 周燕:《语文科文学课程研究》,华东师范大学 2007 届研究生博士学位论文。

50. 薛忠祥:《当代中国教育的应有价值取向研究》,山东师范大学 2009 届研究生博士学位论文。

51. 李霞:《语文体悟论》,湖南师范大学 2009 届研究生博士学位论文。

二、专著

1. 傅维利,刘民:《文化变迁与教育发展》,四川教育出版社 1988 年版。

2. 申小龙:《汉字人文精神论》,江西教育出版社 1995 年版。

3. 施良方:《课程理论——课程的基础、原理与问题》,教育科学出版社 1996 年版。

4. 曹明海:《文学解读学导论》,人民文学出版社 1997 年版。

5. 金元浦:《文学解释学》,东北师范大学出版社 1997 年版。

6. 金生鈜:《理解与教育》,教育科学出版社 1997 年版。

7. 徐继存:《教学理论反思与建设》,甘肃教育出版社 2000 年版。

8. 郑金洲:《教育文化学》,人民教育出版社 2000 年版。

9. 刁培萼:《教育文化学》,江苏教育出版社 2000 年版。

10. 邢福义:《文化语言学》,湖北教育出版社 2000 年版。

11. 申小龙:《语言与文化的现代思考》,河南人民出版社 2000 年版。

12. 施良方:《学习论:学习心理学的理论与原理》,人民教育出版社 2000 年版。

13. 冯增俊:《教育人类学》,江苏教育出版社 2000 年版。

14. 李维鼎:《语文言意论》,上海教育出版社 2000 年版。

15. 李连科:《价值哲学引论》,商务印书馆 2001 年版。

16. 黄书光等:《中国基础教育改革的文化使命》,教育科学出版社 2001 年版。

17. 徐继存:《教学论导论》,甘肃教育出版社 2001 年版。

18. 邬焜,李建群:《价值哲学问题研究》,中国社会科学出版社 2002 年版。

19. 周昌忠:《中国传统文化的现代性转型》,上海三联书店 2002 年版。

20. 刘新科:《中国传统文化与教育》,东北师范大学出版社 2002 年版。

21. 郝德永:《课程与文化:一个后现代的检视》,教育科学出版社 2002 年版。

22. 王荣生:《语文科课程论基础》,上海教育出版社 2003 年版。

23. 司马云杰:《文化价值论——关于文化建构价值意识的学说》,陕西人民出版社 2003 年版。

24. 陈理宣:《教育价值论》,四川大学出版社 2003 年版。

25. 申小龙:《汉语与中国文化》,复旦大学出版社 2003 年版。

26. 孙美堂:《文化价值论》,云南人民出版社 2004 年版。

27. 刘占泉:《汉语文教材概论》,北京大学出版社 2004 年版。

28. 李德顺:《新价值论》,云南人民出版社 2004 年版。

29. 张必隐:《阅读心理学》,北京师范大学出版社 2004 年版。

30. 冯建军:《生命与教育》,教育科学出版社 2004 年版。

31. 张军:《价值与存在》,中国社会科学出版社 2004 年版。

32. 石中英:《教育哲学导论》,北京师范大学出版社 2004 年版。

33. 何齐宗:《审美人格教育论》,人民教育出版社 2004 年版。

34. 张岱年，方克立：《中国文化概论》，北京师范大学出版社 2004 年版。

35. 石中英：《教育学的文化性格》，山西教育出版社 2005 年版。

36. 曹明海、陈秀春：《语文教育文化学》，山东教育出版社 2005 年版。

37. 郑国民：《当代语文教育论争》，广东教育出版社 2006 年版。

38. 李宗刚：《新式教育与五四文学的发生》，齐鲁书社 2006 年版。

39. 李海林：《言语教学论》，上海教育出版社 2006 年版。

40. 张驰：《语文教育人文论》，浙江教育出版社 2006 年版。

41. 刘济良：《价值观教育》，教育科学出版社 2007 年版。

42. 王荣生、李海林：《语文课程与教学理论新探》，上海教育出版社 2008 年版。

43. 张伟忠：《现代中国文学话语变迁与中学语文教育》，人民教育出版社 2008 年版。

44. 潘庆玉：《语文教育哲学导论——语言哲学视阈中的语文教育》，教育科学出版社 2009 年版。

45. 丁钢：《文化的传递与嬗变：中国文化与教育》，广西师范大学出版社 2009 年版。

46. 钱穆：《文化与教育》，生活·读书·新知三联书店 2009 年版。

47. 潘新和：《存在与变革：穿越时空的语文学》，山东教育出版社 2012 年版。

48. 王定功：《生命价值论》，教育科学出版社 2013 年版。

49. 汪凤炎、郑红：《中国文化心理学》，暨南大学出版社 2015 年版。

50. [美]阿历克斯·英格尔斯著，殷陆君译：《人的现代化》，四川人民出版社 1985 年版。

51. 〔德〕雅斯贝尔斯著,邹进译:《什么是教育》,生活·读书·新知三联书店 1991 年版。

52. 〔美〕小威廉姆 E. 多尔著,王红宇译:《后现代课程观》,教育科学出版社 2000 年版。

53. 〔美〕William Blair Gould 著,常晓玲等译:《意义与人生》,中国轻工业出版社 2000 年版。

54. 〔美〕孙隆基:《中国文化的深层结构》,广西师范大学出版社 2004 年版。

55. 〔德〕恩斯特·卡西尔著,甘阳译:《人论》,上海译文出版社 2004 年版。

56. 〔德〕汉斯一格奥尔格·加达默尔著,夏镇平、宋建平译:《哲学解释学》,上海译文出版社 2004 年版。

57. 〔意大利〕维柯著,张小勇译:《维柯论人文教育》,广西师范大学出版社 2005 年版。

58. 〔德〕汉斯·罗伯特·耀斯著,顾建光等译:《审美经验与文学解释学》,上海译文出版社 2006 年版。

59. 〔美〕J·瓦西纳著,孙晓玲、罗萌等译:《文化和人类发展》,华东师范大学出版社 2007 年版。

60. 〔美〕R. W. Tyler 著,罗康、张阅译:《课程与教学的基本原理》,中国轻工业出版社 2008 年版。

后　记

　　此书是在我博士学位论文基础上修改而成的。我做论文的时间比较长，一方面是因为没有就业压力失去了紧迫感，加上懒惰，写作速度就比较慢；另一方面是写作时陷入得相对深了一些，研究面也有些宽，导致迟迟不能结题。语文学科是一门综合性学科，涉及的知识面很广，包括语言学、文艺学、教育学、心理学、文化学、哲学等学科的知识，做语文教育理论的研究，对以上的学科知识都要有所了解。我在搜集资料的过程中，常常会陷入其中，特别是对文化历史和各种文化现象，有着浓厚的兴趣，不自觉地会脱离自己研究的目标，信马由缰。就如同"进京赶考"的"考生"一样，我总是享受"进京"的过程，常常会"误入藕花深处"而又知而不返，耽误了"赶考"的目标，这种写作效率当然不会高。可以说，我不是一个好的学问研究者，是一个只求过程不重目标的"逍遥派"。做学问如此，生活中亦是如此。

　　或许是因为长时间沉淀的缘故，论文完成后受到了专家们的一致好评，送出匿名外审的三篇评阅意见都是"优秀"，参加答辩的几位专家对论文也是一致认可，答辩成绩也是"优秀"。专家们的部分评阅意见如下：

　　　　文章提出了不少创新性的见解，为语文阅读教学研究提供了新的理论依据。提出当今语文阅读教学须将文化建设和文化育人相结合等观点，见识高卓，意义重大。本文在设计和写作过程能综合运用语文学科基本理论知识，思路清晰，结构严谨，分析合理，见解中肯，语言较流畅，逻辑性较强，写作功力较好。可以看出论文作者掌握了本领域的发展方向和主要文献，能站在语文学科发展前沿开展理论和实践探索，具备了本学科坚实的理论基础和实践技能以及独立从事语文教育科研工作的能力。

从操作层面看，文章具有真知灼见，展现出思考的深度与力度。从逻辑条理角度看，体现了完整、清晰、严谨的思维线索。从行文方面看，全文的框架结构清晰可辨，层层推进的论述思路也显而易见，用语措辞都十分讲究，展示了扎实的功底和认真的态度，水平是不错的，已经完全达到了博士学位的授予水平。

论文选题独特、新颖、富有挑战性，属于语文教育研究的热点和难点问题，具有一定的实践指导意义，更具有理论研究价值。论文多处都体现出作者的独特思考和见解，同时，论文工作量较大，内容充实、丰富，思路清晰缜密，格式规范，表达准确，达到了优秀博士论文的水平。

三位匿名评阅专家中，我后来知道了其中一位专家是哪位老师，其他两位老师至今也不知道他们姓甚名谁，在这里，我向他们表示感谢，是他们给了我极大的信心。这些评语是对我研究方向和学术观点的肯定，也说明此研究成果还是有一定价值的，这也让我有了把这一论文出版成书的想法，以期对其他同仁的教学研究有些许的借鉴意义。今天大家读到的这本书就是这样产生的。

虽然有各位专家的肯定，但我也清醒地知道，我的研究还存在许多不足的地方，专家们对此也提出了宝贵的意见和建议，我在"结语"中用"问题依然存在,方向已经明朗"作为题目,就是看到了需要我们去研究解决的问题还有很多,本书只是我研究道路上的一个阶段,新的探索也已经开启。语文教学中亟须解决的问题以及各位同仁对我的肯定和支持,都是我负重前行的动力之源。

感谢我的导师曹明海先生。曹先生学识渊博、学风严谨,他对我的谆谆教导,让我终生受益,这本书也凝结着他的心血。曹先生对自己要求严苛,著述等身,在语文教育领域有着广泛深远的影响,我在他身边学习工作十几年时间,他对我一直有着一定的期望,但我离他的要求还有很大的距离,每想到此心里总是难安。他听说我的论文要出版成书,非常高兴,并欣然接受了为本书作序的请求。在书稿校对修改过程中,先生多次打电话来反复提醒我要认真核实每一个引文出处,文中切忌出现错字、别字,同时催促我尽快完稿,以便早日出版。这都体现出曹先生作为学界前辈对后辈成长的提携与抬爱。我唯有更加努力,以不愧先生对我多年的培养。

感谢山东师大文学院一直以来给我帮助的周均平教授、周波教授、孙书文教授、杨存昌教授、潘庆玉教授、贾振勇教授、徐萍副教授、刘兆波老师;同时感谢徐继存教授、魏薇教授、潘新和教授、宋祥教授、王万森教授在论文开题、写作及答辩过程中对我的指导;感谢史洁博士、张志刚博士、张曙光博士、邱福明博士、冯现冬博士的帮助;同时感谢张硕老师、皮庆老师为此书的出版所做的付出。

本书是在山东师范大学文学院一流学科的资助下出版的,在这里要特别感谢一流学科编委会各委员对本书出版给予的支持!

吕高超

2020 年 1 月于济南